2010
中国农业发展报告

中华人民共和国农业部

中国农业出版社
北　京

2010中国农业发展报告

编 辑 委 员 会

前言

2009年是新世纪以来我国农业农村经济发展面临重大挑战的一年。国际金融危机持续影响，国际国内农产品市场异常波动，农民转移就业压力加大，极端天气多发重发。面对诸多严峻挑战，各地区各部门认真贯彻落实党中央、国务院的决策部署，坚定目标，扎实工作，圆满完成了全年各项任务。粮食生产实现连续6年增产，农民收入实现连续6年较快增长，农产品质量安全水平稳中有升，重大动物疫病防控成效显著，农业农村经济发展形势好于预期，为保持我国经济平稳较快发展、维护社会和谐稳定做出了突出贡献。

2010年是完成“十一五”规划任务、谋划“十二五”发展的关键一年。中央出台了指导农业农村工作的第七个“一号文件”，进一步巩固和完善了强农惠农政策，农业农村经济发展面临许多有利条件。同时，我们也应清醒看到，今年农业农村经济发展面临的形势更为复杂，促进农业生产上新台阶的困难越来越多，转变农业发展方式的要求越来越高，保持农民收入较快增长的难度越来越大，破除城乡二元结构的任务越来越重。我们要认真贯彻党的十七大和十七届三中、四中全会以及中央经济工作会议、中央农村工作会议精神，以邓小平理论和“三个代表”重要思想为指导，深入贯彻落实科学发展观，坚持统筹城乡发展方略，坚持中国特色农业现代化道路，按照“稳粮保供给、增收惠民生、改革促统筹、强基增后劲”的要求，稳定粮食等主要农产品生产，优化农业农村经济结构，着力构建现代农业支撑体系，加快推进农业发展方式转变，加快农业科技进步，促进农村改革和体制机制创新，推进社会主义新农村建设，千方百计保持粮食产量稳定在1万亿斤以上，千方百计保持农民收入增长6%以上，努力确保不发生区域性重大动物疫情，努力确保不发生重大农产品质量安全事件，巩固和发展当前农业农村经济好形势，为经济社会发展全局提供有力支撑。

2010年8月

摘　要

2009年农业发展状况

1. 农业生产。2009年粮食总产53 082万吨，比上年增加211万吨，再创历史新高，实现40多年来首次连续六年增产，实现新中国成立以来首次连续三年总产稳定在50 000万吨以上。

油料生产呈面积、总产和单产“三增”态势。2009年油料面积13 652千公顷，增加827千公顷，增长6.4%；总产量约3 154万吨，增加202万吨，增长6.8%；平均单产2 311千克/公顷，提高8.2千克，增长0.4%。

棉花面积4 952千公顷，比上年减少802千公顷，下降13.9%；总产量638万吨，减少112万吨，下降14.9%，是近10年减产最多的一年。糖料面积1 884千公顷，比上年减少106千公顷，下降5.3%；总产量12 277万吨，减少1 143万吨，下降8.5%；平均单产65 167千克/公顷，减少2 265千克，下降3.4%。

蔬菜种植面积18 414千公顷，比上年增长约3%；总产量6.18亿吨，比上年增长4.4%。其中，设施蔬菜快速发展，面积达到3 360多千公顷，比上年增长11.6%。茶园面积1 849千公顷，增长7.5%；干毛茶总产量135.9万吨，比上年增长约8%。果园面积11 140千公顷，比上年增长3.8%；产量1.2亿吨，增长8%。花卉种植面积、单产和总产实现“三增”。园艺产品不仅实现了不脱销、不断档，而且产销两旺，价格稳中有升，出口回暖，成为2009年金融危机背景下农民增收的一大亮点。

全年肉类总产量7 650万吨，比上年增长5.1%。其中，猪肉、禽肉、牛肉、羊肉产量分别为4 891万吨、1 595万吨、636万吨、389万吨，分别比上年增长5.8%、4.0%、3.6%、2.4%。生猪出栏6.45亿头，比上年增长5.8%；年底生猪存栏4.70亿头，增长1.5%；能繁母猪存栏4 958万头，增长1.6%。全年禽蛋产量2 742.0万吨，增长1.5%；奶业生产逐步恢复，牛奶产量3 518.8万吨，下降1.0%。

全国水产品总产量5 116万吨，比上年增长4.5%。其中，海洋捕捞1 179万吨，比上年增长2.5%；淡水捕捞218万吨，减少2.8%；淡水养殖2 217万吨，增长6.9%；海水养殖1 405万吨，增长4.8%。市场供应和价格平稳，水产品人均占有量38.32千克；全社会渔业经济总产值11 445亿元，其中渔业产值5 937亿元，比上年增长7.5%。

2. 乡镇企业。全国乡镇企业实现增加值93 532亿元，比上年增长10.8%，增幅比上年回落0.9个百分点，高于全国GDP增幅2.1个百分点。全国乡镇企业实现总产值和营业收入分别达到39.8万亿元和38.6万亿元，均增长10.6%；实现利润总额22 879亿元，增长10.1%。其中，乡镇工业企业实现增加值65 110亿元，增长10.3%；完成营业收入257 973亿元，增长10.6%；实现利润15 027亿元，增长9.8%。规模以上乡镇工业实现增加值49 146亿元，增长10.5%，占乡镇工业比重达75.5%。

全国乡镇企业从业人数达15 588万人，比2008年底净增138万人，其中，第二产业吸纳劳动力最多，占64.2%；第三产业吸纳劳动力5 407万人，占34.7%，比上年提高1.7个百分点，净增加83万人。

3. 农垦经济。2009年实现农垦生产总值 2 738.75亿元，比上年增长12.9%，增速连续七年超过12%。其中，第一产业增加值952.49亿元，增长9.4%；第二产业增加值1 050.41亿元，增长16.6%；第三产业增加值735.85亿元，增长12.5%。人均生产总值21 037元，比上年增长12.4%；人均纯收入7 096元，扣除物价上涨因素，比上年实际增长9.9%。粮食总产量首次突破2 500万吨大关，达到2 773万吨，比上年增产14.5%；粮食播种面积、单产和总产量实现连续六年“三超”历史。为国家提供商品粮2 417万吨，比上年增长15.4%，商品率为87.1%。

4. 价格与市场。2009年全国农产品生产价格总水平比上年下跌2.4%，为2003年以来首次下降。分季度看，一、二、三季度同比分别下跌5.9%、6.6%和2.7%，四季度上涨3.2%，总体表现出先抑后扬的运行态势。种植业产品生产价格上涨2.9%。其中，粮食价格上涨3.7%；棉花价格上涨11.8%；油料价格下跌5.9%；糖料价格上涨1.5%。畜牧业产品生产价格下跌9.9%，带动农产品生产价格总水平下跌3.6个百分点，是影响农产品生产价格总水平低于上年的主导因素。

农业生产资料价格总水平比上年下跌2.5%。主要原因是化肥、产品畜价格在2008年大幅上涨后的回落所致。

县及县以下消费品零售额为40 209.6亿元，增长15.7%，增速比上年低5.0个百分点。县及县以下消费品零售额对社会消费品零售总额增长的贡献率达到32.4%，比上年提高1.5个百分点。

5. 农产品进出口。2009年，我国农产品进出口贸易总额922.9亿美元，比上年下降7.0%。其中，出口额395.9亿美元，下降2.3%；进口额527.0亿美元，下降10.3%。农产品贸易逆差131.1亿美元，下降28.2%。其中，谷物进口量增长1.0倍，由2008年净出口32.1万吨转变为净进口178.0万吨。棉花进口量下降22.3%，食糖进口量增长36.5%，蔬菜进口量额均下降，水果进口量额均增长；畜产品逆差下降19.4%，水产品顺差增长6.1%。

6. 农村收益分配。2009年，农村经济总收入281 187亿元，农村经济总费用227 850亿元，农村经济可分配净收入65 492亿元，比上年增长12.6%，增速比上年回落0.2个百分点。

7. 农民收入与消费。2009年，农村居民人均纯收入5 153元，比上年增加393元，增长8.2%；扣除价格因素影响，实际增长8.5%，比2008年上升0.5个百分点。农村居民生活消费支出人均3 993元，扣除价格因素影响，实际增长9.4%，增速提高2.8个百分点。

8. 农业财政专项。财政部共安排农业部部门预算项目资金138亿元，比上年增长34.0%；农业部和财政部共同管理的专项转移支付资金424亿元，比上年增长40.4%。

9. 农业综合开发。2009年，投入农业综合开发各类资金447.48亿元。其中，中央财政资金166.27亿元，带动地方财政配套投入95.27亿元，吸引农民、企业自筹和银行贷款等资金185.94亿元。全年预计可改造中低产田1 773.43千公顷，新增粮食生产能力32.73亿千克、糖料生产能力5.52亿千克、棉花生产能力0.49亿千克、油料生产能力1.77亿千克。

10. 扶贫开发。2009年中央财政扶贫资金投入197.3亿元，比上年增加30亿元，增幅和增量均为1998年以来的最高水平。地方各级政府财政扶贫投入也有较大幅度增长，达到90亿元。按2009年新实行的扶贫标准1 196元测算，年末农村贫困人口为3 597万，比2008年底减少410万。国家扶贫开发工作重点县农村居民人均纯收入2 842元，比上年实际增长9.2%，增速略高于全国农村平均水平。

11. 农业机械化。全国农机总动力达到8.75亿千瓦，新增0.53亿千瓦，比上年增长6.5%。每百亩耕地拥有农机动力47.92千瓦。农户平均拥有农机原值2 267元。粮食生产机械保持高速增长，水稻插秧机、联合收割机分别为26.09万台、85.84万台，分别增长30.7%和15.5%。全国机耕、机播、机收水平分别为66.0%、41.0%和34.7%，耕种收综合机械化水平达到49.1%，比上年提高3.3个百分点。

12. 饲料工业。2009年，全国饲料工业总产值4 713.2亿元，比上年增长11.7%。其中，工业饲料总产值4 266.4亿元，增长13.1%。工业饲料总产量达到1.48亿吨，增长8.4%。其中，配合饲料11 535万吨，增长8.9%；浓缩饲料为2 686万吨，增长6.2%；添加剂预混合饲料为592万吨，增长8.5%。

13. 农业产业化经营。2009年底，全国各类农业产业化组织总数达22.39万个，带动农户1.03亿户，农户年户均增收1 944元，分别比2008年增长11.2%、4.6%和8.2%。在各类产业化组织中，龙头企业8.97万家，其中年销售收入500万元以上的5.84万家，过亿元的8 032家，分别比2008年底增长10.2%、17.2%和14.4%。

14. 农产品加工。2009年底全国共有规模以上农产品加工企业101 241个，比上年增加10 899个，占全部规模以上乡镇工业企业数的35.7%，占全国农产品加工业总数的82.1%；从业人员1 583.8万人，比上年增加42.7万人，从业人员占全部规模乡镇工业从业人员的36.8%，占全国农产品加工业的63.4%；实现总产值60 937亿元，比上年增长10.7%，占全部规模乡镇工业总产值的比重为30.2%，占全国农产品加工业的比重为55.9%。

15. 动物疫病防治。2009年我国重大动物疫情总体保持稳定，流行强度明显减弱，发病频次大幅降低，经济损失明显减少。全国仅发生2起家禽高致病性禽流感疫情，疫情起数比上年减少4起，发病数、死亡数分别下降68%和67%。高致病性猪蓝耳病波及范围显著缩小，疫情得到有效控制。新发A型口蹄疫疫情迅速扑灭。

猪瘟疫情县次比2008年下降21%，疫点数下降29%，发病数下降36%。

16. 农村市场体系建设。2008年底，全国亿元以上农产品批发市场发展到921家，比2004年增长1.3倍；摊位数48.6万个，增长1.7倍；营业面积达到3 369.2万平方米，增长2.2倍；年成交额7 939.2亿元，增长2.6倍。

17. 农村信息体系建设。2009年，在全国范围内共建设了7个省级、78个地市级和324个县级“三电合一”农业综合信息服务平台。目前“三电合一”已覆盖全国1 000多个县，受惠群众超过3亿人。

18. 农产品质量安全管理。2009年蔬菜、畜禽产品和水产品合格率分别达到96.4%、99.5%、97.2%，与2008年同口径相比，分别提高了0.1、0.8和1.5个百分点；新增监测的水果、食用菌和茶叶合格率分别为98%、95.2%和94.8%；生鲜乳三聚氰胺监测合格率达到100%；无公害农产品、绿色食品、有机农产品合格率分别达到99.1%、98.8%和100%，均保持较高水平。

19. 农业科技、教育与技术推广。2008—2009年新培育并审定转基因抗虫棉花品种28个，推广转基因抗虫棉7 466.67千公顷，净增效益130亿元，减少农药用量5.6万吨。34个农产品产业技术体系已引进、收集各类种质资源2 000余份，培育高产、优质、多抗新品种78个，创制新型育种材料9 954份，筛选出适合不同区域生产的品种（品系）309份。

农业公益性行业科研专项研究集成了一大批实用型技术成果，解决了困扰产业发展的技术瓶颈，显著提高了粮食和主要农产品供给能力。

广泛开展基层农技推广人员培训，强化农业科技支撑。组织实施基层农技人员大培训活动，从2008年11月至2009年末已培训100万人次；依托基层农技推广体系改革与建设示范县项目，对农技人员开展系统培训，每个项目县每年安排10万元，对当地100名农技人员开展集中培训和异地研修。

2009年，中央财政安排7.7亿元，在全国建设770个农技推广示范县，围绕粮食、经济作物、园艺、畜牧、水产等主导产业，遴选7.7万技术指导员，建立7 700个农业科技示范基地，培育77万科技示范户，辐射带动1 500万农户。

20. 农业人才队伍建设。2009年，全国农村实用人才带头人培训人数达到3 000人，是上年的7倍。继续开展农村劳动力转移培训、农民工创业培训、农业机械化人才培训，继续推进“蓝色证书”工程。开展了新世纪百千万人才工程国家级人选及全国杰出专业技术人才和全国专业技术人才先进集体、第十一届中国青年科技奖候选人推荐、留学回国人员科技活动择优资助和高层次留学人员资助项目申报等工作。

21. 农业行政能力建设。在新一轮机构改革中，地方政府加强了农业和农村工作综合管理机构建设，在实行大部门体制方面进行了有益探索。按照中央关于3年内在全国普遍健全乡镇或区域性农业技术推广、动植物疫病防控、农产品质量监管等公共服务机构的要求，切实加强农业公共服务能力建设，明确职责、健全队伍、完善机制。

22. 农业灾害与病虫害防治。2009年全国农作物因气象灾害受灾面积47 213.7千公顷，比上年增加7 223.7千公顷；成灾21 234.3千公顷，减少1 049.2千公顷；绝收4 917.5千公顷，增加885.3千公顷。因气象灾害损失粮食5 535万吨，增加2 500万吨。

全国农作物病虫草鼠害发生面积485 166.1千公顷次，造成粮食损失2 103万吨，损失棉花48.01万吨。全年累计防治面积560 640.2千公顷次，其中，粮食作物重大病虫防治面积2亿多公顷次，主要粮食作物病虫统防统治面积达46 667多千公顷次。通过防治挽回粮食损失10 375万吨，挽回棉花损失195万吨。

全国累计草原虫害危害面积20 762千公顷，危害严重的主要种类是草原蝗虫、草原毛虫和草地螟等，危害面积总计17 589千公顷，占全国草原虫害危害面积84.7%。草原虫害总体危害程度较2008年减轻，危害面积减少23.1%。2009年全国草原鼠害危害面积40 872千公顷，比上年增加11.2%。

2009年各类自然灾害共造成水产品损失116万吨，受灾养殖面积864千公顷，直接经济损失152亿元。其中，汛期的台风暴雨灾害造成水产品损失40.3万吨，受灾养殖面积212.7千公顷，死亡、失踪29人，直接经济损失98亿元。

23. 农业可持续发展。2009年，中央安排1 032.5万元财政经费，重点支持湖南、湖北、安徽、四川、重庆等17个省（直辖市）的112个村实施农村清洁工程试点示范。中央农村沼气投资52亿元，全国新增沼气用户500万户，累计已达到3 507万户，建成处理农业废弃物沼气工程5.65万处。农村沼气年产气量130亿立方米，使用沼气相当于替代2 160万吨标准煤，每年可为农户直接增收节支170亿元。

中央财政用于草原保护建设方面的投入总计44.1亿元，比2008年增加投入22.0

亿元。截至2009年底，退牧还草工程累计投入中央资金116亿元，共安排围栏建设任务4 533.33万公顷，退化草原补播改良10 000千公顷。

全国用于水生生物增殖放流的资金规模近6亿元，其中海洋经济物种放流资金1.8亿元、内陆经济物种放流资金3.7亿元、珍稀濒危保护水生野生动物放流资金3 800万元。

24. 农业国际合作。2009年，农业部与有关国家或国际组织在粮食领域的合作不断深化，对外承诺得到切实履行，农业援外工作取得积极进展，农业国际地位和影响力显著提升。“南南合作”项目进展顺利，完成了向联合国粮农组织捐赠3 000万美元设立信托基金总协定的谈判与签署，2009年度向联合国粮农组织捐款1 000万美元，并完成对蒙古国实施第一个信托基金项目的谈判工作。

2009年农业和农村政策

25. 扶持农业生产发展。2009年中央继续加大对生猪生产发展的扶持力度，中央财政安排6.5亿元对能繁母猪实施良种补贴，安排21亿元对国家生猪调出大县进行奖励，安排25亿元用于推行生猪标准化规模养殖（场）小区建设，安排19.5亿元实施能繁母猪保险；安排2.6亿元用于奶牛良种补贴，安排5亿元用于提高奶牛标准化规模养殖水平，安排2.19亿元开展生鲜乳收购站机械设备购置补贴；安排2亿元支持良种繁育体系建设；安排0.28亿元用于饲料质量安全监管、防范疯牛病和饲料中兽药及违禁药物监测；安排15亿元用于草原围栏建设和退化草原补播改良，安排20亿元建设游牧民定居房屋及配套的牲畜棚圈、贮草棚及饮水设施；下拨农业生产救灾资金4.04亿元。

26. 增加农业补贴。根据中央“一号文件”精神，国家扩大良种补贴范围和品种，启动马铃薯原种生产补贴试点、肉牛和绵羊良种补贴；大幅度增加农机购置补贴规模，补贴范围覆盖全国所有农牧业县（场）；继续实施种粮直补、农资综合补贴、渔业柴油补贴。实施农资综合补贴动态调整机制，按照“价补统筹、动态调整、只增不减”的基本原则，综合考虑当年化肥、柴油等主要农资价格上涨情况、粮食价格变化及国家财力情况，确定每年农资综合补贴的规模。继续实施良种补贴政策，小麦良种补贴继续覆盖所有种植区域。在长江流域10省（直辖市）及河南、陕西部分地区继续实施油菜良种补贴。

2009年中央财政共安排“四补贴”资金1 274.5亿元，比2008年增加244.5亿元，增长23.7%。其中，农作物良种补贴198.5亿元，种粮直接补贴151亿元，农资综合补贴795亿元，农机具购置补贴130亿元。

27. 农村土地承包管理。2009年，国家继续强调稳定完善农村基本经营制度，依法落实和维护农民土地承包权益，建立健全农村土地承包经营权流转市场，发展多种形式适度规模经营。审议通过《农村土地承包经营纠纷调解仲裁法》；制定了农村土地承包纠纷仲裁规则和农村土地承包仲裁委员会示范章程。已有18个省（自治区、直辖市）出台了实施办法等地方法规。下发了《关于推进农业经营体制机制创新的意见》。

2009年底，全国累计签订土地家庭承包合同2.2亿份，颁发农村土地承包经营权证2亿份，土地承包经营权流转面积10 000千公顷，占家庭承包耕地总面积的比重达到12%；农业部门全年调处土地承包纠纷21.6万件，其中乡村调解19.74万件，占91.5%；仲裁1.82万件，占8.5%。

28. 农村集体资产与财务管理。农业部制定下发了《关于进一步加强农村集体资金、资产、资源管理的意见》，明确要求分类建立健全14项农村集体资金、资产、资源管理制度，包括农村集体资金管理5项制度：财务收入管理制度、财务开支审批制度、财务预决算制度、资金管理岗位责任制度、财务公开制度等。

全国已有78.8%的村实行了会计委托代理，有效解决了农村财务管理混乱、集体资产流失等问题；许多示范社按照《农民专业合作社财务会计制度（试行）》规定，进一步建立健全会计账簿，完善财务管理制度和盈余分配制度，为全体成员建立完整的个人账户，引导农民专业合作社建立良好的内部积累和风险保障机制。

29. 减轻农民负担。农业部、国务院纠风办、财政部、发展改革委、国务院法制办、教育部、新闻出版总署印发了《关于做好2009年减轻农民负担工作的意见》。针对农民反映的修建通村公路乱集资、向村级组织和农民专业合作社乱摊派等突出问题，深入开展重点治理。

据对30个省份的调查统计，共取消收费项目127项，降低收费标准43个，减轻农民负担7.71亿元。同时，农业部组织开展了面向农民专业合作社乱收费的清理工作。通过对发现问题的分类处理，共取消向合作社的收费、罚款、集资项目121个，其中收费项目70个、罚款项目49个，降低收费标准38项，减轻合作社负担2.03亿元。

30. 推进农村综合改革。2009年，中共中央办公厅、国务院办公厅转发了《中央机构编制委员会办公室关于深化乡镇机构改革的指导意见》，决定全面推开乡镇机构改革。财政部制定印发了《关于推进省直接管理县财政改革的意见》。中央召开林业工作会议，对全面推进集体林权制度改革作出部署。国务院农村综合改革工作小组、财政部、农业部联合印发了《关于扩大村级公益事业建设一事一议财政奖补试点的通知》，决定进一步扩大试点范围。国务院农村综合改革工作小组印发了《关于进一步做好清理化解农村义务教育债务工作的意见》，全面推进清理化解农村义务教育债务工作。国务院办公厅发布了《关于完善村级组织运转经费保障机制促进村级组织建设的意见》。

截至2009年底，全国已经完成和正在进行改革的乡镇合计20 644个，占乡镇总数的60.2%。2009年，中央财政共安排农村义务教育经费保障机制改革资金约666.1亿元，全国约1.5亿名农村义务教育阶段学生全部享受免学杂费和免费教科书政策，中西部地区农村义务教育阶段约1 120万名家庭经济困难寄宿生获得生活费补助。全国共有24个省份875个县实行了“省直管县”改革试点，近2.8万个乡镇实行“乡财县管”。全国已完成林改确权面积1.18亿公顷，占全国集体林地面积的64.7%；全国已发放林权证5 954万本，发证面积0.933亿公顷，占全国集体林地面积的51.2%。2009年，各级财政共投入184亿元奖补资金，带动村级公益事业总投入628亿元，已建成或正在建设项目25万多个。首批14个清理化解农村义务教育“普九”债务试点省份共偿还农村“普九”债务493亿元，约170万农村债权人受益。

31. 推进农民专业合作社发展。农业部与银监会联合发文，明确提出要把农民专业合作社全部纳入农村信用评定范围；支持和鼓励农村合作金融机构创新金融产品，改进服务方式；鼓励有条件的农民专业合作社发展信用合作。2003年以来，中央财政累计安排专项资金已经达到18.75亿元。农业部从2004年起开展农民专业合作组织示范项目建设，已累计安排项目资金1.9亿元，扶持了1 188个农民专业合作组织。

2009年底，全国农民专业合作社达到24.64万家，比上年增长一倍多，大体上平均每3个村有1个农民专业合作社。2009年实有入社农户约2 100万户，占全国农户总数的8.2%，入社农户数量也比上年翻了一番。

32. 深化农村金融改革。2009年，中央对农村金融工作的要求主要包括：一是保证涉农信贷投放的连续性和稳定性，涉农信贷投放增幅不低于上年增幅、增速不低于其他贷款增速。二是进一步拓展农村小额信用贷款的适用范围，引导银行业金融机构因地制宜地科学调整小额信用贷款的期限、额度、价格等要素，充分发挥好这类贷款产品的功能和作用。三是重点发展小型金融机构，确保三年内新型农村金融机构达到1 300家左右。四是配合国家农业产业政策调整，继续引导银行业金融机构在切实注重风险防范基础上，大力开展农村金融服务创新。五是稳步扩大政策覆盖面，进一步改善农村金融服务。六是对农村金融实行税收优惠政策。

2009年末，银行业金融机构涉农贷款余额已达9.14万亿元，占全部贷款余额的22.8%，比年初增长34.8%。其中，农户贷款余额20 133亿元，比上年同期增长32.8%。农户贷款中，农户小额信用贷款余额2 712亿元，增长24.5%。农户联保贷款余额2 378亿元，增长60.9%。

33. 粮食流通体制改革。2009年5月，国务院下发了《关于当前稳定农业发展促进农民增收的意见》，进一步要求各地加大补贴力度，按规定落实好粮食直补等政策，继续落实好粮食最低收购价政策。加大收储力度，加快建设粮食储备仓容，并安排中央补助资金，实施农户科学储粮专项，改善主产区农户储粮条件。

2009年底，全国国有粮食企业总数18 163个，其中购销企业12 567个，比1998年分别减少65%和59%。2009年全国国有粮食企业盈利比上年增加1倍多，为历史最好水平。从2008年第四季度到2009年底，已安排中央补助投资29.5亿元用于粮油仓储物流和烘干设施专项建设，进一步缓解食用油罐容不足和重点粮食产区仓储、烘干能力不足的压力。

地方各级政府和国家有关部门清查储粮库点29 965个，对1 765个重点非国有粮食企业和转化用粮企业的粮食库存进行了典型调查。2009年3月末全国国有粮食企业粮食总库存2 254亿千克（原粮），账实相符率99.7%，质量合格率97.1%，宜存率99.1%。

34. 农业技术推广体系改革与建设。2009年底，全国共有1 940个县（市、区）上报了改革实施方案，占应报县数的72.8%；改革基本完成县（市、区）1 626个，占总数的61.0%。2009年中央财政安排改革与建设示范县项目7.7亿元，省级财政共安排改革与建设专项经费6.1亿元。2009年，新建8 000多个农业试验示范基地，示范县主导品种和主推技术入户率达到95%以上，示范区平均产量增长10%以上。

35. 畜牧兽医管理体制改革。农业部两次下发《关于报送兽医管理体制改革进展情况的通知》，及时了解和掌握各地兽医体制改革进展情况，印发《农业部办公厅关于加快推进兽医管理体制改革意见的函》，督促尚未完成兽医体制改革的省份加快改革进度。

2009年，全国95.8%的地市、88.7%的县区和81.6%的乡镇完成兽医管理体制改革，比上年底分别增加7.3%、16.2%和17%。乡镇畜牧兽医站设置更加合理，村级防疫员队伍建设得到进一步加强，执业兽医从业能力和水平明显提升。

36. 农村劳动力转移。2009年初，国务院出台了《关于做好当前经济形势下就业工作的通知》，对应对国际金融危机、做好农民工就业工作作出了重要部署，同时组织实施了“2009年维护农民工权益行动计划”。

2009年2月以来，农村外出务工劳动力数量逐月回升，到2009年底，外出农民工达到14 533万人，同比净增492万人，增长3.5%，返乡农民工的就业问题得到有效解决。

2009年元旦、春节期间，全国集中开展了农民工工资支付专项检查活动，共为159万多名农民工补发被拖欠工资及赔偿金26亿元。截至2009年11月末，全国参加工伤保险、城镇职工基本医疗保险、城镇职工养老保险、失业保险的农民工分别为5 470万人、4 275万人、2 580万人和1 605万人，分别比2008年末提高10.7%、0.2%、6.8%、3.6%。

37. 农业法制建设。2009年6月，十一届全国人大常委会第九次会议审议通过了《农村土地承包经营纠纷调解仲裁法》，9月，国务院发布了《农业机械安全监督管理条例》。2009年农业部发布了《水生生物增殖放流管理规定》。

2009年底，全国已有30个省、197个市和1 840个县开展了农业综合执法工作，县级农业综合执法覆盖率占应建比例的75%。

2009年农业发展与国民经济

38. 农业对国民经济的贡献。2009年，我国实现国内生产总值335 353亿元，与上年相比，增长8.7%，增幅下降0.3个百分点。农林牧渔业生产呈现全面发展的好势头。全年实现农业增加值35 477亿元，比上年增长4.2%，增幅比上年下降1.3个百分点。农业增长对国民经济增长的贡献份额为4.3%，比上年下降8.1个百分点。

39. 农业与国民收入分配。2009年的国内生产总值中，第一产业的比重为10.6%，比上年下降了0.2个百分点，第二产业的比重为46.8%，比上年下降了0.6个百分点，第三产业的比重为42.6%，比上年提高了0.8个百分点。

在国民收入初次分配中，农业对农民人均纯收入增长的贡献继续下降，农民纯收入总量在国内生产总值中所占的比重继续下降。全国农民纯收入总量为36 736亿元，占当年国内生产总值的比重为11.0%，与上年相比下降了0.4个百分点。

40. 工农业发展比例关系。2009年，全国实现工业增加值134 625亿元，比上年实际增长3.4%，增速比上年下降8.3个百分点。工业增加值与农业增加值增长速度之比由上年的3.0 ：1缩小到1.6 ：1。

41. 农村非农产业发展与国民经济增长。2009年，乡镇企业增加值增长对国内生产总值增长的贡献率为22.9%，比上年下降了1.5个百分点。其中乡镇企业二、三产业增加值增长对全国二、三产业增加值增长的贡献率为15.7%，比上年下降了24.9个百分点。

42. 城乡居民收入差异。2009年，全国城镇居民人均可支配收入比上年实际增长9.8%，增速比上年提高1.4个百分点；农村居民人均纯收入比上年实际增长8.5%，增速比上年提高0.5个百分点。城乡居民收入增长速度的差距由上年的0.4个百分点扩大到1.3个百分点。城镇居民人均可支配收入与农村居民人均纯收入的比例由上年的3.31 ：1略有扩大到3.33 ：1。

43. 城乡居民消费差异。2009年，城镇居民人均生活消费支出12 265元，比上年名义增长9.1%；农村居民人均消费支出3 994元，比上年名义增长9.1%。城乡居民人均生活消费支出比保持在3.07 ∶ 1，与上年基本持平。城乡居民消费水平的绝对差距继续扩大，城镇居民人均生活消费支出比农村居民多8 271元，与上年相比扩大689元。

44. 区域经济发展差异。2009年全国实现的国内生产总值中，东、中、西部地区分别占60.0%、26.3%和13.7%，与上年相比，东部地区下降了0.6个百分点，中部地区上升了0.1个百分点，西部地区上升了0.5个百分点。东部、中部、西部实现的地区生产总值之比为4.40 ∶ 1.93 ∶ 1，与上年的4.58 ∶ 1.98 ∶ 1相比，发展差距缩小。

2009年东、中、西部实现的农业增加值分别占全国的44.6%、36.0%和19.4%，与上年相比，东部的比重下降了0.4个百分点，西部地区上升0.4个百分点。东、中、西部地区农业增加值占地区生产总值的比重分别为7.2%、13.3%和13.8%，东部地区比上年下降0.3个百分点，中部地区比上年下降0.9个百分点，西部地区比上年下降了1.7个百分点。

2010年农业发展趋势

45. 发展目标和任务。2010年要稳定粮食等主要农产品生产，优化农业农村经济结构，着力构建现代农业支撑体系，加快农业科技进步，促进农村改革和体制机制创新，推进社会主义新农村建设，做到“两个千方百计”和“两个努力确保”，即千方百计保持粮食产量稳定在1万亿斤以上，千方百计保持农民收入增长在6%以上，努力确保不发生区域性重大动物疫情，努力确保不发生重大农产品质量安全事件，巩固和发展当前农业农村经济好形势，为经济社会发展全局提供有力支撑。

要重点做好以下十个方面的工作：①切实保障粮棉油糖稳定发展。②统筹推进“菜篮子”产品协调发展。③大力强化农产品质量安全工作。④切实加强重大动植物疫病防控和农业防灾减灾工作。⑤大力推进农业科技进步。⑥加强农业基础设施和装备能力建设。⑦加大农业资源和生态环境保护力度。⑧加强农产品产销衔接和贸易促进。⑨努力拓宽农民增收渠道。⑩深入推进农村改革和体制机制创新。

46. 农业发展面临的条件。有利条件包括：国家将进一步健全强农惠农政策体系，推动资源要素向农村配置；加快农业基础设施建设，提高农业发展的科技支撑能力；加快改善农村民生，缩小城乡公共事业发展差距；推进农村各项改革，增强农业农村发展活力等。

不利条件有：农业农村经济发展的基础依然脆弱；农业已连续六年增产，基数越来越高，继续保持稳定发展的难度加大；农民收入保持较快增长的难度加大；农村公共事业保持快速发展的难度加大；农产品价格保持基本稳定的难度加大。

47. 农业发展趋势判断。预计2010年全国粮食播种面积比上年增加，棉花面积继续调减，油料面积略有增加，其他经济作物基本稳定。养殖业继续增长。农产品价格可能有所上涨，但上涨空间有限；农产品贸易继续增长，但贸易逆差将进一步扩大；农民收入有望实现较快增长。

目 录

正文附图

正文专栏

附 表

2009年

农业发展状况

2009年农业发展状况

总体状况

2009年，在金融危机持续蔓延、特大自然灾害频繁发生、农产品市场异常变动的不利条件下，我国农业和农村经济持续稳定发展，为国民经济实现企稳回升赢得了战略主动，对推进改革发展各项事业做出了突出贡献。

（一）主要农产品产量稳定增长 2009年，粮油生产经受了严重春旱、夏伏旱以及病虫害等多重灾害的严峻考验，再获丰收。粮食总产在连续五年增产的基础上达到53 082万吨，比上年增加211万吨，再创历史新高，实现40多年来首次连续六年增产，实现新中国成立以来首次连续三年总产稳定在50 000万吨以上。油料总产3 154万吨，比上年增加202万吨，增长6.8%；平均单产2 311千克/公顷，增长0.4%。

全年肉类总产量为7 650万吨，比上年增长5.1%；禽蛋产量2 742.0万吨，比上年增长1.5%；奶业生产逐步恢复，牛奶产量3 518.8万吨，比上年下降1.0%。

2009年，全国水产品总产量5 116万吨，比上年增长4.5%；国内市场供应和价格基本平稳，水产品人均占有量38.3千克；渔民收入稳定增加，人均纯收入8 166元，比上年增加591元，增长7.8%。

（二）农村经济健康发展 2009年，农村经济总收入达到281 187亿元，比上年增长8.4%；农民家庭经营收入为134 177亿元，比上年增长18.7%，增幅比上年加快7.7个百分点。全年乡镇企业实现增加值93 532亿元，比上年增长10.8%；全国乡镇企业人数达15 588万人，比上年底净增138万人，其中，第二产业吸纳的劳动力占64.2%，第三产业吸纳的劳动力占34.7%，比上年提高1.7个百分点。农垦生产总值2 739亿元，比上年增长12.9%，增速连续七年超过12%。其中，第一产业增加值952亿元，增长9.4%；第二产业增加值1 050

亿元，增长16.6%；第三产业增加值736亿元，增长12.5%。

（三）农业投入大幅增加 2009年，中央财政安排“三农”支出7 253亿元，比2008年增加1 298亿元，增幅达21.8%。其中“四补贴”资金1 275亿元，比2008年增加245亿元，增长23.7%。2009年，财政部共安排农业部部门预算项目资金138亿元，比上年增加34.0%；农业部和财政部共同管理的专项转移支付资金424亿元，比上年增加40.4%。

2009年，投入农业综合开发各类资金447亿元，其中，中央财政资金166亿元（含利用外资折合人民币1.27亿元），带动地方财政配套投入95亿元，吸引农民、企业自筹和银行贷款等资金186亿元。

（四）农业科技取得积极进展 2009年，水稻、玉米、小麦等50个产业技术体系按照体系建设有关要求，整合农业科技资源、创新体制机制，紧紧围绕当前产业发展中的技术瓶颈问题，有针对性地开展产业技术研发和科技服务工作，在支撑农业科研、服务农业产业发展等方面取得了显著成效。2008—2009年新培育并审定转基因抗虫棉花品种28个，推广转基因抗虫棉7 466.67千公顷，净增效益130亿元，减少农药用量5.6万吨。2009年，农业部、财政部共同启动实施“基层农技推广体系改革与建设示范县项目”。中央财政安排7.7亿元，在全国建设770个示范县，围绕粮食、经济作物、园艺、畜牧、水产等主导产业，遴选7.7万技术指导员，7 700个农业科技示范基地，培育77万科技示范户，辐射带动1 500万周边农户。

（五）农业产业化成效显著 2009年底，全国各类农业产业化组织总数达22.4万个，带动农户1.03亿户，农户年户均增收1944元，分别比2008年底增长11.2%、4.6%和8.2%。在各类产业化组织中，龙头企业8.97万家，其中年销售收入500万元以上的5.8万家，过亿元的0.8万家，分别比2008年底增长10.2%、17.2%和14.4%；中介服务组织12.0万个，规模以上专业合作经济组织3.98万个，分别比2008年底增长13.1%和37.7%；专业市场1.4万个，其中交易额5 000万元以上的4 785个，分别比2008年底增长2.9%和6.3%。

（六）农产品质量安全保持较高水平 2009年，蔬菜、畜禽产品和水产品合格率分别达到96.4%、99.5%、97.2%，比上年分别提高了0.1、0.8、1.5个百分点；新增监测的水果、食用菌和茶叶合格率分别为98%、95.2%和94.8%；生鲜乳三聚氰胺监测合格率达到100%；无公害农产品、绿色食品、有机农产品合格率分别达到99.1%、98.8%和100.0%。

农产品市场活跃。至2008年底，全国亿元以上农产品批发市场发展到921家，比2004年增长1.3倍，摊位数48.6万个，增长1.7倍，营业面积达到3 369.2万平方米，增长2.2倍；年成交额7 939.2亿元，增长2.6倍。

（七）农民收入增加，生活水平提高 2009年，农村居民人均纯收入5 153元，比上年增加393元，增长8.2%，扣除价格因素影响，实际增长8.5%，比2008年上升0.5个百分点。

2009年农村居民人均生活消费支出3 993元，比上年增加332元，增长9.1%，扣除价格因素影响，实际增长9.4%，增速提高2.8个百分点。其中，商品性支出人均2 837元增长8.4%；服务性支出人均1 156元，增长10.9%。

按扶贫标准1 196元测算，2009年末农村贫困人口为3 597万，比上年减少410万。国家扶贫开发工作重点县农村居民人均纯收入2 842元，比上年增加231元，增长8.9%，扣除物价因素影响，实际增长9.2%，增速略高于全国农村平均水平。

种植业

2009年，各级农业部门认真贯彻中央"一号文件"和全国农业工作会议精神，全面落实科学发展观，加大工作力度，强化政策措施，种植业生产持续发展，粮食连续六年增产，油料保持稳定发展，园艺作物增产增收，为应对国际金融危机冲击、保持国民经济平稳较快发展提供了坚实支撑。

（一）粮食实现连续六年增产，产量再创历史新高 2009年粮食总产53 082万吨，比上年增加211万吨，再创历史新高，实现40多年来首次连续六年增产，实现新中国成立以来首次连续三年总产稳定在50 000万吨以上（图1）。粮食连年丰收，有效缓解了供求紧平衡压力。全年粮食生产的主要特点：一是播种面积增加较多。全年粮食面积108 986千公顷，增加2 193千公顷，增长2.1%，是近四年来面积扩大最多的一年。其中，玉米、水稻等高产粮食作物面积明显扩大（图2）。二是夏粮早稻增产，秋粮因灾减产。夏粮产量12 349万吨，比上年增加274万吨，增长2.3%。早稻产量3 336万吨，增加176万吨，增长5.6%；平均单产达到5 682千克/公顷，比上年提高147千克，是新中国成立以来最高水平。秋粮生产遭受干旱、风雹等灾害影响，产量37 398万吨，比上年减少238万吨，减幅0.6%。三是稻谷、小麦增产，玉米大豆减产。稻谷产量19 510万吨，比上年增产321万吨；小麦11 512万吨，增产265万吨；玉米16 397万吨，减产194万吨；大豆1 498万吨，减产56万吨。四是优质率进一步提高。四大粮食品种综合优质率达到

图1 1993—2009年粮食总产量变动情况

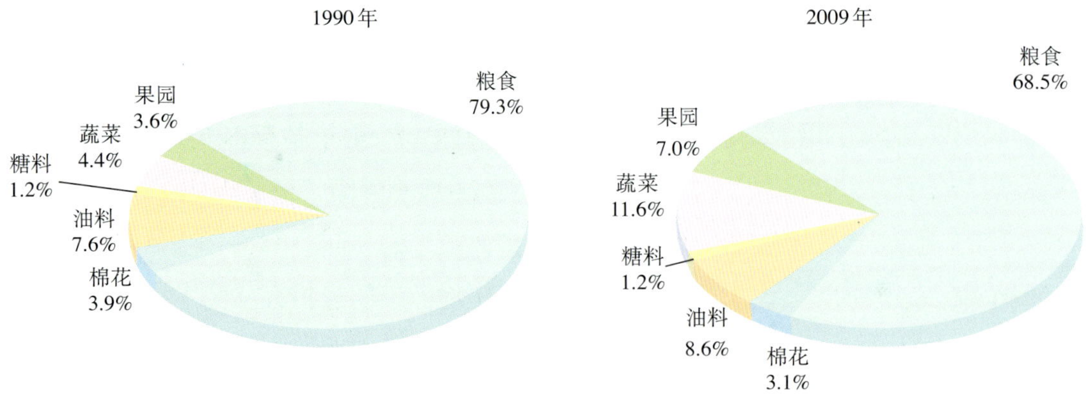

图 2 1990、2009年农作物播种面积结构变动情况

70.4%，比上年提高5.6个百分点。其中，水稻优质率77.8%，提高3.6个百分点；小麦优质率71.1%，提高3.2个百分点；玉米优质率61.2%，提高10.3个百分点；大豆优质率75.6%，提高3.9个百分点。

（二）油料生产稳定发展，食用植物油自给率保持稳定 油料生产呈面积、总产和单产“三增”态势。2009年油料面积13 652千公顷，增加827千公顷，增长6.4%；总产量约3 154万吨，增加202万吨（图3），增长6.8%；平均单产2 311千克/公顷，提高8.2千克，增长0.4%。其中，油菜籽面积7 278千公顷，增加684千公顷，增长10.4%；总产量1 366万吨，增加156万吨，增长12.9%，创历史新高。“双低”油菜面积继续增加，占总种植面积的85.5%，比上年提高3.4个百分点。因供给增

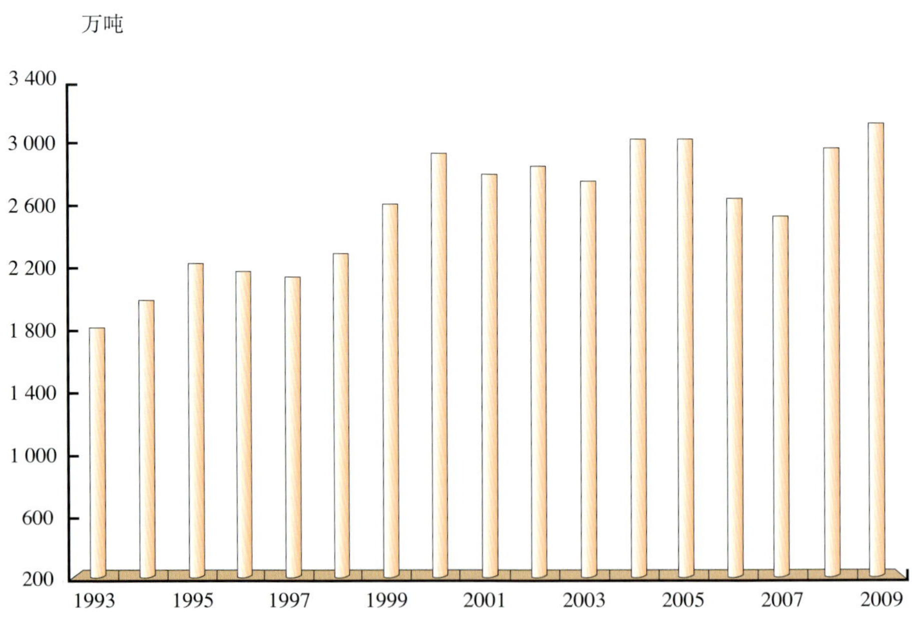

图3 1993—2009年油料总产量变动情况

加，食用植物油自给率继续稳定在42%左右。

（三）棉花糖料等原料作物产量下滑，但种植效益有所提高 受国际金融危机影响，我国纺织品出口增速放缓，棉花需求减弱，市场价格下跌，致使2009年棉花面积总产“双减”。全年棉花面积4 952千公顷，比上年减少802千公顷，下降13.9%；总产量638万吨，减少112万吨，下降14.9%，是近10年减产最多的一年（图4）。同时，糖料面积、产量和单产出现“三下降”。全年糖料面积1 884千公顷，比上年减少106千公顷，下降5.3%；总产量12 277万吨，减少1 143万吨，下降8.5%（图5）；平

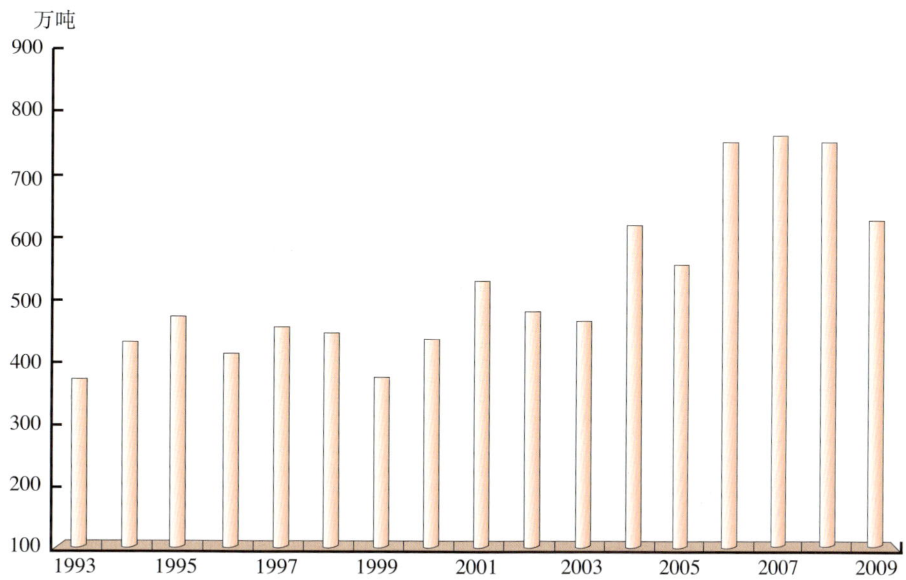

图4 1993—2009年棉花总产量变动情况

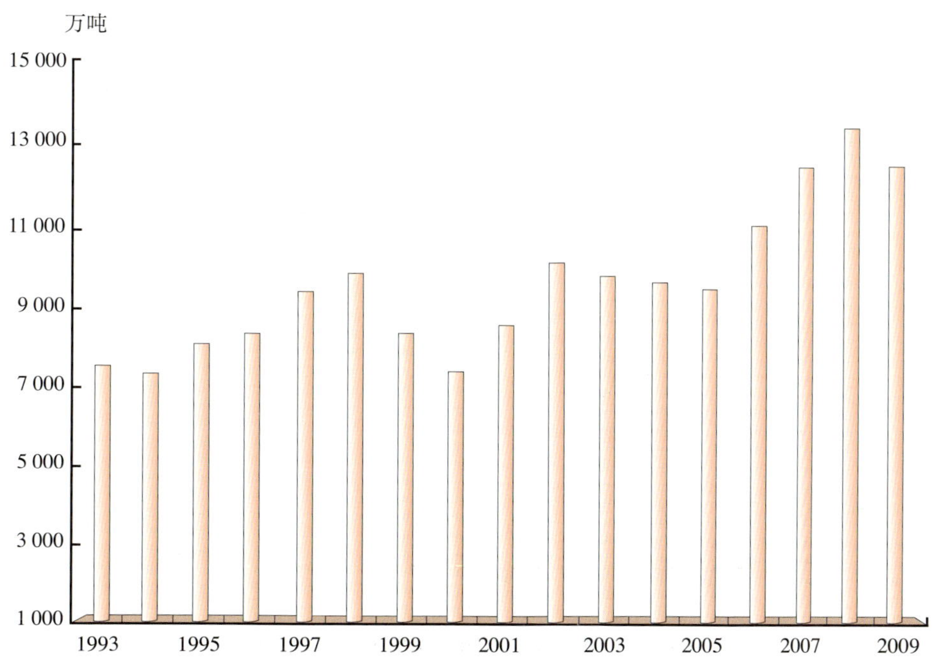

图5 1993—2009年糖料总产量变动情况

均单产65 167千克/公顷，减少2 265千克，下降3.4%。桑园面积、发种量和产茧量也出现下滑。尽管2009年工业原料作物产量出现下滑，但因收购价格回升，种植效益增加。初步测算，每公顷棉花净收益增加6 000元左右，甘蔗增加2 100元左右。

（四）园艺产品面积扩大产量增加，市场销售明显好转 全国蔬菜种植面积18 414千公顷，比上年增长约3%；总产量6.18亿吨，比上年增长4.4%。其中，设施蔬菜快速发展，面积达到3 360多千公顷，比上年增长11.6%。茶园面积1 849千公顷，增长7.5%；干毛茶总产量135.9万吨，比上年增长约8%。全国果园面积11 140千公顷，比上年增长3.8%；产量1.2亿吨，增长8%（图6）。其中，柑橘面积已超过苹果，达到2 160千公顷，成为国内第一大水果。花卉种植面积、单产和总产实现“三增”。园艺产品不仅实现了不脱销、不断档，而且产销两旺，价格稳中有升，出口回暖，成为2009年金融危机背景下农民增收的一大亮点。全年水果出口量比上年增长8.5%，蔬菜出口额同比增长5.4%，特别是对日本出口的蔬菜自2006年实施肯定列表制度以来首次出现正增长。初步匡算，2009年全国蔬菜(含西甜瓜)总产值约8 800亿元，比上年增长约10%，农民人均增收50多元。

（五）粮棉油高产创建深入推进，园艺作物标准园创建启动 2009年，农业部在更大规模、更广范围、更高层次上深入推进高产创建活动，共建设2 600个粮棉油万亩高产创建示范片，比上年增加1 998个，涉及作物由粮食、油料扩展到棉花，示范片面积逐步扩大到2 000 ～ 3 333公顷。各地以高产创建为平台，集中力量，整合资源，集成技术，开展现场观摩示范，促进良种良法配套，带动区域平衡增产。与此同时，2009年，农业部启动园艺作物

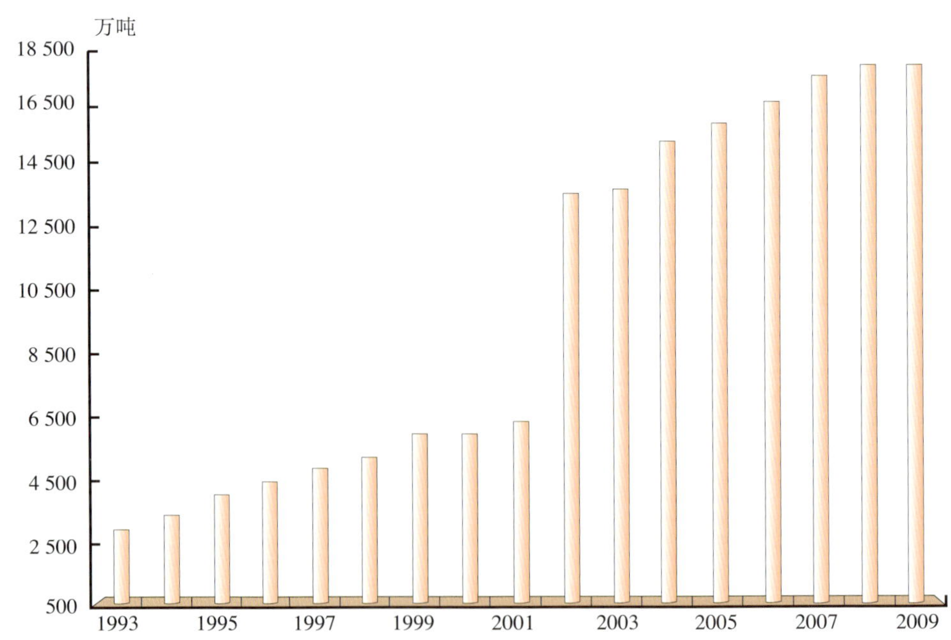

图6 1993—2009年水果总产量变动情况

注：2002年（含）以后水果总产量含果用瓜。

标准园创建，在全国优势(重点)发展区域，创建1 600个园艺作物标准园，标准园实现规模化种植、标准化生产、商品化处理、品牌化销售和产业化经营，确保产品质量达到食品安全国家标准，农药使用量减少30%以上，节本增效10%以上。

（六）灾害偏重发生，防灾减灾积极有效 在2009年在农作物生长的关键时期，干旱、洪涝、风雹、低温阴雨等灾害重发频发，给主产区农业生产带来严峻挑战。面对突如其来的灾情，各级政府、农业部门切实加大防灾抗灾救灾力度，强化指导和服务，推进科学抗灾，努力减轻灾害损失。特别是在应对北方冬麦区冬春连旱、东北部分地区高温伏旱两场硬仗中，农业部门在旱象露头之际，即紧急部署抗旱工作，先后向重灾区派出65个救灾工作组和专家指导组，提出因地制宜、分类指导、水肥并进的科学抗旱技术路线，指导农民科学抗旱；商财政部向28个省（自治区、直辖市）、黑龙江农垦、广东农垦和新疆生产建设兵团下拨农业生产救灾资金6批4.04亿元，支持灾区搞好灾后恢复生产，有效地将种植业特别是粮食因灾损失减少到了最低程度。

畜牧业

2009年，畜牧业经受了金融危机、甲型流感、自然灾害等各种严峻考验，生产平稳发展。全年肉类总产量为7 650万吨，比上年增长5.1%（图7）；禽蛋产量2 742.0万吨，增长1.5%；奶业生产逐步恢复，牛奶产量3 518.8万吨，下降1.0%。

（一）生猪生产 2009年，全国生猪出栏6.45亿头，比上年增长5.8%；年底生猪存栏4.70亿头，增长1.5%；能繁母猪存栏4 958万头，增长1.6%。猪肉产量为4 891万吨，比上

图7 1993—2009年肉类总产量变动情况

年增长5.8%。仔猪、活猪、猪肉的平均价格分别为17.85元/千克、11.25元/千克和18.28元/千克，分别比上年下降了40.5%、24.4%、22.2%。生猪价格从1月底、2月初开始一路下滑；4月底、5月初受甲型流感疫情冲击，价格降幅加大，6月上旬跌至谷底；6月中旬国家启动调控预案三级响应机制，实行冻肉收储，猪价开始回升；10月份消费高峰过后再度下降；11月底至12月底受节日效应影响连续回升，但同比仍然下降，没有突破年初最高价。

（二）奶业生产 从4月份开始，奶牛存栏出现恢复性增长，年底存栏1 260.3万头。8月中旬之前，由于三鹿牌婴幼儿奶粉事件影响尚未完全消除、金融危机导致国际市场乳制品价格持续走低等因素，生鲜乳收购价格持续下降。此后，生鲜乳价格持续小幅回升，奶业总体生产形势逐步回暖，奶牛存栏和生鲜乳产量逐月增长，乳制品产销量增加。内蒙古、河北等10个奶牛主产省（自治区）生鲜乳平均收购价格2.45元/千克，比上年下降12.4%。

（三）家禽生产 家禽生产继续保持稳定增长，全年禽蛋产量2 742.0万吨，禽肉产量1 595万吨，分别比上年增长1.5%和4.0%。鸡蛋全年平均价格为7.68元/千克，同比下跌了2.1%；活鸡、西装鸡全年平均价格为13.71元/千克和13.79元/千克，同比分别下跌了2.9%和4.1%。蛋鸡生产逐步走出2008年的低谷，产量和价格从3月份开始稳定上涨，6月份出现短期震荡调整，7—9月份鸡蛋价格涨幅加大，10—12月出现小幅回落。全年蛋鸡养殖保持了较好的收益，总体形势好于2008年。肉鸡生产没有出现2007、2008年大幅波动局面，整体运行较为平稳，养殖环节全年处于低位盈利水平。

（四）牛羊肉生产 肉牛、肉羊生产基本平稳，全年牛肉产量636万吨，羊肉产量389万吨，同比分别增长3.6%和2.4%。全国牛羊肉平均价格略有上涨，去骨牛肉平均价格为33.09元/千克、带骨羊肉平均价格为32.63元/千克，分别比上年上涨了3.8%和2.4%。

总体上看，2009年畜牧业转型步伐加快，但一些新的矛盾和问题也更加复杂尖锐。一是产业波动常态发生，有效供给压力增大。从生产看，用地难、贷款难等问题制约规模养殖发展，由于养殖市场风险、自然灾害风险、疫病风险加大，部分散户开始退出养殖业。另外，由于畜牧业生产的周期较长，养殖户在获利时急于扩张，亏损时急剧收缩，确保均衡上市的难度较大，季节性波动在所难免。从消费看，随着工业化、城镇化进程加快，城乡社会结构变化和居民消费结构升级，推动了畜产品消费结构发生重大变化，增加了保供给的难度。二是养殖成本刚性攀升，比较效益趋于下降。从6月份开始，饲料价格出现过快上涨，玉米、豆粕、麦麸和配合饲料价格上涨5%～10%，鱼粉价格上涨50%以上。饲料成本占到养殖成本的70%左右，饲料价格的上升直接导致养殖成本增加。另外，水、电、成品油等资源性产品价格也有一定幅度上涨，劳动力、防疫、环保、用地等费用增加，土地资源紧缺、环保要求提高等方面的压力增大。三是基础设施依然落后，持续发展受到制约。畜禽分散饲养比重仍然很大，还有一部分规模养殖场户饲养设施设备落后，标准化和组织化程度较低，生产效率不高，畜产品质量安全隐患较大，抵御风险的能力较弱。畜牧业发展支持保护体系还有待进一步完善，畜禽标准化规模养殖、良种繁育体系建设、畜产品质量安全监管、畜牧业技术推广服务体系等方面与实际需要差距较大，制约了畜牧业的持续健康发展。

兽医事业

2009年，兽医工作经受住了严峻考验，取得了显著成效，为促进畜牧业稳定发展、农民持续增收，维护国家公共卫生安全提供了有力保障。

（一）有效控制重大动物疫情 2009年我国重大动物疫情总体保持稳定，流行强度明显减弱，发病频次大幅降低，经济损失明显减少。全国仅发生2起家禽高致病性禽流感疫情，疫情起数比上年减少4起，发病数、死亡数分别下降68%和67%，青海更尕海候鸟疫情得到迅速扑灭，没有感染到家禽和人。高致病性猪蓝耳病波及范围显著缩小，疫情得到有效控制，仅7个省份发生疫情，疫点13个，比上年下降75%，病猪8 779头，扑杀9 248头。新发A型口蹄疫疫情迅速扑灭。猪瘟疫情县次比2008年下降21%，疫点数下降29%，发病数下降36%。

（二）成功应对突发疫情和重大事件考验 2009年初，湖北武汉突发A型口蹄疫疫情，在没有进行大规模免疫、家畜普遍高度易感的情况下，有关部门迅速行动，及时扑灭，没有出现全国大范围暴发流行。面对突如其来的甲型H1N1流感疫情，各地按照国务院和联防联控工作机制统一部署，不断强化防控措施，先后在全国组织开展两轮生猪监测和流行病学调查。秋冬季各地临床观察生猪2.01亿头，实验室检测样品7.2万份，我国内地没有从生猪养殖环节检测出甲型H1N1流感病毒。新中国成立六十周年大庆和十一届全运会期间，为做好防控保障工作，组织开展全国突发重大动物疫情应急演练，有针对性的采取防控措施，不断强化动物产品安全监管，确保了全国没有发生重大动物疫情和动物产品质量安全事件。

（三）动物产品安全监管取得新进展 动物卫生监督执法工作扎实开展，全国产地检疫率达60%以上，生猪定点屠宰检疫率达90%以上。2009年，全国产地检疫畜禽93.85亿头只，检出不合格畜禽367.3万头只；屠宰检疫畜禽37.87亿头只，检出不合格畜禽388.1万头只；查处各类违法案件近2万件。全国牲畜耳标佩戴率近70%，通过移动智能识读系统上传业务信息1 400余万次，涉及牲畜达2.5亿头只。兽药监管和残留监控工作有序开展，全国完成兽药产品抽检14 511批，出动执法人员34万人次，整治重点区域3 700个，检查兽药生产经营和使用单位30.65万个，查处违法案件4 786起，销毁假劣兽药91.29吨和注射液产品84万支，查获假劣兽药货值金额1 392万元，罚没款1 500多万元，吊销兽药经营许可证1 483个。兽药产品抽检合格率84.9%，比上年提高3.2个百分点。继续实施国家动物产品兽药残留监控计划，兽药残留合格率达99.7%。

（四）基层防疫体系建设加快推进 全国

95.8%的地市、88.7%的县区和81.6%的乡镇已完成兽医管理体制改革。乡镇畜牧兽医站设置更加合理，村级防疫员队伍建设得到进一步加强，执业兽医从业能力和水平明显提高。2009年中央财政继续安排6.5亿元基层动物防疫工作补助经费。安排第三批扩大内需动物防疫基础设施建设资金21.74亿元，建设4个省级动物疫病预防控制中心、10个地市级防疫检疫监督站、1 329个县级动物防疫站、9 889个乡镇兽医站；改扩建实验室29万平方米，购置仪器设备3.8万套，解决就业岗位3.1万个，基层动物防疫基础设施条件进一步改善。

（五）兽医工作长效机制建设迈出新步伐 一批《动物防疫法》配套法规和技术法规、标准颁布实施，兽医法规标准体系进一步健全。全面开展国家中长期动物疫病防控战略规划研究，启动战略规划制定工作。成立全国动物防疫专家委员会，不断提升科学防控水平。顺利完成全国第一次执业兽医资格考试，组建中国兽医协会。成功研制出动物甲型H1N1流感诊断试剂、禽流感DNA疫苗和高致病性猪蓝耳病活疫苗，科技支撑能力进一步增强。国际交流合作取得重要进展，成功承办世界动物卫生组织（OIE）亚太区委员会第26届会议。

专栏1

稳步推进新型兽医制度建设

推行执业兽医和官方兽医制度，是贯彻落实《动物防疫法》等法律法规的迫切要求，是深化兽医管理体制改革的重要手段，是我国兽医制度与国际接轨的一件大事。2009年，农业部和有关单位精心组织，密切配合，开展执业兽医资格考试试点工作、推进官方兽医队伍建设、筹备成立中国兽医协会，稳步推进新型兽医制度建设。

一、开展执业兽医资格考试试点工作

2009年，在河南、吉林、广西、重庆、宁夏等5省（自治区、直辖市）开展了执业兽医资格考试试点工作，取得显著成效。一是抓组织机构建设。成立全国执业兽医资格考试委员会和农业部执业兽医管理办公室，中国动物疫病预防控制中心增设执业兽医事务处。各试点省份和地市成立了执业兽医资格考试工作领导小组和考区办公室、考点办公室，明确专门的机构和人员负责执业兽医资格考试和执业兽医管理。二是抓考试制度建设。先后制定涵盖执业兽医资格考试管理、违纪处理、保密、突发事件应急、命题专家管理、命题工作规程、命题技术规范、考务管理、考生指导以及考试工作规则等10个规范性文件。及时发布《2009年执业兽医资格考试大纲》和全国执业兽医资格考试第1号公告，明确考试内容范围、报名资格条件、报名方式等。三是抓考试工作部署。制定《2009年执业兽医资格考试试点工作方案》，安排各项工作时间，明确工作任务，落实人员责任。制定宣传方案，发布考试公告，编写《执业兽医资格考试60问》，印发宣传册，利用报刊杂志、广播电视、平面网络等媒体，大力宣传执业兽医资格考试政策和考试要求，提高考生认识，扩大考试社会影响。制定《2009年执业兽医资格考试考务管理手册》。针对不同阶段考务工作重点，先后五次下发考务通知，三次召开考务工作会议，四次举办考务培训班，对考试各项工作进行部署安排。四是抓考务工作细节。认真遴选试卷印制单位，确保试卷安全。研究试卷运送方式，做到切合实际、安全可行。商国家保密局和部保密办确定执业兽医考试保密范围和密级，成立全国执业兽医资格考试保密领导小组和办公室。组织命题专家和考务工作人员签订《保密承诺书》，切实加强保密工作管理。制定《执业兽医资格考试突发事件应急预案（试行）》，组织开展应急演练，做好突发事件应对准备。先后派出5个督查组和5个巡视组赴各考区对考试准备和考试组织、考场秩序等情况进行检查、巡视。五是抓工作协调配合。积极协调财政、发展改革等部门，协调解决执业兽医资格考试收费问题。协调保密、公安、卫生、交通、电力、通信等部门，切实做好安全保卫、医疗保障、应急处置等工作。六是抓命题工作。从全国各农业院校和兽医科研机构遴选出447名专家，组建全国执业兽医资格考试命题专家库。组织召开执业兽医资格考试命题工作会，举办命题工作培训班，全面部署命题工作。制定《题型题量分布表》和《试题双向细目表》，明确执业兽医资格考试题型题量分布和试题细目。七是抓保密工作。加强保密教育，提高保密意识，采取入闱全封闭管理、“人防”与“技防”相结合，加强试卷保管场所和命题场所保密设施建设。建立试卷印制、接收、保管和运送责任制，派专人驻厂监印，24小时跟踪试卷，切实履行试卷交接手续。严格按照考试时间安排，完成试卷领取、分发等环节考试实施工作。考试结束后，及时销毁试卷，确保试卷安全。

二、推进官方兽医队伍建设

组织起草《关于推进动物卫生监督机构官方兽医队伍建设的通知》，充分征求吸收省级兽医主管部门修改意见，积极协调国家公务员管理局，明确动物卫生监督机构官方兽医队伍建设的原则和目标、科学界定官方兽医职能，官方兽医资格条件、选用、培训和管理等。组织召开官方兽医队伍建设研讨会，进一步研讨和论证推进动物卫生监督官方兽医队伍建设。组织起草《全国官方兽医培训规划（2010—2014年）》和官方兽医培训大纲，编写《官方兽医培训教材》，建立健全官方兽医培训网络体系，全面提高官方兽医队伍综合素质，逐步提升官方兽医队伍学历层次。组织举办第一期全国官方兽医师资培训班，加强官方兽医培训师资队伍建设。

三、筹备成立中国兽医协会

经国务院批准，民政部同意成立中国兽医协会。5月23日，组织召开中国兽医协会筹建会议，研究部署中国兽医协会筹备工作。6月11日，组织召开中国兽医协会筹备领导小组第一次全体会议，审议会员发展意见、筹备工作计划、会员管理办法及会费标准、协会标识和网站建设等事项。10月28日，召开中国兽医协会成立大会，回良玉副总理、世界动物卫生组织总干事瓦拉特等领导和国际组织分别发来贺信，祝贺中国兽医协会成立。

渔业

2009年，渔业系统围绕现代渔业建设扎实开展各项工作，全国渔业经济总体保持平稳较快发展。全国水产品总产量5 116万吨，比上年增长4.5%（图8）；市场供应和价格平稳，水产品人均占有量38.32千克；渔民收入稳定增加，人均纯收入8 166元，增加591元，增长7.8%。全社会渔业经济总产值11 445亿元，其中渔业产值5 937亿元，比上年增长7.5%。

（一）渔业投入力度加大 2009年用于渔业的中央基本建设资金和财政专项资金12.3亿元，其中部门预算和转移支付资金合计5.3亿元，比上年增长71%；基本建设资金7.0亿元，比上年增长67%。渔政渔港资金规模比上年翻一番，并列入今后一个时期重点支持的农业基本建设项目。2009年中央财政大幅增加了增殖放流的转移支付项目，有力推动了增殖放流事业的发展；渔业专项资金中首次安排池塘改造和亲本更新补贴，为夯实水产养殖业基础开辟了途径。全年渔业油价补贴资金超过100亿元，落实渔机补贴7 400多万元。地方各级政府也进一步加大了渔业投入，各地财政用于养殖池塘标准化改造的资金就达10亿元。浙江省池塘标准化建设累计已投入4.5亿多元。山东省用于渔业资源修复的资金3亿多元，全省在建渔业基本建设项目总投资10亿多元。广东、上海、福建、江苏、湖北、江西等省市也都明显加大了强渔惠渔的力度。

（二）水产养殖持续健康发展 在市场调节和政策推动的双重作用下，各地水产养殖继续保持较高的积极性，全年放养面积和投苗量都有所增加，水产养殖业继续较快发展。农业

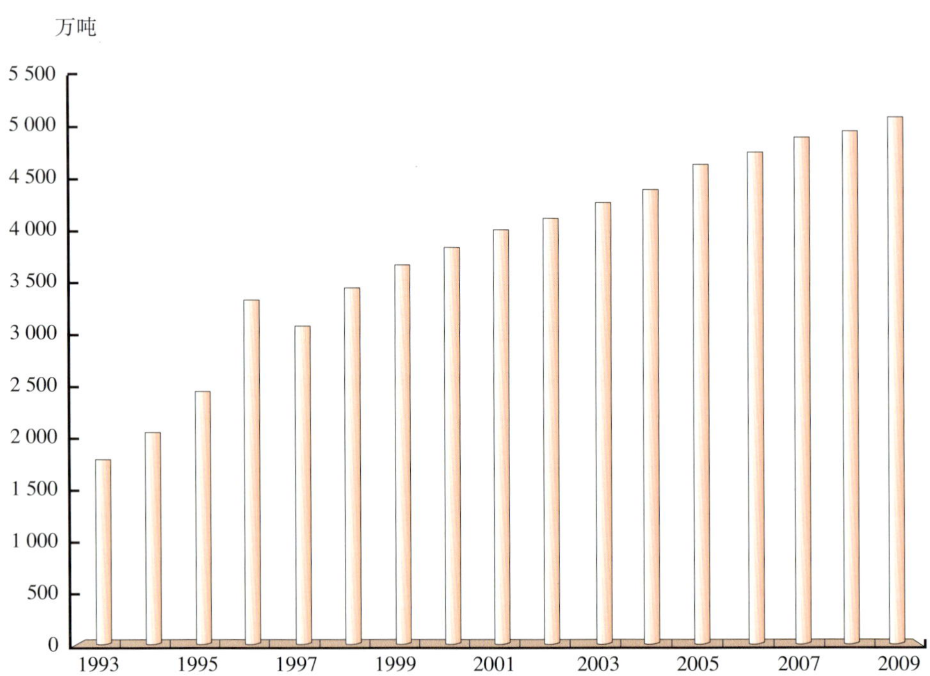

图8 1993—2009年水产品总产量变动情况

部印发了《关于全面推进水产健康养殖、加强水产品质量安全监管的意见》，积极推进水产健康养殖和水产品质量安全监管工作。各地加强养殖水域滩涂规划和养殖权制度建设，保护水产养殖业发展基础。截至2009年底，全国有9个省、174个市和1 178个县出台了养殖水域滩涂规划，核发养殖证37万多本，面积4 480千公顷，发证率达67%。水产健康养殖得到大力推进，池塘标准化改造和健康养殖示范场建设力度加大，全年共改造池塘233.33千公顷，建设健康养殖示范场500家，有效提升了池塘养殖水域容量和质量。以水产健康养殖技术推广为主题的全国渔业科技服务年活动广泛深入开展，共培训推广人员和渔民50万人次。2009年全国水产养殖面积稳定增长，养殖品种结构进一步优化，养殖产量3 622万吨，占水产品总产量的70.8%，其中淡水养殖产量2 217万吨，比上年增长6.9%；海水养殖产量1 405万吨，增长4.8%。

（三）捕捞业保持稳定发展 海洋捕捞产量1 179万吨，比上年增长2.5%；淡水捕捞产量218万吨，减少2.8%。远洋渔业产量产值下降，但作业领域有新的拓展。2009年远洋渔业总产量98万吨，总产值90亿元，分别比上年减少约16%和12%，减少的主要原因是海盗猖獗影响以及鱿鱼和竹荚鱼等重要品种资源状况差。公海渔业资源探捕范围扩大，份额增加，公海金枪鱼作业船数比上年增加5艘，总产量和产值分别为16.5万吨、26亿元，分别增长29%和11%；南极海洋生物资源开发利用取得重大进展。中国渔业参与国际渔业资源开发和管理的深度和广度进一步延伸。

（四）水产品国内市场供应充足，国际贸易保持活跃 国内水产品市场运行较为平稳，据定点监测，水产品批发市场综合平均价格15.05元/千克，与上年持平，其中海水产品综合平均价格26.21元/千克，上涨3.3%，淡水产品综合平均价格11.07元/千克，下降4.1%。水产品交易数额稳步增加，据对全国35家批发市场成交情况统计，市场成交量、成交额分别为538.34万吨和834.78亿元，与上年相比分别增长6.3%和12.1%。水产品国际贸易克服了国际金融危机的不利影响，保持较高水平，全年进出口总量667.9万吨，总额159.6亿美元，与上年基本持平。其中出口量294.2万吨，下降0.6%；出口额107亿美元，增长1%；贸易顺差54.4亿美元，比上年增加2.3亿美元。水产品出口额继续位居大宗农产品出口首位，约占农产品出口总额的27%。

（五）渔业安全生产与涉外管理明显加强 按照国务院确定的“安全生产年”活动各项要求，各级渔业部门狠抓渔业安全生产管理，组织开展“10万海洋机动渔船船东船长培训”，加强渔业安全信息服务和设施装备系统建设，防范应对台风、低温雨雪、风暴潮等自然灾害袭击，积极开展渔业海难救助，全国渔业安全生产形势总体保持稳定。2009年全国各级渔业行政主管部门及其渔政渔港监督管理机构共调度、派遣渔业行政执法船艇和渔船2 167艘次，参与渔业海难救助877起，实际投入救助费用2 575万元，挽回经济损失3.04亿元。其中，救助渔船851艘，救助渔民4 502人；救助商船等非渔业船舶13艘，救助其他遇险人员313人。全年发生渔业船舶水上生产安全事故327起（不含生产性事故），死亡306人，分别比2008年减少119起和93人，事故起数和死亡

（失踪）人数较大幅度下降。2009年涉外渔业情况更加复杂，渔业部门会同有关方面开展了集中整治朝韩敏感水域越界捕捞专项行动，妥善处置了渔船大规模违规作业等突发事件，取得了预期效果。渔政执法继续加强，组织开展专属经济区渔政巡航执法，共安排61艘巡航渔政船执行巡航任务296个航次，累计巡航3 822天，登临检查渔船6 401艘次（其中外国渔船81艘次），平均每航次登临渔船22艘次，驱赶外国侵渔渔船103艘次，查处国内外各类违规渔船800艘次。“护渔2009”专项行动、打击电脉冲、伏季休渔和长江禁渔管理、水产养殖与水产品质量安全执法等重要执法工作深入有效开展。

专栏2

海洋伏季休渔15年成效显著

根据《渔业法》有关规定并报经国务院同意，我国自1995年起开始在海洋生物繁衍生长的关键阶段实行休渔制度。由于休渔期基本在中国农历的伏季，在此期间大批渔船和渔民停止捕捞活动进港休整，并使海洋渔业资源也得到了休养生息，故形象地将这一制度称为“海洋伏季休渔制度”。

海洋伏季休渔制度实施15年来，休渔范围、时间和作业类型不断扩大，各项保护管理措施不断健全。目前海洋伏季休渔制度已扩展到我国管辖的渤海、黄海、东海、南海四大海域，覆盖沿海11个省（自治区、直辖市）和香港、澳门特别行政区，休渔时间为两个半月到三个半月，休渔作业类型为除单层刺网和钓具外的所有作业类型，涉及捕捞渔船约11万艘，休渔渔民上百万人。实践证明，实施海洋伏季休渔有效养护了海洋生物资源和海洋生态，取得了良好的经济、社会和生态效益，产生了积极的国际反响。

一是保护了海洋生物种群资源，改善了海洋生态环境。海洋伏季休渔时间选定在每年春夏季主要海洋生物的繁殖期和幼体生长期，有效保护了海洋生物的产卵群体和幼体，增加了补充群体数量。据监测，休渔后黄渤海的对虾、梭子蟹、蓝点马鲛资源都有明显好转，东海带鱼平均资源量比休渔制度实施前提高了40%以上，南海粤东和北部湾渔场多种经济鱼类资源都有明显恢复，主要经济鱼类渔获比例有较大幅度提高。同时，伏季休渔减少了拖网等休渔渔具对海洋生物栖息环境的破坏，有效保护并改善了海洋生态环境，对于维护国家生态安全具有重要作用。

二是稳定了海洋渔业生产，促进了渔民节支增收。伏季休渔有效遏制了渔业资源过度开发的势头，促进了海洋捕捞生产保持总体稳定，部分经济品种产量和捕捞生产效率有所提高。1998年以来我国海洋捕捞产量一直稳定在1 100万吨以上，2008年带鱼产量比1994年增加了35.8%，小黄鱼产量增加了244%。伏季休渔期间休渔渔船不出海生产，减少了渔需物资的消耗，降低了捕捞生产成本。据测算，休渔期间渔船可减少柴油消耗100万吨以上，网具、冰水、人工费用等开支也都大幅度减少。同时，休渔期间损失的产量通过开捕后的秋冬汛生产得到了补偿，且渔获个体增大，渔获物质量和价值提高，有力促进了渔民增收节支。

三是增强了广大渔民和社会各界的生态环境保护意识，营造了养护资源的良好社会氛围。实施伏季休渔十多年来，通过广泛宣传教育和实践，伏季休渔在沿海渔民和社会中产生了良好反响。广大渔民由休渔之初被动的“要我休渔”，逐渐转变为主动的“我要休渔”，很多渔民纷纷提出延长休渔时间、扩大休渔作业类型以及其他加强和完善伏季休渔制度的意见建议，绝大多数渔民都自觉遵守伏季休渔规定，支持渔政部门开展休渔执法检查，主动举报违规作业渔船。各地在伏季休渔期间大力开展增殖放流活动，广东、江苏、浙江等省还举办“休渔放生节”、“放鱼节”等活动，渔民群众和社会各界广泛参与，增殖放流与伏季休渔互相促进，在全社会形成了养护资源和生态环境的良好氛围。

四是促进了我国与周边国家渔业合作关系，在国际上树立了负责任大国的良好形象。我国实施的海洋伏季休渔制度，休渔范围之广、休渔渔民和渔船数量之多，在全世界都是独一无二的，对养护黄海、东海和南海等周边海域的生物资源发挥了重要作用，促进了我国与有关国家的渔业合作关系。伏季休渔制度的实施充分表明了我国政府养护海洋生物资源与生态环境的决心和不懈努力，在国际上树立了负责任大国的良好形象，受到国际社会的积极评价和肯定。

乡镇企业

2009年乡镇企业面对国际金融危机冲击下，倒闭停产企业增多、生产销售下滑、出口受阻和增长速度下降等严峻形势，加快发展方式转变，加大结构调整和自主创新力度，加强管理和机制创新，全年经济运行平稳回升趋势逐季加强，为全国经济企稳回升作出了积极贡献。

（一）经济总量持续增长，主要指标逐季趋好 2009年，全国乡镇企业实现增加值93 532亿元，比上年增长10.8%，增幅比上年回落0.9个百分点，高于全国GDP增幅2.1个百分点（图9）。全国乡镇企业实现总产值和营业收入分别达到39.8万亿元和38.6万亿元，均增长10.6%；实现利润总额22 879亿元，增长10.1%。主要经济指标增幅比上年平均下降约1个百分点，但比上年收窄1.5个百分点左右。全年经济运行增幅呈现从年初低点逐季回升、不断向好的趋势，全年实现增加值累计增幅比一季度回升了2.4个百分点。

（二）工业企业稳定发展，规模企业支撑作用显著 2009年，全国乡镇工业企业实现增加值65 110亿元，比上年增长10.3%，低于乡镇企业平均增长水平，但高于全国工业企业增加值平均增速2.0个百分点；占乡镇企业增加值的比重为69.6%，依旧保持主体地位。乡镇工业全年完成营业收入257 973亿元，比上年增长10.6%；实现利润总额15 027亿元，增长9.8%。规模以上乡镇工业实现增加值49 146亿元，增长10.5%，占乡镇工业比重达75.5%。分行业看，食品、建材、交通运输设备制造业等行业增势较好。在增加值超过2 000亿元的行业中，非金属矿物制品业实现增加值2 941亿元，增长39.6%；农副食品加工业实现增加值3 563亿元，增长28.7%，取代纺织业，成为占规模以上乡镇工业比重最高的行业。

（三）中西部地区增长较快，区域发展协调性进一步增强 2009年，东部地区乡镇企业全年实现增加值54 942亿元，比上年增长7.2%，增幅下降3.6个百分点，占乡镇企业增加值总量的比重由上年的60.9%下降到58.7%。中西部和东北地区绝大多数省市区保持两位数增长。中部地区全年实现增加值17 684亿元，增长10.5%；西部地区年实现增加值11 844亿元，增长25.7%，高于全国乡镇企业平均增幅14.9个百分点；东北地区年实现增加值9 062亿元，增长18.2%，高于全国乡镇企业平均增幅7.4个百分点。

（四）固定资产投资增长较快，结构进一步优化 2009年全国乡镇企业完成固定资产投资48 843亿元，比上年增长27.4%，增幅高于上年6.5个百分点。项目规模进一步扩大，平均投资规模达1 208万元，比上年增加62万元；超千万元的项目投资达15.87万个，是上年的1.86倍，占施工项目总数的比重为39.3%，比上年提高16.5个百分点；其中，投资额超亿元的项目达8 324个，比上年增长11.7%。从地区结构看，东部地区投资额同比增长21.1%，占全国乡镇企业固定资产投资的62.4%，比上年下降3.2个百分点；中部地区增长24.3%，占全国的14.3%，比上年下降0.4个百分点；西部地区投资额增幅最高，达59.8%，占全国的12.3%，比上年提高2.5个百分点；东北地区增长41.6%，占11.0%，比上年提高1.1

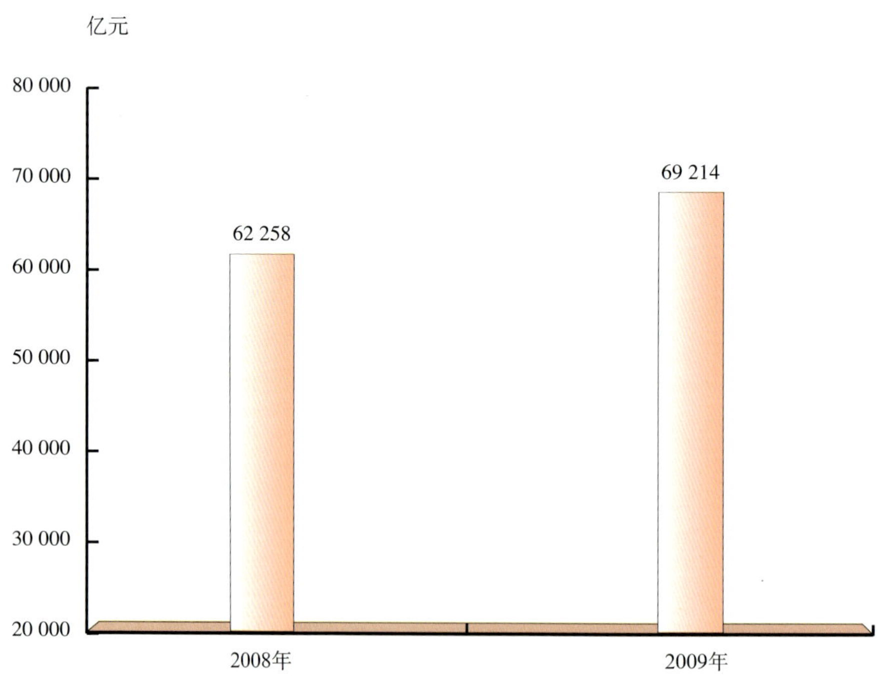

图9 2008年、2009年乡镇企业增加值变动情况

注：不含个体工商户。

个百分点。

（五）农产品加工业效益良好，食品工业带动效应明显 2009年，全国规模以上乡镇农产品加工业实现增加值15 315亿元，比上年增长13.4%，增幅高于规模以上乡镇工业2.9个百分点。其中，农副食品加工业、食品制造业、饮料制造业增幅均超过20%，分别为28.7%、41.3 %和48.9%，三个行业累计实现增加值5 437亿元，增长33.6%，带动规模以上农产品加工业增长10.7个百分点。农产品加工业实现利润总额和上交税金分别为3 354亿元和1 675亿元，分别增长16.9%和16.6%。其中，食品工业利润总额和上交税金增幅分别为25.9%和24.4%，分别带动农产品加工业利润总额和上交税金增长8.4个和6.7个百分点。

（六）第三产业持续快速发展，休闲农业表现突出 2009年，全国乡镇企业第三产业实现增加值21 344亿元，比上年增长13.1%；营业收入93 418 亿元，增长15.8%；利润总额2 363亿元，增长17.1%。营业收入和利润总额增幅分别高于乡镇企业平均增幅5.2个和7.0个百分点。主要行业中，服务和娱乐业增长最快，实现增加值1 088亿元，增长25.9%。休闲农业迅速发展，全国从事休闲农业的乡镇企业超过6万户，年接待游客2亿多人次，带动200多万户农民就业。

（七）社会贡献增加，拉动农民增收作用明显 2009年底，全国乡镇企业从业人数达15 588万人，比2008年底净增138万人（图10），其中，第二产业吸纳劳动力最多，占64.2%；第三产业吸纳劳动力5 407万人，占34.7%，比上年提高1.7个百分点，净增加83万人。乡镇企业上缴税金9 713亿元，增长10.4%，支付劳动者报酬17 347亿元，增长9.2%，农村居民人均从乡镇企业获得收入1 807元，占农村居民人均纯收入的比重达35.1%。

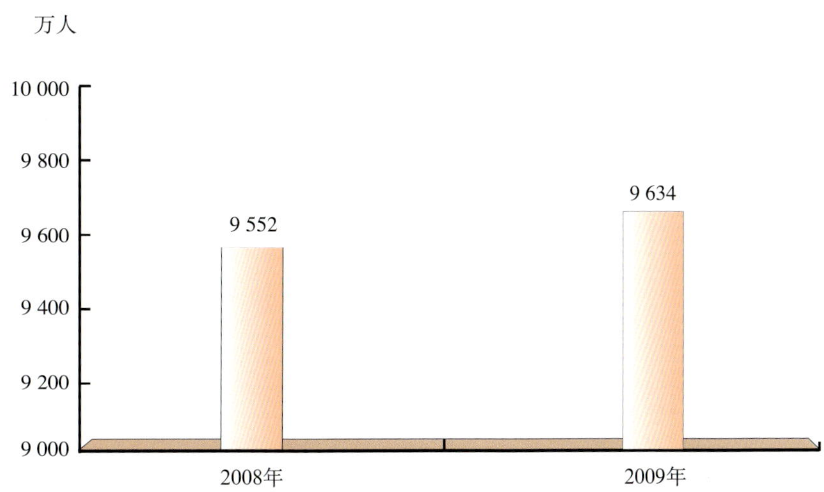

图10 2008年、2009年乡镇企业年末职工人数变动情况

注：不含个体工商户。

农垦经济

2009年，全国农垦系统深入贯彻落实科学发展观，积极克服国内外复杂经济环境，特别是国际金融危机、严重自然灾害等带来的诸多困难和冲击，以加强现代农业建设为主线，充分发挥示范带动作用，积极推进经济结构调整和发展方式转变，继续保持经济较快增长、社会事业全面发展、职工生活明显改善、社会和谐稳定的良好局面。

（一）经济继续保持快速增长 2009年实现农垦生产总值2 738.75亿元，比上年增长12.9%，增速连续七年超过12%。其中，第一产业增加值952.49亿元，增长9.4%；第二产业增加值1 050.41亿元，增长16.6%；第三产业增加值735.85亿元，增长12.5%。第一、第二、第三产业增加值占农垦生产总值的比重分别为34.8%、38.3%和26.9%。人均生产总值21 037元，比上年增长12.4%；人均纯收入7 096元，扣除物价上涨因素，比上年实际增长9.9%。

（二）农业综合生产能力进一步增强 全年实现农业总产值1 906.60亿元，比上年增长10.5%。其中，种植业产值1 152.64亿元，林业产值91.96亿元，牧业产值496.92亿元，渔业产值100.81亿元，服务业产值64.27亿元。粮食总产量首次突破500亿斤大关，粮食播种面积、单产和总产量实现连续六年“三超”历史。粮食总产量达到2 773万吨，比上年增产352万吨，增长14.5%；为国家提供商品粮2 417万吨，比上年增加322万吨，增长15.4%，商品率为87.1%。棉花总产量达到141万吨，减产13.7%；干胶产量为32万吨，增产4万吨，增幅为12.5%。畜牧业稳步发展，占农业总产值的比重为26.1%，比上年提高0.7个百分点。主要牲畜存栏和畜产品产量继续增加，其中奶牛年末存栏总数为127万头，增长6.1%；牛奶产量345万吨，增长7.4%；肉类总产量223万吨，增长16.3%；水产品产量108万吨，比上年增长10.9%。农业装备水平稳步提高，年末农业机械总动力1 971万千瓦，比上年增长8.9%，其中：大中型农用拖拉机13.19万台，增长12.5%；农用小型及手扶拖拉机32.36万台，增长4.4%。

（三）二、三产业继续保持健康发展 全年实现工业总产值3 357.82亿元，增长19.6%。完成工业增加值847.17亿元，比上年增长17.1%。实现利润175.74亿元，增长53.9%。全年完成建筑业增加值203.24亿元。运输业实现营业收入169.89亿元；批发零售贸易业、住宿餐饮业、服务业完成商品销售额和营业收入2 074.11亿元。全年出口供货商品总金额466.25亿元，比上年减少288.84亿元，下降38.3%。其中：工业品出口额420.57亿元，减少292.34亿元，下降41.0%。

（四）固定资产投资力度加大 重点加强农业、水利、危旧房改造、生态环境、道路、教育卫生等公益性和基础性设施建设。全年固定资产投资总额1 357.90亿元，比上年增加426.68亿元，增长45.8%。其中：第一产业投资为173.87亿元，第二产业投资为635.27亿元，第三产业投资为548.76亿元，占投资总额的比重分别为12.8%、46.8%和40.4%。当年新增固定资产1 107.91亿元，主要是：大中型拖拉机9 278台、小型及手扶拖拉机9 490台、农用运输汽车3 137辆、水库2座、橡胶定植

6.91千公顷、输电线路0.33万千米、学校建房77.07万平方米、住房1 548.72万平方米。

（五）企业经济效益大幅提高 多种经营全面发展，粮、棉、糖、橡胶等农产品价格上升，龙头企业盈利能力增强，大幅度提高了企业经济效益。全年企业共实现利税总额268.40亿元，其中利润总额89.82亿元，比上年增加了26.21亿元，增长41.2%，创历史最高水平。第一产业利润38.91亿元，增长42.1%；第二产业利润31.75亿元，增长33.7%；第三产业利润19.16亿元，增长53.5%。第一、第二、第三产业利润占利润总额的比重分别为43.3%、35.4%和21.3%。

专栏3

农垦国有农场农业保险工作取得积极成效

2009年，面对国际金融危机的严峻挑战，全国农垦把推进国有农场农业保险工作作为确保农业增产、职工增收、垦区和谐的重要措施，加大宣传力度，加强政策协调，扎实开展各项工作，大幅提高农业保险水平，为农垦经济连续七年保持12%以上的高速增长、粮食总产连续6年增产、人均收入连续6年增长8%以上做出了积极贡献。

2007年以前，全国农垦除新疆生产建设兵团和黑龙江垦区分别通过中华联合财产保险公司和阳光农业相互保险公司开展了部分作物的农业保险试点外，其他垦区主要采取由农工个人“以丰补歉”的措施，抗风险能力相对脆弱。2007年以后，在国家农业政策保险试点工作的引导下，农垦国有农场农业保险覆盖面迅速扩大，保险水平大幅提高。

一是参保面迅速扩大。2009年，全国农垦有28个垦区开展了农业保险业务，比2007年增加9个垦区。其中：22个垦区参加了种植业保险，参保面积4 072.76千公顷，比2007年增长47%；占全国农垦作物种植面积的67%，提高了18个百分点。其中：水稻、玉米、小麦、棉花、油料作物参保面积分别达到1 148.96千公顷、554.75千公顷、439.79千公顷、559.27千公顷和1 215.41千公顷，分别占全国农垦各类作物播种面积的71%、57%、63%、85%和85%。一些垦区还参加了水果、蔬菜、甘蔗、蔬菜大棚等经济作物的农业保险。

26个垦区开展了牲畜保险，参保畜禽537.47万头（只），比2007年扩大了7倍。其中：能繁母猪57.67万头，占全国农垦能繁母猪养殖总量的41%；奶牛28.6万头，占全国农垦奶牛养殖总量的23%；育肥猪参保13.76万头，羊参保8.4万头，其他养殖品种参保429万只。

全国农垦橡胶参保面积达194.93千公顷。其中，海南农垦所属海胶集团四龄以上胶树全部参加了农业保险，参保面积占海南农垦胶林面积的73.6%。

二是保费补贴额大幅增加。2009年，全国农垦农业保险签单保费总额22.06亿元，比2007年增长1.4倍。其中：中央财政补贴占保费总额的55%，补贴数额增长3.2倍；地方财政补贴占 9.6%，增长5.6倍；种养户缴纳保费占27.4%；农场补贴等其他来源占8%。与2007年比，参保垦区享受到的中央财政和地方财政保费补贴占总保费的比率分别提高了23个百分点和6个百分点，农户缴纳保费占总保费的比率下降了31个百分点。

三是参保户受益。2007—2009年，全国农垦应理赔受灾作物面积累计为4 802.95千公顷、牲畜为20.73万头（只），应理赔农户累计达111.73万户（次），应理赔资金累计为35.23亿元，基本都落实到位，其中，当年年底到位率约85%左右。

尽管国有农场农业保险工作取得了积极成效，但仍存在着一些矛盾和问题，主要是政策性农业保险覆盖品种过少；保险金额测算低，风险抵御能力较弱；赔付程序不规范；投保组织工作较难等。

农产品价格与市场

据国家统计局对全国31 000个农业生产经营单位和农户的调查，2009年全国农产品生产价格总水平比上年有所下跌，为2003年以来首次下降。农村消费品市场呈现持续较快增长势头。

（一）农产品价格 2009年全国农产品生产价格总水平比上年下跌2.4%。分季度看，一、二、三季度同比分别下跌5.9%、6.6%和2.7%，四季度上涨3.2%，总体表现出先抑后扬的运行态势（图11～图16）。

1. 种植业产品生产价格上涨2.9%。一季度种植业产品生产价格低于上年同期，后三季度价格上涨，且涨幅逐季加大。一季度下跌4.3%，二、三、四季度分别上涨1.0%、4.1%和8.4%。

（1）粮食生产价格稳中有升。在国家提高粮食最低收购价和实施临时收储等托市政策的作用下，2009年粮食生产价格比上年上涨3.7%。分季度看，一季度下跌1.6%，二、三、四季度分别上涨0.7%、2.1%和6.5%。分品种看，谷物生产价格上涨4.9%，其中，小麦上涨7.9%，稻谷上涨5.2%，玉米下跌1.5%；豆类生产价格下降6.2%，其中，大豆下跌7.7%；薯类生产价格上涨7.1%。分区域看，粮食主产区[①]生产价格上涨3.9%，主销区上涨3.1%，其他地区上涨2.6%。从最低收购价政策执行情况来看，四季度执行中晚稻最低收购价政策的8省（自治区）[②]中籼稻均价为1.84元/千克，与中晚籼稻最低收购价（国标三等品，下同）持平；晚籼稻均价为1.86元/千克，比中晚籼稻最低收购价高0.01元；粳稻均价为1.92元/千克，比粳稻最低收购价高0.01元。

①粮食主产区包括河北、内蒙古、辽宁、吉林、黑龙江、江苏、安徽、江西、山东、河南、湖北、湖南、四川等13个省份；粮食主销区包括北京、天津、上海、浙江、福建、广东、海南等7个省份；其他地区指除上述主产区、主销区以外的省份。

②2009年执行中晚稻最低收购价政策预案的主产区有辽宁、吉林、黑龙江、江苏、安徽、江西、河南、湖北、湖南、广西和四川等11个省（自治区），但适用时间不同，江苏、安徽、江西、河南、湖北、湖南、广西和四川8省（自治区）为2009年9月16日至2009年12月31日，辽宁、吉林和黑龙江3省为2009年11月16日至2010年3月31日。所以，这里的计算范围仅包括四季度执行最低收购价政策时间较长的8个省（自治区）。

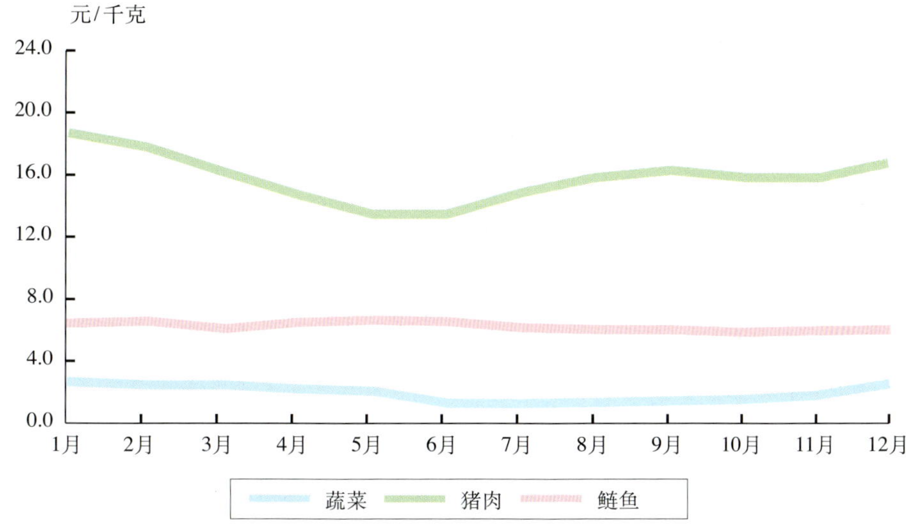

图11　2009年猪肉、鲢鱼、蔬菜批发价格分月变动情况

注：蔬菜为10种蔬菜（大白菜、白萝卜、大葱、黄瓜、西红柿、茄子、青椒、土豆、芹菜、油菜）平均价格。

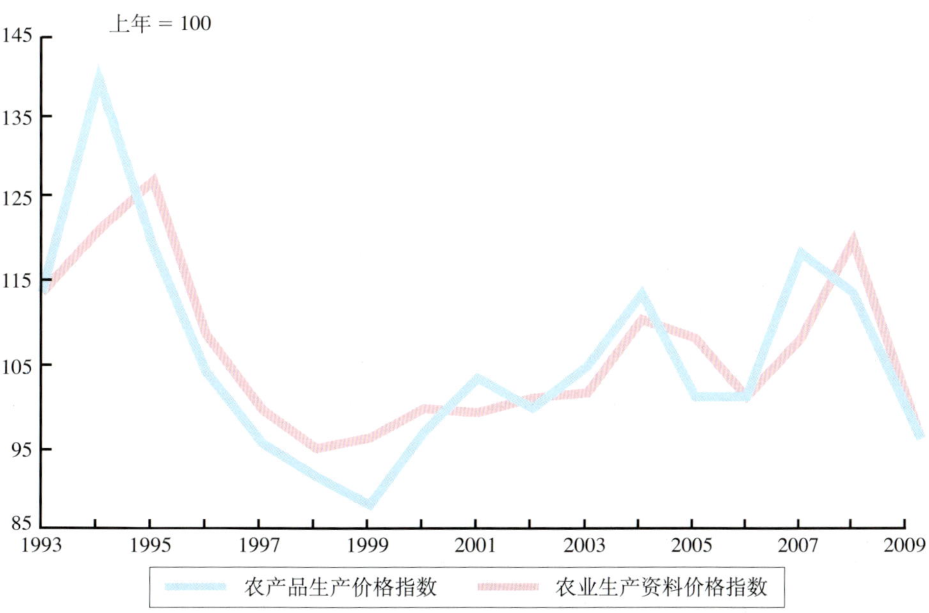

图12　1993—2009年农产品生产价格指数及农业生产资料价格指数变动情况

注：2000年（含）以前农产品生产价格指数为农副产品收购价格指数。

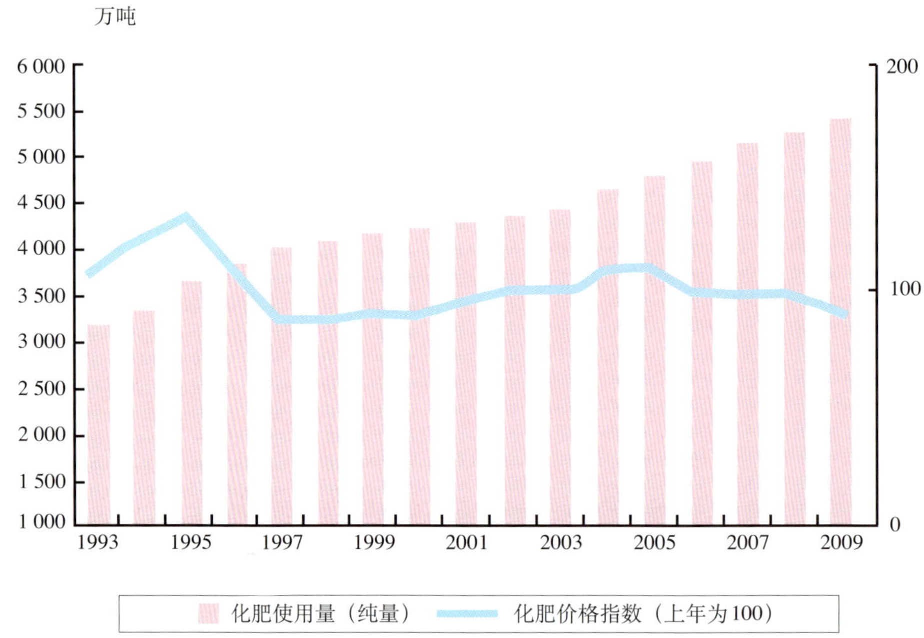

图13　1993—2009年化肥使用量及价格指数变动情况

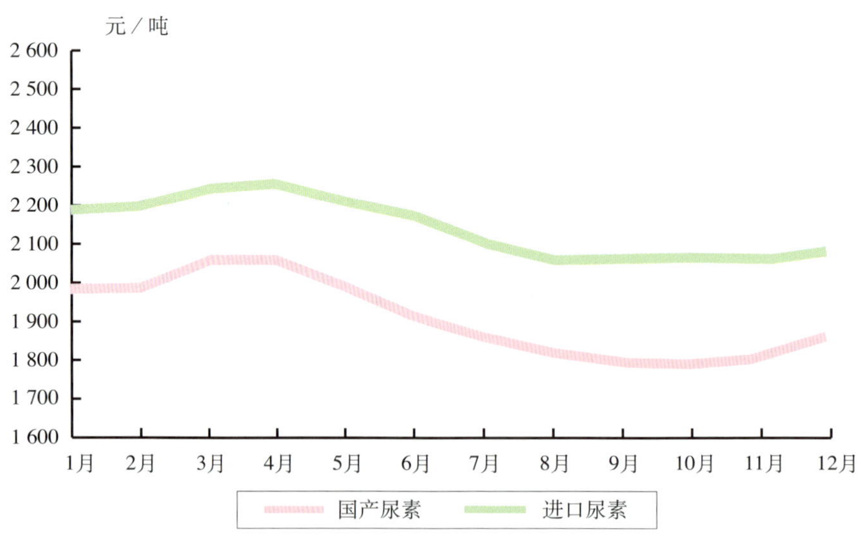

图14　2009年尿素零售价格分月变动情况

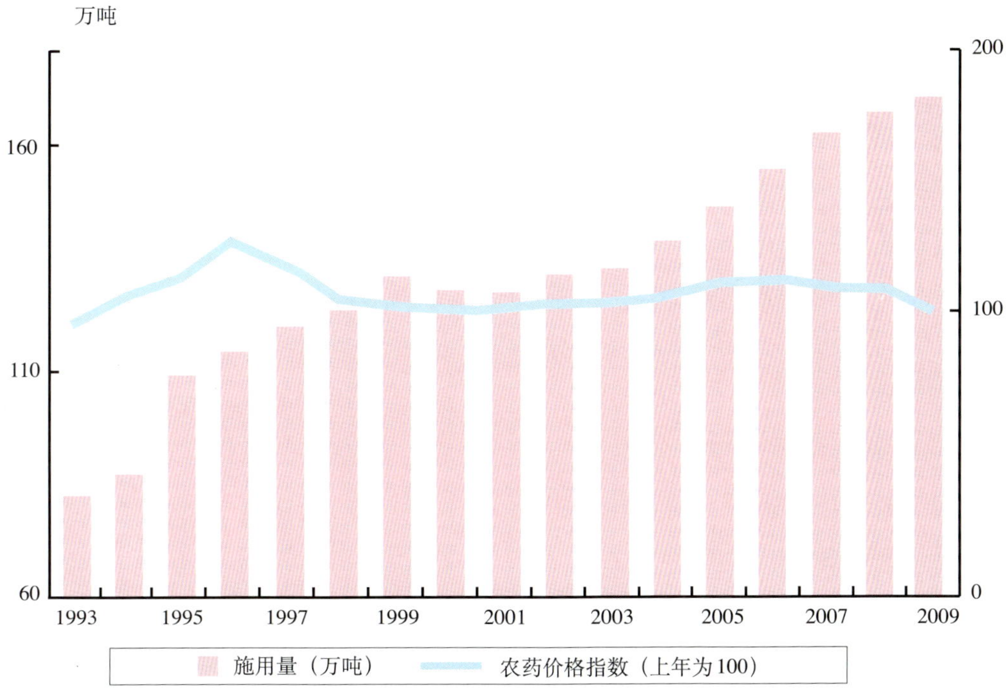

图15 1993—2009年农药施用量及价格指数变动情况

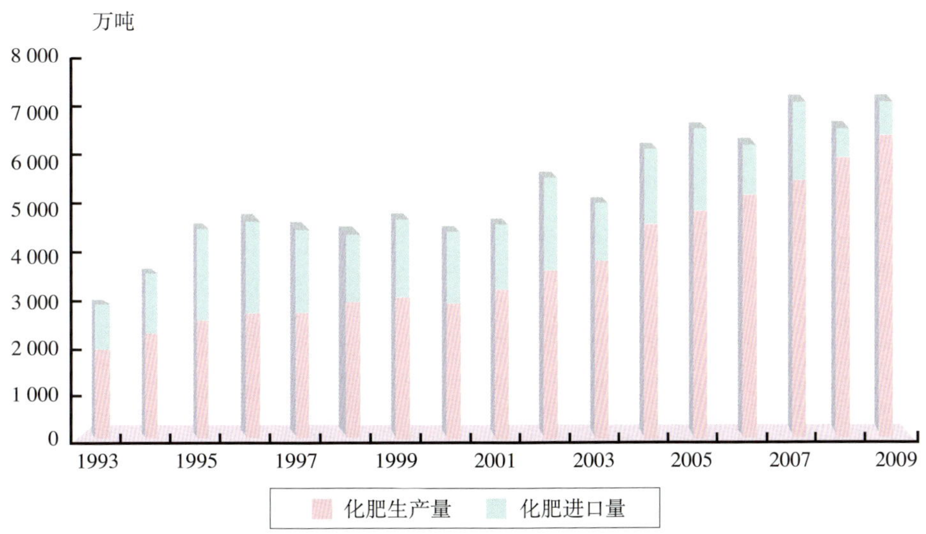

图16 1993—2009年化肥生产量与进口量变动情况

（2）棉花（籽棉）生产价格上涨11.8%。一、二季度分别下跌21.9%和12.4%，三、四季度分别上涨2.1%和21%。在棉花主产区中，新疆棉花生产价格上涨15.8%，山东上涨1.6%，安徽和湖北分别上涨11.5%和8.3%，河北和河南分别下跌8.3%和6.7%。

（3）油料生产价格下跌5.9%。1～4季度分别下跌15.7%、24.2%、20.4%和4.6%。分品种看，油菜籽下跌10.5%，花生下跌7.1%，芝麻下跌2.6%，向日葵上涨2.7%。在油料生产大省中，河南下跌11%，山东、湖北和四川分别下跌18.7%、25.9%和16.2%。

（4）糖料生产价格上涨1.5%。一季度上涨1.5%，二季度下跌5.2%，三季度、四季度分别上涨0.8%和4.1%。在主产区中，广西、广东糖料生产价格分别上涨0.6%和2.9%，云南、海南分别下跌1.2%和1.3%。

（5）其他农产品价格。2009年蔬菜生产价格上涨11.8%。1～4季度分别上涨1.1%、10.6%、18.3%和15.4%。分品种看，叶菜类上涨9.1%，瓜菜类上涨8.3%，块根块茎类上涨4.8%，茄果类上涨7.3%，葱蒜类上涨34.2%，水生菜类和食用菌分别上涨4%和7.7%。水果生产价格上涨7%，其中，苹果上涨10%，梨上涨11.8%，柑橘上涨1%。

2. 林业产品生产价格下跌5.1%。2009年一、二、三季度我国林业产品生产价格分别下跌11.2%、13.3%和3.5%，四季度上涨4.1%。分品种看，木材下跌4.3%；竹材与上年基本持平，略涨0.6%；胶脂和果实类林产品下跌5.4%。

3. 畜牧业产品生产价格下跌9.9%。2009年畜牧业产品生产价格下跌带动农产品生产价格总水平下跌3.6个百分点，是影响农产品生产价格总水平低于上年的主导因素。其中，1～4季度分别下跌7.8%、17.3%、11.7%和3%。

（1）生猪生产价格下跌18.4%。1～4季度分别下跌15.2%、31.5%、21.8%和7.7%。分区域看，生猪主产省①生产价格下跌19%，其他地区下跌16.6%。活牛和活羊生产价格小幅上涨，涨幅分别为1%和1.1%。

（2）活家禽生产价格上涨2.2%。1～4季度分别上涨2.4%、1.6%、1.5%和3.5%。分品种看，活鸡、活鸭、活鹅分别上涨2.2%、1.6%和4.6%。禽蛋上涨2.8%。奶产品下跌8.4%。毛绒类产品下跌11.8%。

4. 渔业产品生产价格下跌1%。一、二和三季度分别下跌3.3%、0.7%和1.7%，四季度上涨0.9%。海水产品生产价格下跌1.6%。一、二、三季度分别下跌11.6%、1.6%和0.8%，四季度上涨1.1%。分品种看，海水鱼类和上年基本持平，海水贝类下跌5%，海水虾蟹类上涨1.7%。淡水产品生产价格上涨1.3%。一、二季度分别上涨4.5%和0.1%，三季度下跌2.4%，四季度上涨0.7%。分品种看，淡水鱼类上涨1.3%，淡水虾蟹类上涨2.2%。

（二）农村市场 近年来，全国消费品市场呈现持续较快增长势头，县及县以下消费品零售额也保持着较快增长趋势。2009年县及县以下消费品零售额为40 209.6亿元，增长15.7%，增速比上年低5.0个百分点。县及县以下消费品

①生猪主产省包括河北、辽宁、江苏、浙江、安徽、江西、山东、河南、湖北、湖南、广东、广西、重庆、四川、云南等15个省份，其他省份为非生猪主产省。

零售额对社会消费品零售总额增长的贡献率达到32.4%，比上年提高1.5个百分点（图17）。

（三）农业生产资料价格 2009年农业生产资料价格总水平比上年下跌2.5%。主要原因是化肥、产品畜价格在2008年大幅上涨后的回落所致。2009年，化肥价格比上年下降6.3%；产品畜价格下降17.3%，两项拉动农资价格总水平下降3.4个百分点。而饲料、农业生产服务价格延续2008年涨势，分别上涨2.4%和7.9%，两项拉动农业生产资料价格总水平上涨1.0个百分点。受政府对汽柴油调价影响，2009年农用机油价格也随之波动，比2008年下降5.6%。2009年农资价格总体呈平缓下降的走势，1—11月各月环比涨跌在－1%～0.4%之间，12月农资价格比11月份上涨1.0%。2009年的农业生产资料价格回落，是在2008年价格大幅增长的基础上出现的，总体来看农业生产资料价格仍在高位运行。

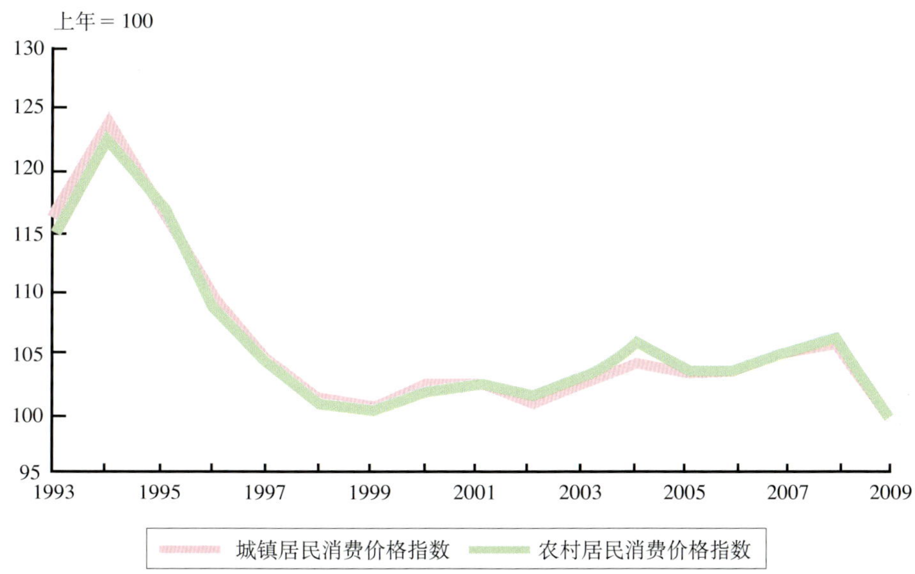

图17 1993—2009年城乡居民消费价格指数变动情况

农产品进出口

2009年我国农产品进出口双下降。但进口降幅大于出口降幅，农产品贸易逆差大幅下降。2009年我国农产品进出口贸易总额为922.9亿美元，比上年下降7.0%。其中，出口额为395.9亿美元，下降2.3%；进口额为527.0亿美元，下降10.3%。农产品贸易逆差为131.1亿美元，下降28.2%（图18、图19）。

（一）谷物由上年的净出口转变为净进口 2009年，我国出口谷物137.1万吨，比上年下降26.3%；进口315.1万吨，增长1.0倍；2009年我国谷物由2008年净出口32.1万吨转变为净进口178.0万吨（图20）。

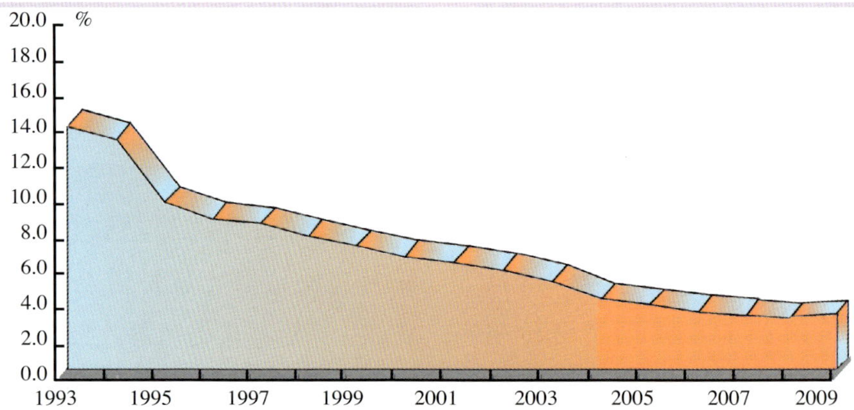

图18　1993—2009年农产品出口额占总出口额比重变动情况

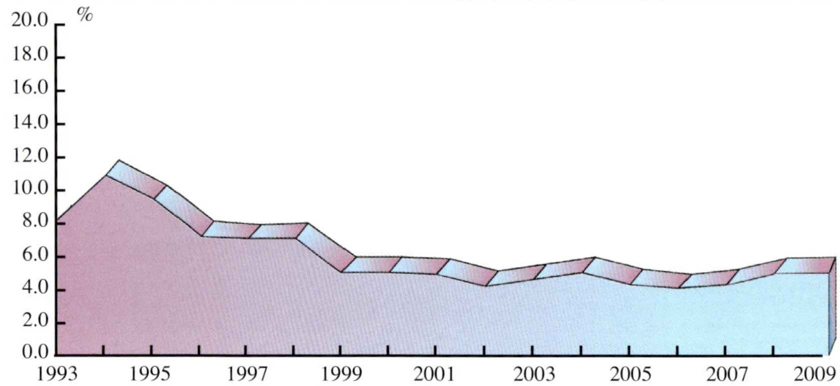

图19　1993—2009年农产品进口额占总进口额比重变动情况

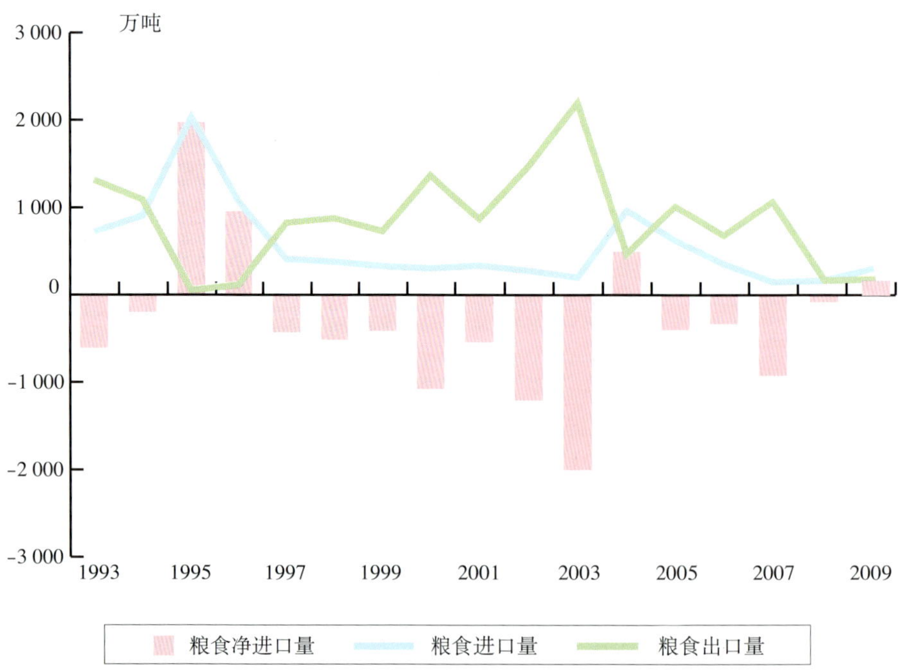

图20　1993—2009年粮食（不含大豆）进出口变动情况

2009年我国谷物出口额为7.4亿美元，比上年下降5.7%；进口额为9.0亿美元，增长22.7%；谷物贸易由上年0.52亿美元的顺差转变为1.6亿美元的逆差。其中，小麦产品的逆差1.1亿美元、大麦产品的逆差4.3亿美元；玉米产品的顺差0.103 7亿美元、稻谷产品的顺差3.1亿美元。

稻谷　2009年出口78.6万吨，比上年下降19.1%；进口35.7万吨，增长8.2%；净出口42.9万吨，下降33.1%。在稻谷产品的进出口贸易中，大米的出口占96.8%，进口占91.1%。2009年我国稻谷产品出口额5.3亿美元，增长8.6%；进口额2.2亿美元，增长3.4%。稻谷产品包括大米、大米粉、稻谷和种用稻谷。

玉米　2009年出口12.96万吨，比上年下降52.6%；进口8.4万吨，增长68.9%；净出口4.5万吨，下降79.8%。2009年我国玉米产品出口额0.317 1亿美元，下降60.1%；进口额0.213 4亿美元，增长63.2%。玉米产品包括玉米、玉米粉、其他加工玉米和种用玉米。

小麦　2009年出口24.5万吨，比上年下降20.9%；进口90.4万吨，增长20.0倍；由上年的净出口26.7万吨转变为净进口65.9万吨。2009年我国小麦产品出口额为0.982 7亿美元，下降8.9%；进口额为2.1亿美元，增长13.3倍。小麦产品包括小麦、小麦粉和种用小麦。

大麦　2009年进口173.8万吨，比上年增长61.5%。大麦产品出口额为0.040 1亿美元，下降17.5%；进口额为4.3亿美元，下降10.3%。大麦产品包括大麦、加工大麦和种用大麦。

（二）食用油籽进口量增长18.8%，食用植物油进口量增长16.3%

食用油籽　2009年出口109.4万吨，比上年下降8.1 %；进口4 633.1万吨，增长18.8%。其中，大豆出口35.6万吨，下降26.4%；进口4 255.2万吨，增长13.7%。食用油籽出口额为11.3亿美元，下降20.3%；进口额为206.8亿美元，下降9.6%；贸易逆差为195.4亿美元。其中，大豆出口额为2.45亿美元，下降33.1%；进口额为187.9亿美元，下降13.9%；贸易逆差为185.4亿美元。

食用植物油　2009年出口11.6万吨，比上年下降53.6%；进口950.2万吨，增长16.3%。其中，豆油出口6.9万吨，下降48.3%；进口239.1万吨，下降7.5%。菜籽油出口9 134.9吨，增长28.6%；进口46.8万吨，增长73.3%。棕榈油进口644.1万吨，增长21.9%。食用植物油出口额为1.56亿美元，下降61.6%；进口额为66.7亿美元，下降25.8%；贸易逆差为65.1亿美元。

（三）棉花进口量下降22.3%，食糖进口量增长36.5%，蔬菜进口量额均下降，水果进口量额均增长；畜产品逆差下降19.4%，水产品顺差增长6.1%

棉花　2009年出口9 949.2吨，比上年下降58.3%；进口175.9万吨，下降22.3%；净进口174.9万吨。棉花出口额为0.198 9亿美元，下降55.0%；进口额为22.1亿美元，下降38.0%；贸易逆差为21.9亿美元。

食糖　2009年出口6.4万吨，比上年增长2.4%；进口106.4万吨，增长36.5%；净进口100.1万吨。食糖出口额为0.336 5亿美元，增长18.2%；进口额为3.8亿美元，增长18.8%；贸易逆差为3.4亿美元。

蔬菜　2009年出口804.0万吨，比上年下降2.0%；进口9.7万吨，下降14.8%；净出口量为794.3万吨。我国蔬菜出口额为68.7亿美元，增长5.4%；进口额为1.8亿美元，下降4.2%；贸易顺差为66.9亿美元。

水果 2009年出口525.6万吨，比上年增长8.5%；进口244.2万吨，同比增长36.2%；净出口量为281.4万吨。水果出口额38.4亿美元，下降9.3%；进口额16.5亿美元，增长36.8%；贸易顺差为21.8亿美元。

畜产品 2009年出口额39.1亿美元，比上年下降10.9%；进口额66.0亿美元，下降14.6%；贸易逆差26.9亿美元，下降19.4%。其中，生猪产品出口9.0亿美元，下降6.3%；进口5.3亿美元，下降52.1%。家禽产品出口10.2亿美元，增长3.6%；进口10.1亿美元，下降9.2%。

水产品 2009年出口额107.95亿美元，比上年增长1.1%；进口额52.6亿美元，下降2.6%；贸易顺差为55.3亿美元，增长6.1%。

（四）一般贸易是我国进出口贸易的主要方式 一般贸易方式出口306.5亿美元，比上年下降2.2%，占我国农产品出口总额的77.4%，与上年持平；进料加工方式出口57.6亿美元，下降4.7%，占我国农产品出口总额的14.6%，减少0.3个百分点；来料加工贸易方式出口15.9亿美元，下降5.1%，占我国农产品出口总额的4.0%，减少0.1个百分点；边境小额出口10.9亿美元，增长26.1%，占我国农产品出口总额的2.8%。

一般贸易方式进口412.0亿美元，比上年下降9.3%，占我国农产品进口总额的78.2%，减少0.9个百分点；进料加工方式进口43.9亿美元，下降2.7%，占我国农产品进口总额的8.3%，增加0.5个百分点；保税区仓储转口货物贸易方式进口38.4亿美元，下降22.6%，占我国农产品进口总额的7.3%；保税仓库进出境货物贸易方式进口14.6亿美元，下降20.4%，占我国农产品进口总额的2.8%。

（五）亚洲是我国农产品第一大出口市场，第三大进口市场；北美洲是我国农产品第一大进口市场，第三大出口市场 2009年对亚洲出口235.0亿美元，比上年增长3.3%，占我国农产品出口总额的59.4%，比上年提高3.2个百分点。对欧洲出口72.9亿美元，下降12.4%，占我国农产品出口总额的18.4%，比上年下降2.2个百分点。对北美洲出口54.0亿美元，下降6.8%，占我国农产品出口总额的13.6%，比上年减少0.7个百分点。对非洲、南美洲和大洋洲分别出口15.9亿美元、11.0亿美元和7.1亿美元，增幅分别为2.2%、－16.7%和－6.5%，对这三大洲出口金额合计占我国农产品出口总额的8.6%。从国际组织来看，对北美自由贸易协定组织、欧盟和东盟分别出口57.5亿美元、56.8亿美元和53.6亿美元，增幅分别为－7.1%、－9.5%和17.0%。从出口国家和地区来看，2009年出口前十位的国家和地区依次是：日本76.9亿美元，下降7.7%，占我国农产品出口总额的19.4%；美国47.3亿美元，下降7.8%，占我国农产品出口总额的12.0%；中国香港37.2亿美元，增长2.6%，占我国农产品出口总额的9.4%；韩国28.3亿美元，下降10.7%，占我国农产品出口总额的7.2%；德国15.0亿美元，下降8.9%，占我国农产品出口总额的3.8%；其后是马来西亚、俄罗斯、印度尼西亚、越南和荷兰，出口额分别为12.3亿美元、12.0亿美元、10.5亿美元、9.5亿美元和9.2

亿美元，对这五个国家的出口额合计占我国农产品出口总额的13.5%。

2009年我国从北美洲进口农产品总额为167.3亿美元，比上年增长3.1%，占我国农产品进口总额的31.8%，提高4.1个百分点；从南美洲进口居第二位，为142.9亿美元，下降26.9%，占我国农产品进口总额的27.1%，减少6.2个百分点；从亚洲进口115.2亿美元，下降9.3%，占我国农产品进口总额的21.9%，增加0.4个百分点；从欧洲和大洋洲的进口额分别为50.8亿美元和38.7亿美元，分别下降4.9%和2.6 %，两者合计占我国农产品进口总额的17.0%；从非洲进口12.1亿美元，增长22.6%，占我国农产品进口总额的2.3%，增加0.6个百分点。从国际组织来看，从北美自由贸易协定组织、东盟和欧盟进口分别为167.6亿美元、87.7亿美元和34.1亿美元，分别增长2.9%、－5.4%和－8.3%。从进口国家看，2009年进口前十位国家依次是：美国140.3亿美元，比上年下降2.7%，占我国农产品进口总额的26.6%；巴西84.5亿美元，下降4.0%，占我国农产品进口总额16.0%；阿根廷34.9亿美元，下降58.5%，占我国农产品进口总额的6.6%；马来西亚30.7亿美元，下降25.8%，占我国农产品进口总额的5.8%；加拿大26.5亿美元，增长50.4%，占我国农产品进口总额的5.0%；其后是澳大利亚、印度尼西亚、泰国、新西兰和俄罗斯，进口额分别为24.9亿美元、22.8亿美元、18.0亿美元、13.5亿美元和12.9亿美元，分别增长－15.1%、－14.7%、49.3%、32.2%和－2.8%，这五个国家进口额合计占我国农产品进口总额的17.5%。

（六）东部地区进出口均居第一；东北以及西部地区出口有所下降；中部地区出口有所增长 2009年我国东部地区农产品出口额270.5亿美元，比上年下降0.4%，占我国农产品出口总额的68.3%，提高1.3个百分点；进口额441.7亿美元，下降12.4%，占我国农产品进口总额的83.8%，减少2.0个百分点。东北地区出口额为52.1亿美元，下降12.3%，占我国农产品出口总额的13.2%，下降1.5个百分点；进口额34.5亿美元，增长3.4%，占我国农产品进口总额的6.6%，增加0.9个百分点。西部地区出口额为46.0亿美元，下降2.8%，占我国农产品出口总额的11.6%，减少0.1个百分点；进口额35.4亿美元，增长6.2%，占我国农产品进口总额的6.7%，增加1.0个百分点。中部地区出口额27.3亿美元，增长2.0%，占我国农产品出口总额的6.9%，增加0.3个百分点；进口额15.4亿美元，下降7.2%，占我国农产品进口总额的2.9%，增加0.1个百分点。

2009年出口前五位的省依次是：山东101.8亿美元，比上年下降1.6%，占我国农产品出口总额的25.7%；广东48.2亿美元，增长5.7%，占我国农产品出口总额的12.2%；福建32.8亿美元，增长11.1%，占我国农产品出口总额的8.3%；浙江31.3亿美元，下降8.9%，占我国农产品出口总额的7.9%；辽宁29.1亿美元，下降7.3%，占我国农产品出口总额的7.3%。进口前五位的省（直辖市）依次是：广东102.1亿美元，下降7.1%，占我国农产品进口总额的19.4%；江苏96.8亿美元，下降10.8%，占我国农产品进口总额的18.4%；山东87.5亿美元，下降16.5%，占我国农产品进口总额的16.6%；上海37.3亿美元，下降1.6%，占我国农产品进口总额的7.1%；天津33.5亿美元，下降16.0%，占我国农产品进口总额的6.4%。

农村收益分配情况

2009年，农村经济总收入继续增长，但增速有所回落。农村经济可分配净收入保持较快增长。

（一）总收入 2009年农村经济总收入达到281 187亿元，比上年增长8.4%，增速比上年回落了3.7个百分点。

1. 各经营主体收入情况。农村经济总收入出现结构性变化。农村各经营形式收入中，除家庭经营收入和以农民合伙经营、农民联合经营等组成的其他经营收入提高较快外，其余各经营形式收入均出现负增长。2009年农民家庭经营收入为134 177亿元，比上年增长18.7%，增幅比上年提高7.7个百分点。其他经营收入为56 345亿元，比上年增长9.1%。乡镇办企业收入为70 468亿元，比上年下降2.1%。村组集体经营收入为18 355亿元，比上年下降11.2%，其中村办企业收入为11 278亿元，比上年下降11.2%。农民专业合作社的经营收入为1 843亿元，比上年下降12.0%。

从各经营形式占农村经济总收入比重看，除家庭经营收入和其他经营收入有所提高外，其余各经营形式收入均呈现下降态势。农民家庭经营收入占总收入的比重为47.7%，提高了3.4个百分点。其他经营收入占总收入的比重为20%，提高了0.1个百分点。乡镇办企业经营收入占农村经济总收入的比重为25.1%，比上年下降2.7个百分点。村组集体经营收入占总收入的比重为6.5%，比上年下降1.5个百分点，其中村办企业收入占总收入比重为4.0%，比上年下降0.9个百分点。

2. 产业收入情况。但与上年相比，三次产业收入都保持增长，增速除第一产业略有提高外，其余均有所回落。第一产业收入为44 689亿元，比上年增长11.6%，增速比上年提高0.7个百分点；第二产业收入为185 939亿元，比上年增长7.5%，增速下降4.7个百分点；第三产业收入为42 248亿元，比上年增长7.7%，增速下降5.6个百分点。

从三次产业占农村经济总收入的比重看，第一产业略增，二、三产业稍减。第一产业收入占农村经济总收入的比重为15.8%，比上年提高0.4个百分点；第二产业收入占农村经济总收入比重为66.1%，比上年下降0.6个百分点；第三产业收入占农村经济总收入的比重为15.0%，比上年下降0.1个百分点[①]。

（二）总费用 2009年农村经济总费用为225 250亿元，比上年增长7.8%，增速比上年降低4.3个百分点，占农村经济总收入的比重为80.1%。其中生产费用为180 537亿元，比上年增长5.4%，比上年回落4.6个百分点。

（三）净收入 2009年农村经济可分配净收入总额为65 492亿元，比上年增长12.6%，增速比上年回落0.2个百分点。农村各经营层次上缴国家税金达到6 389亿元，比上年增长4.2%，增速比上年降低9.3个百分点，占可分配收入总额的9.6%，比上年降低0.7个百分点；乡村集体所得1 094亿元，比上年增长3.2%，占可分配收入总额的1.6%，比上年略低0.2个百分点；

①三个产业收入相加数与总收入的差额为“其他收入”是指各项生产经营收入以外的全部收入。

农民经营所得总额为46 948亿元，比上年增长12.1%，增速比上年低8.8个百分点，占可分配收入总额的70.3%，比上年略升了0.3个百分点。

农民收入与消费

2009年农民收入继续保持较快增长，农民消费呈现出加快增长的态势。

（一）农民收入较快增长 2009年农村居民人均纯收入5 153元，比上年增加393元，增长8.2%，名义收入增速比2008年下降6.8个百分点；扣除价格因素影响，实际增长8.5%，比2008年上升0.5个百分点。

从构成来看，农村居民家庭经营纯收入占纯收入比重的49.0%，比上年下降2.1个百分点，自1983年以来首次下降到50%以下；工资性收入比重为40.0%，比上年提高1.1个百分点；转移性收入比重为7.7%，比上年提高0.9个百分点；财产性纯收入比重为3.3%，比上年提高0.1个百分点。

1. 农村居民家庭生产经营纯收入人均2 527元，比上年增加91元，增长3.7%，增速下降7.3个百分点。家庭经营纯收入对全年农村居民增收的贡献率为23.2%，比上年下降15.8个百分点。增速大幅回落主要是由于牧业收入下降。农村居民家庭经营第一产业纯收入人均1 988元，增长2.2%。其中，农业纯收入1 498元，增长5.0%；牧业纯收入360元，下降9.3%，主要是由于生猪价格大幅下跌。

农村居民非农产业经营保持稳定增长。其中，工业纯收入人均87元，增长6.6%；建筑业纯收入人均78元，增长15%；第三产业经营纯收入人均374元，增长9.8%。

2. 农村居民工资性收入人均2 061元，比上年增加208元，增长11.2%，增速下降4.9个百分点。工资性收入对全年农村居民增收的贡献率为52.9%，比上年提高11.4个百分点。在工资性收入中，在本乡地域内劳动得到的收入人均999元，增长11.1%；外出务工收入人均850元，增长11.6%，其中，省内务工收入人均477元，增长16.2%；省外务工收入人均373元，增长6.1%，省内务工收入增速明显高于省外。

3. 农村居民财产性收入人均167元，增加19元，增长12.9%，增速下降2.6个百分点。在财产性收入中，转让承包土地经营权收入人均19元，增长16.1%。

4. 农村居民得到的转移性收入人均398元，增加75元，增长23.1%，增速下降22.3个百分点。转移性收入中，四项农业生产补贴收入（包括粮食直补、农资综合补贴、良种补贴、农机具购置补贴）人均110元，增长16.2%，增速明显低于上年；离退休金、养老金人均85元，增长32.2%；领取最低生活保障收入人均9.4元，增长96.4%。

（二）农村居民购买力及收入差距

1. 购买力继续提高。2009年农村居民全年纯收入中，现金纯收入稳定增加，农村居民全年现金纯收入人均4 543元，比上年增加513元，增长12.7%，增幅比上年下降1.6个百分点。

2. 收入差异有所扩大。2009年，农村居民人均纯收入的基尼系数为0.385 0，比2008年扩大了0.007 4；城乡居民收入差距也有所扩大，由上年的3.31∶1扩大到2009年的3.33∶1。

按农户收入5等份分组的农村居民收入水平分析，2009年低收入组农户的人均纯收入为1 549元，增长3.3%；次低收入组农户的人均纯收入为3 110元，增长6.0%；中等收入组农户人均纯收入为4 502元，增长7.1%；次高收入组农户的人均纯收入为6 468元，增长9.1%；高收入组农户人均纯收入为12 319元，增长9.1%。

（三）生活消费支出稳定增长 2009年农村居民生活消费支出人均3 993元，比上年增加332元，增长9.1%，扣除价格因素影响，实际增长9.4%，增速提高2.8个百分点（图21）。其中，商品性支出人均2 837元，增加219元，增长8.4%；服务性支出人均1 156元，增长10.9%。

从农村居民生活消费支出的构成看，与2008年比较，2009年农村居民生活消费结构变动呈现4升2降2平态势。其中：食品支出占41.0%，比上年下降2.7个百分点；居住支出占20.2%，比上年提高1.6个百分点；交通和通讯支出占10.1%，比2008年提高0.3个百分点；文化教育、娱乐支出占8.5%，比上年下降0.1个百分点；医疗保健支出占7.2%，比上年提高0.5个百分点；衣着支出占5.8%，与上年基本持平；家庭设备和用品支出占5.1%，比上年提高0.4个百分点；其他商品和服务支出占2.1%，与上年基本持平。

1. 食品支出增速大幅回落。2009年农村居民食品消费支出人均1 636元，增加37元，增长2.3%，增速下降12.8个百分点。在食品消费

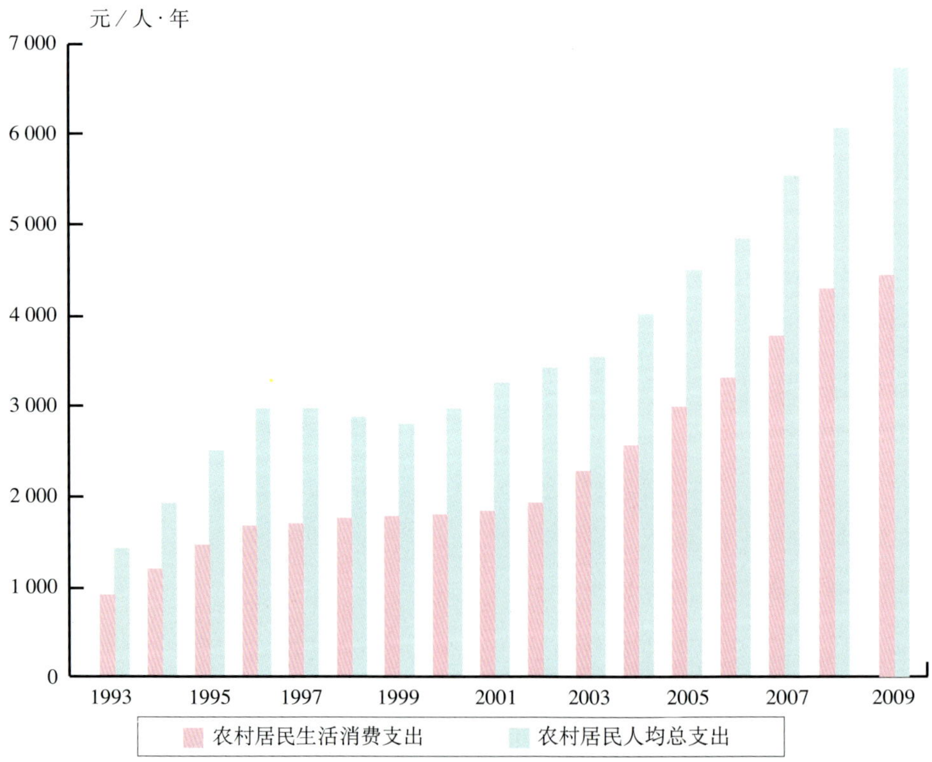

图21 1993—2009年农村居民人均生活费支出变动情况

支出中，粮食支出人均342元，增长1.5%；蔬菜及制品支出人均152元，增长9.2%；肉禽蛋奶及制品支出人均412元，下降3%；在外饮食支出人均224元，增长7.1%。食品支出增速大幅回落是因为受到猪肉、食用油等食品价格大幅下降的影响。2009年，人均购买猪肉8.8千克，增长14.6%，而支出下降4.7%；人均购买食用油5.3千克，增长0.5%，而支出下降21.6%。

2. 衣着支出平稳增长。2009年农村居民衣着消费支出人均232元，增加21元，增长9.8%，增速提高0.3个百分点。其中，购买服装支出人均156元，增长9.7%；购买鞋类支出人均58元，增长10.9%。

3. 居住支出继续较快增长。2009年农村居民居住支出人均805元，增加126元，增长18.6%，增速提高0.3个百分点。农村住房改造力度的加大，直接带动了建筑、购买生活用房及其雇工等居住消费支出的大幅增长。其中，建筑生活用房材料支出人均276元，增长24%；购买生活用房支出人均86元，增长40.7%；建筑、维修生活用房雇工支出人均98元，增长30.0%；购买生活用水电支出人均94元，增长15.4%。

4. 家庭设备用品及服务支出较快增长。2009年农村居民家庭设备用品及服务支出人均205元，增加31元，增长17.7 %，增速提高1.0个百分点。家庭设备支出的较快增长主要得益于家电下乡等惠民政策的实施。其中，购买机电设备支出人均70元，增长25.1%；购买家具支出人均36元，增长20%。

5. 交通通讯支出平稳增长。2009年农村居民交通通讯支出人均403元，增加43元，增长11.9%，增速提高2.2个百分点。其中，购买交通工具支出人均121元，增长33.7%；购买交通工具用燃料支出人均46元，增长12.1%；购买通讯工具支出人均28元，下降9.1%；通讯费支出人均123元，增长6.6%。

6. 文教娱乐支出增速加快。2009年农村居民文教娱乐支出人均341元，增加26元，增长8.3%，增速提高5.4个百分点。其中，购买文教娱乐用机电消费品支出人均43元，增长15.8%；文体娱乐服务消费支出人均34元，增长28.6%；学杂费支出人均151元，与上年基本持平。

7. 医疗保健支出继续较快增长。2009年农村居民医疗保健支出人均287元，增加41元，增长16.9%，增速下降0.1个百分点。其中，购买药品支出人均103元，增长12.6%；医疗费支出人均175元，增长19.4%。

8. 其他商品和服务支出平稳增长。2009年农村居民其他商品和服务支出人均84元，增加7元，增长9.7%。

（四）农村居民生活消费现金支出及消费差距

1. 现金消费支出比重提高。2009年农村居民生活消费现金支出3 505元，占生活消费总支出的比重为87.8%，比上年提高了1.5个百分点。其中，用于购买食品的现金支出所占比重为72.2%，比上年提高1.2个百分点；居住现金支出所占比重为96.0%，比上年提高了1.4个百分点。此外，在外用餐支出稳定增加。2009年农村居民在外饮食支出人均224元，增长7.1%。

2. 西部地区农村居民消费水平增长较快。2009年东部、中部、西部、东北四大地区农村居民人均生活消费支出增长分别为7.2%、7.3%、13.0%和11.5%。其中，西部12个省（自治区、直辖市）中，有8个省农村居民生活消费支出增长高于全国平均增长速度；生活消费支出最少的贵州省农村居民生活消费支出增加256元，增长11.8%。

3. 各收入组农户消费水平有不同程度增长。按农户收入5等份分组的农村居民消费水平分析，2009年低收入组农户的生活消费支出人均2 355元，增长9.8%；次低收入组农户的生活消费支出人均2 871元，增长8.2%；中等收入组农户的生活消费支出人均3 546元，增长7.9%；次高收入组农户的生活消费支出人均4 592元，增长9.6%；高收入组农户的生活消费支出人均7 486元，增长9.2%。

（五）农村居民生活质量显著改善

1. 主要食品消费量有增有减。2009年农村居民消费粮食人均190.8千克，比上年减少9.5千克，下降4.8%；消费蔬菜人均98.4千克，比上年减少1.3千克，下降1.3%；消费禽蛋人均5.3千克，比上年下降2.1%；消费肉类人均21.5千克，比上年增长6.9%；消费奶及奶制品人均3.6千克，比上年增长4.9%；消费水产品人均5.3千克，与上年基本持平；消费瓜果人均20.5千克，比上年增长6.0%；消费坚果人均1.1千克，比上年增长13%。

2. 居住条件和居住环境持续改善。2009年农村居民人均居住面积33.6平方米，比上年增长3.6%，其中64.0%的农户人均居住面积大于25平方米，提高2.5个百分点。钢筋混凝土结构住房面积人均14.5平方米，比上年增长8.3%，居住在钢筋混凝土结构住房中的农户占36.2%，比上年提高1.9个百分点。砖木结构住房面积人均15.1平方米，比上年增长1.5%，居住在砖木结构住房中的农户占58.7%，比上年下降0.1个百分点。

在农村居民住房面积增加的同时，居住条件持续改善：一是住房卫生条件持续改善，2009年使用水冲式卫生厕所的农户占19.6%，比上年提高了2.1个百分点；无厕所的农户占6.5%，比上年减少0.9个百分点。二是使用清洁能源的农户有增有减，2009年使用清洁燃油、燃气的农户占22.1%，比上年下降0.2个百分点；使用电的农户占4.3%，比上年提高1.2个百分点；使用沼气的农户占3.6%，比上年提高0.4个百分点。三是饮用水更加卫生，2009年饮用自来水的农户占46.0%，比上年提高了2.8个百分点；而饮用浅井水、江河湖泊塘等非卫生水的农户占23.1%，比上年减少1.3个百分点。四是住房外部环境改善，2009年有46.5%的农户住宅外有水泥或柏油状路面，比上年提高了4.1个百分点；有22.2%的农户住宅外有石头或石板等硬质路面。

3. 主要耐用消费品拥有量明显增加。2009年在中央刺激消费的一系列政策措施下，农村居民家庭年末主要耐用消费品拥有量明显增加。平均每百户农村居民家庭拥有彩色电视机108.9台，比上年增加9.7台，增长9.8%；洗衣机53.1台，增加4.0台，增长8.2%；电冰箱37.1台，增加6.9台，增长22.9%；摩托车56.6辆，增加4.2辆，增长8.0 %；电动自行车18.7辆，增加4.3辆，增长29.6 %；移动电话115.2部，增加19.1部，增长19.9%；空调12.2台，增加2.4台，增长24.6%；抽油烟机9.7台，增加1.2台，增长14.5%；微波炉7.5台，增加1.3

台，增长20.8%；热水器23.7台，增加3.9台，增长19.8%，其中具有节能功能的太阳能热水器12.7台，增长33.9%，占热水器的53.3%，比重提高5.6个百分点；此外，平均每百户农村居民家庭拥有生活用汽车2.1辆，比上年增长58.6%；家用计算机7.5台，比上年增长39.2%。

农业财政专项

2009年，财政部共安排农业部部门预算项目资金138亿元，比上年增加34.0%；农业部和财政部共同管理的专项转移支付资金424亿元，比上年增加40.4%。

（一）部门预算项目资金 主要用于：①安排农业科研与推广专项38亿元。启动实施了一批行业科研专项，实施了50个现代农业产业技术体系等一批重大农业科研项目。②安排农产品质量安全监管资金8.8亿元，建设了一批农产品质量安全检测中心，进一步扩大了质量安全例行监测品种、监测参数和监测范围，认证无公害农产品、绿色食品和有机农产品17 000多个，推动农产品质量稳中有升。③安排农业行政管理及部属单位建设与运转9.8亿元。④安排农业经济运行监测与政策研究2.7亿元。⑤安排农业执法与资源保护7.9亿元。⑥安排国际交流合作3.1亿元。⑦安排动植物疫病虫害防控3.1亿元。⑧支持直属垦区经济社会发展项目支出64.6亿元。

（二）专项转移支付项目资金 ①农作物良种补贴198.5亿元，实现了水稻、小麦、玉米、棉花和东北高油大豆、长江流域冬油菜的全覆盖；启动了马铃薯生产原种补贴试点。②畜禽良种补贴9.9亿元，其中，生猪补贴6.5亿元，惠及400个养殖大县；奶牛补贴2.6亿元，实现了良种补贴全覆盖；新启动了肉牛和绵羊良种补贴。③农机具购置补贴130亿元，共补贴机具343万台套，受益农户300多万户。④粮棉油高产创建补助5亿元，建设高产创建示范片2 600个，促进了良种良法配套，带动了大面积平衡增产。⑤基层农技推广体系改革与示范资金7.7亿元，对农技推广体系改革到位的770个县，每县补贴100万元。⑥测土配方施肥补助15亿元，覆盖了全部农业县，并在测土配方基础上，针对耕地有机质下降的情况，大力推广稻田秸秆快速还田腐熟技术，适度恢复绿肥种植，推广有机肥使用。⑦农民培训资金11亿元，重点对农民创业、农机使用和维修、沼气工、村级动物防疫员、机防手、乡村旅游服务员、渔业船员、农村建筑工匠、农民专业合作社负责人进行培训，引导农村劳动力就地就近转移就业。⑧农作物病虫害防治资金3.57亿元，实现了病虫害损失控制在5%以内的目标。⑨动物防疫疫苗补助和基层防疫工作经费31亿元，保证了2009年重大动物疫情总体平稳。⑩农业生产救灾资金4.2亿元，有力支持了2009年抗旱等救灾工作，促进了农业生产平稳发展。⑪其他资金8.13亿元，其中草原生态保护项目2.58亿元，在西藏5个县启动了草原生态补偿试点；渔业资源保护资金3亿元，带动全国放流各类水产苗种245亿尾，放流水域涵盖了近海海域及内陆重要江河湖泊。

农业综合开发

2009年，投入农业综合开发各类资金447.48亿元，其中，中央财政资金166.27亿元（含利用外资折合人民币1.27亿元），带动地方财政配套投入95.27亿元，吸引农民、企业自筹和银行贷款等资金185.94亿元。全年预计可改造中低产田1 773.43千公顷（含高标准农田，下同），新增粮食生产能力32.73亿千克、糖料生产能力5.52亿千克、棉花生产能力0.49亿千克、油料生产能力1.77亿千克。扶持建设农业产业化经营项目4 056个，建设优质高效农业种植基地27.57千公顷，发展水产养殖4.19千公顷，预计可使2 200多万农民直接受益，受益农民人均年增加纯收入约500元。

（一）加强国家粮食安全保障能力建设 2009年农业综合开发继续坚持以改造中低产田、建设高标准农田为重点，启动高标准农田建设示范工程，加快中型灌区节水配套改造，着力加强农业特别是粮食综合生产能力建设。

1. 继续加大改造中低产田力度，大力推进粮食核心产区建设。为积极实施全国新增千亿斤粮食产能规划，2009年中央财政农业综合开发资金中有133.1亿元用于土地治理项目，占中央财政农业综合开发资金的80.7%，比上年提高了6.3个百分点。继续坚持把中低产田改造作为土地治理项目建设的中心任务，规定除北京、河北、内蒙古、重庆、西藏、青海6个省（自治区、直辖市）外，其他省份用于中低产田改造的财政资金不得低于土地治理项目财政资金的90%，鼓励有条件的省份，把土地治理项目资金全部用于中低产田改造。2009年中央财政用于中低产田改造的资金为114.64亿元，比上年增加34.48亿元，增长43%，创历史新高。同时，将中低产田改造亩投入标准，在上年基础上再提高20%，平原地区的亩投入标准由上年的630元提高到760元；丘陵山区的项目亩投入标准由上年的820元提高到980元。

2. 资金安排向高标准农田建设聚焦，启动实施高标准农田建设示范工程。为加快高标准农田建设步伐，提高高标准农田建设的质量和水平，安排13亿元用于高标准农田建设示范工程，在25个省（自治区、直辖市）及新疆生产建设兵团、黑龙江省农垦总局的158个县（团、场），实施113.33千公顷高标准农田建设示范工程。示范工程每亩财政资金补助标准1 200元，比现有中低产田改造补助标准提高72.4%，加上农民筹资投劳，每亩总投入约1 400元，建成后的农田将实现“田地平整肥沃、水利设施配套、田间道路畅通、林网建设适宜、科技先进适用、优质高产高效”。

3. 项目布局向粮食主产区聚焦，进一步加大对粮食主产省及主产县的支持力度。2009年中央财政在13个粮食主产省投入农业综合开发资金103.38亿元，占中央财政总投入（不含利用外资）的62.65%，比上年提高1.9个百分点。在13个粮食主产省改造中低产田1 086.01千公顷，占同期全国农业综合开发中低产田改造面积的65.4%。2009年，国家重点从全国新增千亿斤粮食产能规划确定的800个重点县中选择158个县，启动实施高标准农田示范工程，同时要求中型灌区节水配套改造项目布局与之紧密结合。按照这种项目布局，新增18亿元中央财政资金全部投入到粮食主产省或非主产省中的粮食主产县。同时，着力支持粮食主产区做大做强粮食产业，延长产业链，提高附加值，促进粮食增产、农民增收、财力增强，充分调动农民种粮、地方抓粮的积极性。据统计，2009年在粮食主产区安排产业化经营项目2 607个，占全国产业化经营项目64.3%。

4. 加强中型灌区节水配套改造，为农田建设提供可靠水源保障。为了适应改造中低产田、建设高标准农田对水利条件的要求，2009年继续加大对中型灌区节水配套改造的支持力度。全年安排中央财政资金8.43亿元，比上年增长177.3%，新建续建中型灌区节水配套改造项目162个(新建127个、续建35个)。这些项目建成后，预计可新增灌溉面积229.35千公顷，改善灌溉面积503.6千公顷，将在增强农田抗旱能力、提高农业综合生产能力、节约水资源等方面发挥出明显的经济效益和社会效益。

（二）积极支持农业产业化发展 2009年，中央财政安排产业化经营项目资金预算30.42亿元，实际执行28.41亿元，带动地方财政配套资金9.6亿元，吸引银行贷款、企业自筹等资金133.79亿元（不含贴息项目吸引的银行贷款等自筹资金）。

1. 突出扶持重点，加大对优势农新产品生产基地和农民专业合作组织支持力度。加大对高效种植养殖基地项目的扶持力度，推进农业区域化布局、专业化生产、集约化经营，促进优势农产品基地建设，加快建设优势农产品产业带。积极支持农民专业合作社申报产业化经营项目，并鼓励地方围绕优势主导产业，统筹安排土地治理和产业化经营两类项目，延长农业产业链。继续以市场需求为导向，扶持壮大农产品加工、储藏保鲜、产地批发市场等农业产业化龙头，特别是资源优势明显、辐射带动能力强、与农民建立了紧密型利益联结机制、市场竞争力强的国家级、省级重点产业化龙头，培育知名品牌，推进农业和农村经济结构调整，提高农业比较效益。

2. 完善扶持方式，注重通过贷款贴息方式扶持农业产业化发展。2009年，安排中央财政补助资金14.53亿元，扶持产业化经营项目2 051个，其中，安排7.27亿元扶持1 081个种植养殖基地项目，安排6.47亿元扶持854个加工项目，安排0.79亿元扶持116个流通设施项目。更加注重通过贷款贴息方式，扶持实力较强、规模较大、示范带动作用显著的加工龙头企业，共安排中央财政贴息资金13.88亿元扶持了2 001个产业化经营项目，其中：固定资产贷款贴息1.87亿元，占总贴息资金的13.5%，流动资金贷款贴息12.01亿元，占总贴息资金的86.5%，可“撬动”各类金融机构贷款413.29亿元支持农业产业化发展。

3. 继续做好投资参股经营项目后续管理工作，及时收缴各种收益。继续做好2008年以前立项的农业综合开发投资参股经营项目后续管理工作。截至2009年11月，已累计收缴中央财政投资参股各种收益1.45亿元，其中当年收缴8 130.75万元（2家参股企业国有股权转让收益2 132.79万元，2家企业终止项目收回投资3 500万元，其余为分红收益）。

（三）规范管理和加大投入并重，充分发挥部门项目的示范和纽带作用 2009年，中央财政安排农业综合开发部门项目资金14.36亿元，比上年增加4.12亿元，增长40.2%。启动实施供销合作社部门项目，中型灌区节水配套改造、脱毒马铃薯良种繁育基地建设、油茶低产林改造、东北黑土区水土流失综合治理等方面的工作得到了明显加强。

1. 突出重点，加快中型灌区节水配套改造项目步伐。按照中央“一号文件”要求，以实际行动配合实施全国新增千亿斤粮食产能规划，2009年农业综合开发较大幅度增加了对水利部中型灌区节水配套改造项目投入，安排中央财政资金约5.7亿元（其中新增国债中央建设资金3亿元），扶持了26个续建项目，92个新建项目。

2. 认真研究和解决存在的问题，进一步加强和规范部门项目管理。2009年，国家农发办在与部门联合发布项目申报指南、加强对部门项目评审工作指导、与部门联合批复项目实施计划等重点管理工作中，更加注重提高工作效率和工作质量。同时，有针对性地深入研究部门项目管理工作中存在的突出问题，分析原因，提出解决问题的基本思路，努力规范管理工作。

3. 开拓创新共事合作方式，部门之间的协作关系得到明显加强。2009年，围绕部门项目加大投入、丰富内容、规范管理等主题，通过开展高层对话、联合调研、共同培训等活动，国家农发办与有关部门之间的协作关系得到明显加强。

（四）按照推进财政科学化精细化管理的要求，努力提升农业综合开发工作水平

1. 完善政策制度，提高依法开发水平。2009年，农业综合开发在制度建设方面取得了明显进展。国务院办公厅转发了《财政部关于加强农业综合开发工作的若干意见》，《国家农业综合开发资金和项目管理办法》修订工作进入最后审批阶段，《农业综合开发条例》立法准备工作进展顺利。

2. 严格预算管理，提高资金科学化、精细化管理水平。一是科学合理分配中央财政资金并及时下达预算指标。完善资金分配“综合因素法”，于2009年1月测算提出2009年资金分配方案，及时将中央财政资金指标下达到各地。二是改进自然灾害损毁工程修复补助资金指标分配下达方式。做到视各地受灾情况分批下达资金指标，全年安排农业综合开发自然灾害损毁工程修复补助资金10 584万元。三是改革农业综合开发部门预算编制方式。将中央本级安排农业部农垦局和兵团的农业综合开发支出列入国家农发办代编预算，实际执行中对农业部和兵团作追加预算处理。

3. 深入开展专题调查研究，进一步推进政策和机制创新。一是组织开展高标准农田建设示范工程专题调研。明确提出高标准农田建设示范工程总体目标和区域布局，为启动高标准农田建设示范工程提供了政策理论依据。二是组织开展完善农业综合开发产业化经营项目扶持方式和政策研究。提高贷款贴息规模上限和贴息年限，单个项目贷款贴息规模由目前的4 000万元提高到6 000万元，固定资产贷款贴息期限由最长不超过2年提高到3年，同时加强对补贴项目的管理。重点研究制定加大农民专业合作社扶持力度的具体政策，加强与金融机构的合作。财政部与中国农业发展银行联合印发了《关于积极开展合作　共同推进农业产业化经营的通知》，明确由地方农发办事机构和农发行两家共同选择龙头企业和农民专业合作社拟建设项目，由农发行安排固定资产长期贷款，中央财政给予3～5年贴息；拟从2010年起，选择有条件的省份，开展以“先建后补”、“信贷担保”等方式扶持农业产业化经营试点工作。

扶贫开发

2009年，是实施《中国农村扶贫开发纲要(2001—2010年)》(以下简称《纲要》)的关键一年。全国扶贫系统按照中央“一号文件”和国务院扶贫开发领导小组第一次全体会议要求，深入调研，强化措施，突出重点，完善机制，扶贫开发工作取得了新的进展。按2009年新实行的扶贫标准1 196元测算，年末农村贫困人口为3 597万，比2008年底减少410万。国家扶贫开发工作重点县（以下简称重点县）农村居民人均纯收入2 842元，比上年增加231元，实际增长9.2%，增速略高于全国农村平均水平。

（一）采取有效措施，积极应对国际金融危机影响 在国家实施应对危机一揽子计划的基础上，扶贫系统重点从增加扶贫投入、加大整村推进和劳动力转移培训支持力度、帮助返乡农民工重新就业和自主创业、扶持扶贫龙头企业等方面提出了应对措施和建议，并建立了中央、省（区、市）和部分重点县应对金融危机工作动态报告制度。2009年中央财政扶贫资金投入197.3亿元，比上年增加30亿元，增幅和增量均为1998年以来的最高水平。据不完全统计，2009年共安排扶贫贴息贷款200多亿元。地方各级政府财政扶贫投入也有较大幅度增长，达到90亿元。

（二）稳步推进扶贫开发重点工作 2009年全国完成18 800个村整村推进，其中人口较少民族、边境一线地区和革命老区县的贫困村9 000个。资源整合，连片开发，产业化扶贫水平有所提升，山东、江西、湖南、湖北、云南等省产业基地向规模化发展，扶贫龙头企业带动作用增强。贫困地区劳动力转移培训质量进一步提高，广西、重庆、甘肃、宁夏等省区市重点从短期培训逐步转向职业技能培训。移民扶贫扎实开展，完成69万贫困人口搬迁。积极组织推动汶川地震灾区贫困村恢复重建，四川、甘肃、陕西三省贫困村灾后恢复重建工作全面展开，100个试点村重建任务完成过半，70%的贫困村（3 383个）重建规划启动实施。积极推进特殊类型贫困地区综合治理试点，四川阿坝州扶贫开发和综合防治大骨节病试点进展顺利，完成搬迁安置1 877户，2.64万名适龄儿童寄宿制学习生活得到巩固，基本控制了新发病例。阿合奇边境扶贫试点成效初显，积累了经验，创新了机制。在460多个县的8 000多个村开展贫困村互助资金试点，黑龙江、江苏、福建、安徽、陕西、四川、宁夏等省区主动扩大省级财政扶贫资金试点。彩票公益金支持革命老区整村推进试点取得积极进展，试点村在短期内面貌发生了很大变化。

（三）组织开展“两项制度”有效衔接试点，对低收入人口全面实施扶贫政策 国务院扶贫办和民政部、财政部、统计局、残疾人联合会在11个省（区、市）的20个县、340个乡（镇）、5 955个行政村，开展了农村最低生活保障制度和扶贫开发政策（以下简称“两项制度”）有效衔接试点，并联合下发了《关于做好农村最低生活保障制度和扶贫开发政策有效衔接试点工作的指导意见》。试点工作的一项重要成果，就是弄清了农村贫困人口的构成，为采取更有针对性的措施提供了实证支持。

（四）发挥行业、社会扶贫作用，构建“大扶贫”新格局 进一步加强与中央国家机关和国有企事业单位在扶贫开发领域的合作。积极推动企业参与扶贫工作。国际合作第一次走出国门。世界银行第五期扶贫项目准备工作迈出实质性步伐。2009年，参与定点扶贫的中央单位向定点扶持的重点县派出挂职干部323人，投入19.9亿元，其中资金19.4亿元，物资折款0.5亿元。帮助引资46亿元，共上项目1 030个，引进人才345人，引进技术267项，资助贫困学生37 652人，举办培训班2 855期，培训28.3万人次。

东西扶贫协作规模继续扩大，范围继续拓宽。2009年，东部省市党政领导到西部贫困地区实地考察达3 605人次，其中省级领导170人次，地厅级领导849人次；西部省区市党政领导到东部考察1 868人次，其中省级领导74人次，地厅级领导199人次。东部向西部提供财政援助7.01亿元，社会捐款0.56亿元，两项合计达7.57亿元。东西双方协议合作企业共1 151家，协议合作项目1 912个，其中实施项目1 796个；协议合作投资1 172.5亿元，其中完成投资424.4亿元。东部向西部派出党政挂职干部167人，西部向东部派出交流干部399人。东部为西部举办党政干部培训班193期，培训干部5 155人次；东部向西部派出专业技术人员876人次，西部向东部派出专业技术人员509人次。西部贫困地区向东部省市有组织输出劳动力11.8万人，合作开展劳务培训班915期，培训7.5万人次。中国扶贫开发协会、中国扶贫基金会等民间组织的建设取得新的进展，围绕扶贫开发中心工作开展了一系列活动，取得了显著成效。

各地充分发挥党政机关、社会各界在扶贫工作中的作用。湖南共派出3 777个驻村扶贫工作组，全年投入的资金和物资约合6亿元，超过中央财政扶贫投入总额。青海扶贫开发局协调12个省直部门联合下发了《关于整合资金共同促进扶贫整村推进工作的通知》，并与各民主党派达成进一步加强合作的意向书。山西、湖北、河南、福建、宁夏等省区在“三支一扶”中安排专职扶贫人员和大学生村官。辽宁坚持省级领导扶贫联系点制度，组织200多个省直机关、企事业单位定点帮扶215个贫困乡镇。东部省市扶贫协作部门创新扶贫形式，丰富帮扶内容，加大帮扶力度。人民解放军和武警部队按照群众所需、部队所能的原则积极参与扶贫开发。

（五）继续组织贫困地区党政干部培训活动 2009年，国务院扶贫办以完善国家扶贫战略和政策体系为主题，围绕扶贫工作中心任务，共举办贫困地区地县级党政领导和扶贫系统干部培训班9期，培训695人。

农业机械化

2009年，全国农业机械化保持了快速发展的态势，农机装备水平、作业水平、服务水平、科技水平、安全水平不断提升，为实现农业稳定发展、农民持续增收、农村和谐稳定的目标做出了积极的贡献。

（一）农机装备总量大幅增长，装备结构进一步优化 截至2009年末，全国农机总动力达到8.75亿千瓦，新增0.53亿千瓦，比上年增长6.5%。每百亩耕地拥有农机动力47.92千瓦，农户平均拥有农机原值2 267元。大中型拖拉机及其配套机具增幅较大，小型拖拉机增幅放缓。其中，大中型拖拉机（14.7千瓦及以上）350.52万台，同比增长17.0%；小型拖拉机1 750.9万台，同比增长1.7%。大中型拖拉机与小型拖拉机的数量比例从2008年的1 ∶ 5.75提高到2009年的1 ∶ 5。粮食生产机械保持高速增长，水稻插秧机、联合收割机分别为26.09万台、85.84万台，分别增长30.7%和15.5%。

（二）农机作业水平再创新高，主要农作物生产机械化快速推进　全国机耕、机播、机收水平分别为66.0%、41.0%和34.7%，耕种收综合机械化水平达到49.1%，比上年提高3.3个百分点，耕种收综合机械化水平连续4年增幅超过3个百分点，保持了较高的增长速度。主要粮食作物生产机械化快速发展。小麦耕种收综合机械化水平达89.4%，提高2.8个百分点，基本实现了全程机械化；水稻耕种收综合机械化水平55.3%，提高4.2个百分点；玉米耕种收综合机械化水平60.2%，提高8.5个百分点；大豆耕种收综合机械化水平68.7%，提高7.8个百分点。经济作物生产机械化取得新进展，其中马铃薯、油菜、花生、棉花的耕种收综合机械化水平分别达到23.8%、23.2%、36.3%和47.8%。

（三）农机社会化服务组织蓬勃发展，农机化经营效益显著提升　全国农机户达3 940.34万户，占农户总数的15.4%，比上年增长2.8%。其中农机化作业服务专业户达446.40万户，拥有农机原值20万元以上的农机大户达39.04万户。全国农机化作业服务组织达17.53万个，从业人员达86.93万人，分别比上年增长5.9%和19.7%。经工商注册登记的农机专业合作社达到14 902个，比上年增长72.8%。农机销售、作业、维修市场不断发展壮大，全年农业机械化服务经营收入达到3 896.85亿元，增长12.4%，其中农机户总收入达3 482.47亿元，增长10.5%。农业部在全国范围开展了农机化教育培训大行动，培训农机操作和技术人员550万人次，其中新购机农民106万人次，推动农机从业人员整体素质不断提升。

（四）农机科技创新步伐加快，先进适用技术应用领域不断拓展　中国一拖集团成功研发并推出首台380马力以上大型拖拉机，国家级"现代化农业与机械化耕作技术研究与示范"项目取得丰硕成果，花生、甘蔗等大宗经济作物机械化收获技术以及设施农业、丘陵山区、牧草生产机械化技术研发实现新突破。《2009—2011年国家支持推广的农机产品目录》新增3 052个品种，总数达到6 729个，覆盖了种植、收获、田间管理、畜牧水产养殖和设施农业等十余类机械。深耕深松、免耕播种、精少量播种、化肥深施、节水灌溉等一批节本增效农机化技术得到大面积推广应用。全国保护性耕作技术推广面积新增521.2千公顷，实施总面积达到3 506.55千公顷，北京成为首个整体实现保护性耕作的省份。

（五）农机安全监管不断强化，农机事故数量呈下降趋势　国务院审议通过《农业机械安全监督管理条例》，自2009年11月1日起施行。2009年全国共开展农机安全执法行动69万多次，农机安全宣传行动161万人次，农机安全检查行动84万多次，排查整改农机事故隐患70多万项。全年发生在国家等级公路以外的农机事故836起，死亡262人，受伤603人，直接经济损失732.46万元，比上年分别下降44.1%、18.6%、42.9%、24.3%。全国农机事故死亡人数没有超过控制考核指标。

（六）农机购置补贴规模持续扩大，政策拉动效果全面显现 2009年中央财政大幅度增加农机购置补贴资金规模，总金额达130亿元，比上年新增90亿元，增幅达225%。农机补贴政策实施范围扩大到全国所有的农牧业县（场），补贴机具种类范围扩展到12大类38小类的128个品目，基本覆盖了所有农牧渔业生产急需的关键环节。农机购置补贴政策直接拉动了农村消费需求，带动了农机工业及相关产业的快速发展。中央财政投入带动地方财政投入20亿元，直接拉动农民投入购机资金约340亿元，购置各类农机具343万台套，受益农户300万户。全国规模以上农机工业企业产值达2 264.56亿元，比上年增长21.7%，产销率达98%以上。

总的来看，当前我国农业机械化已进入加快发展、结构改善、质量提升的关键时期，农业生产方式将实现以人畜力为主到机械化为主的历史性转变。

专栏4

《保护性耕作工程建设规划（2009—2015年）》

经国务院批准，2009年6月，农业部、国家发展改革委联合印发《保护性耕作工程建设规划（2009—2015年）》（以下简称《规划》）。

《规划》共分为规划背景、工程建设的意义及必要性、工程建设的可行性、规划原则与建设目标、区域划分与技术模式、建设方案与布局、建设内容与规模、投资估算与资金筹措、效益分析、环境和技术风险评价及规避措施、保障措施等11个部分。

保护性耕作是将少免耕、秸秆覆盖地表及机播、机收等技术综合在一起，农机与农艺相结合，与现代农业技术相配套，以水土保持可持续发展、维持并改善土地生产力为目标的农业生产综合技术体系。美国是当前世界上保护性耕作面积最多的国家，2002年保护性耕作应用面积已占耕地面积的60%。20世纪70—80年代，我国开始引进消化少免耕、深松、秸秆覆盖等单项保护性耕作技术。截至2009年底，我国保护性耕作实施面积已超过3 300千公顷。

《规划》拟投资36.6亿元，其中中央财政资金18.7亿元，在东北平原垄作区、东北西部干旱风沙区、西北黄土高原区、华北长城沿线区、西北绿洲农业区、黄淮海两茬平作区等6个主要类型区，用6年时间建成1 333.33千公顷高标准、高效益保护性耕作工程区，辐射带动实施保护性耕作面积11 333.33千公顷，约占我国北方15个相关省（自治区、直辖市）及苏北、皖北总耕地面积的17%。

《规划》拟在实施区域范围内共确定600个项目建设县，主要建设内容包括购置保护性耕作专用机具，改善基层农机化技术推广机构设施设备条件，修建机具库棚等配套设施，实施机耕道修缮、土地平整等田间工程等。要求各项目县利用购置的各种监测设备，不间断地对实施保护性耕作的耕地进行经济生态效益数据采集和分析，确保工程区建成3年后，实现粮食综合生产能力提升、耕地蓄水保墒抗旱能力增强、农业综合生产成本降低、农业生态环境改善的目标。

《规划》的公布实施，标志着我国保护性耕作技术进入了大面积推广应用阶段。

饲料工业

2009年，我国饲料行业克服了主要畜产品价格波动、原料价格高位运行等不利因素影响，积极应对、妥善处置突发畜产品质量安全事件，着力推进技术创新、管理变革、产业升级，在全行业的共同努力下，饲料产品供应稳定，质量稳步提升，为促进畜牧业平稳较快发展做出了重要贡献。

（一）生产保持良好发展势头，产值、产量快速增长 2009年，我国饲料生产呈现出先抑后扬的走势，第一、二季度全国饲料产量连续两个季度同比出现下滑。但是，随着国家稳定奶业生产、调控生猪价格、遏制生产下滑等一系列政策的及时出台，畜牧业生产逐步向好，饲料生产自第三季度开始恢复性增长，第四季度放量增长，实现了全年总产值、总产量的持续增长。全年全国饲料工业总产值为4 713.2亿元，比上年增长11.7%。其中，工业饲料（配合饲料、浓缩饲料和添加剂预混合饲料）总产值4 266.4亿元，增长13.1%；饲料添加剂总产值319.9亿元，增长11.6%；动物源性饲料总产值71.4亿元；增长2.5%，饲料机械设备总产值55.5亿元，下降37.5%。工业饲料总产量达到1.48亿吨，增长8.4%。其中，配合饲料产量为11 535万吨，增长8.9%；浓缩饲料产量为2 686万吨，增长6.2%；添加剂预混合饲料产量为592万吨，增长8.5%。

（二）市场需求旺盛，各类饲料产量普遍提高 2009年，我国主要畜产品继续保持了稳定增长的势头，商品饲料市场呈现供需两旺的态势。

从配合饲料生产看，猪配合饲料总产量3 363万吨，比上年增长16.3%；蛋禽配合饲料2 065万吨，增长3.6%；肉禽配合饲料4 104万吨，增长7.6%；水产配合饲料1 426万吨，增长9.8%；反刍动物配合饲料383万吨，增长6.7%。

从浓缩饲料生产看，猪浓缩饲料总产量1 542万吨，增长12.3%；蛋禽浓缩饲料579万吨，增长2.5%；肉禽浓缩饲料317万吨，下降7.2%；水产浓缩饲料13万吨，下降19.9%；反刍浓缩饲料187万吨，下降2%。

从添加剂预混合饲料生产看，猪预混合饲料总产量337万吨，增长8.7%；蛋禽预混合饲料117万吨，增长8.3%；肉禽预混合饲料56万吨，增长1.4%；水产预混合饲料25万吨，增长6.8%；反刍动物预混合饲料21万吨，增长2.3%。

（三）中东部地区生产稳定，西部地区发展势头强劲 2009年，东部10省市饲料总产量为6 668万吨，占全国饲料总产量的45%；中部6省区饲料总产量为3 324万吨，占全国饲料总产量的22.4%；西部11省区市（不含西藏）饲料总产量为2 728万吨，占全国饲料总产量的18.4%；东北3省饲料总产量为2 094万吨，占全国饲料总产量的14.1%。与2008年相比，东部增长6.3%，中部增长8.5%，西部增长10%，东北增长13%。从区域发展速度看，占我国饲料工业比重较大的东部和中部发展速度略有放缓，西部和东北发展势头强劲。从各省产量看，排在前5名的饲料大省依次是：广东省（1 753万吨）、山东省（1 677万吨）、河南省（1 047万吨）、辽宁省（1 038万吨）、河北省（910万吨）。增长速度最快的省份是贵州省、福建省和吉林省，分别增长31.0%、20.0%和19.3%。

（四）主要原料供应充足，添加剂生产规模继续扩大

蛋氨酸 2009年累计进口蛋氨酸10万吨，比上年增长10.3%。

赖氨酸 2009年产量为67.9万吨（含65%赖氨酸），增长16.1%；出口10.1万吨，增长9.4%；进口赖氨酸2.89万吨，增长23.4%。

苏氨酸 2009年国内产量为5.7万吨，增长62.9%。

色氨酸 2009年国内产量为794吨，增长297%。

氯化胆碱 2009年国内产量为37.6万吨，下降6.9%。

鱼粉 2009年国内产量为58.8万吨，增长42.4%；进口130.8万吨，下降3%；出口0.4万吨，增长89.6%。

磷酸氢钙（含磷酸二氢钙） 2009年国内产量为260.2万吨，增长5.8%。

（五）饲料企业数量下降，行业整合速度加快 在原料成本攀升、市场竞争激烈、行业监管加强等因素作用下，饲料加工企业数量明显下降。2009年底，我国工业饲料企业数量为12 291家，比2008年减少了1 321家。行业集中度进一步提高，年产百万吨以上饲料生产企业集团达到18个，产量达到5 473万吨，占全国总产量的37%。为了加强对饲料原料的管理，从源头保证饲料产品质量安全，1 547家单一饲料原料和871家动物源性饲料生产企业相继被纳入饲料行业质量安全监管范围。

（六）容纳就业人数不断扩大，高学历专业人才数量增加 2009年，饲料企业职工人数为57.1万人，比上年增长8.8%。大专以上学历的职工数为19.3万人，占职工总人数的33.9%，其中，博士1 538人，增长9.3%；硕士5 830人，增长23.2%；大学本科66 797人，增长17.4%；大学专科119 145人，增长14%；技术工种62 734人，增长12.0%。

（七）中小型饲料机械设备数量下降，大型机组数量增加 2009年共生产饲料加工机械设备28 630台套，比上年下降23.5%。其中，成套机组1 556台套，下降35%；单机27 074台，下降22.7%。在成套机组中，时产10吨以上设备543台套，增加23台套；时产5～10吨的设备332台套，减少264台套；时产1～5吨的设备681台套，减少598台套。在单机设备中，粉碎机11 013台，减少873台；混合机4 059台，减少4 614台；制粒机3 323台，减少2 875台。

草原保护与建设

2009年，中央进一步加强草原保护建设工作，各地充分发挥主观能动性，大力加强草原保护建设和科学利用，全国草原保护制度建设和草原畜牧业生产方式转变取得显著成效，草原植被得到较好恢复，为草原生态保护和建设工作整体推进夯实了基础。

（一）加大草原保护建设政策研究力度 在广泛调研和征求意见的基础上，农业部会同国家发展改革委、财政部等有关部委完成了上报国务院的《关于进一步完善退牧还草工程政策的请示》，提出了加大投入力度，扩大实施范围，增加建设内容，延长补助年限等政策建议，以巩固和提升工程实施效果。根据京津风沙源治理工程即将进入第二阶段的需要，启动完善京津风沙源草原治理工程政策措施的研究工作。制定完善草原生态补偿试点工作方案，召开西藏草原生态保护奖励机制试点方案评审会，指导和帮助西藏自治区制定了草原生态保护奖励机制试点政策措施，与财政部联合批复了西藏开展草原生态保护奖励机制试点工作实施方案，并与西藏自治区党委政府、财政部共同举行了启动仪式，相关技术指导按计划顺利进行。为推进完善基本草原制度和草原承包经营的规范化，探索建立草原经营权流转机制，农业部分别在内蒙古、四川、甘肃和辽宁、青海、山东、宁夏等省区选择了8个县开展基本草原划定和规范草原承包经营的试点工作，并取得了初步成效。

（二）加强配套法规建设与执法监督 根据新修订的《草原防火条例》，农业部组织修改了《草原火灾应急预案》和《草原防火物资储备库管理办法》。会同财政部、国家发展改革委开展了长期细致的研究，推进了草原植被恢复费收费制度建设工作。配合全国人大开展自然保护区立法工作，积极争取以法律形式确立在各类保护区内的草原监理执法和草原资源监测管理的职责和权力。制定并发布了《草种检验员考核办法》。2009年，全国共查处草原违法案件27 612起，其中已结案26 780起，移送司法机关处理的139起，有力地打击了草原违法行为。

（三）进一步落实草原保护制度 截至2009年底，全国草原承包面积2.21亿公顷，占草原总面积的56.2%，占可利用草原面积的66.6%。全国禁牧休牧轮牧草原面积达1.02亿公顷，其中宁夏、陕西、黑龙江、河北、辽宁等地已实施全省（自治区）禁牧。

（四）草原保护建设工程成效显著 2009年全年中央财政用于草原保护建设方面的投入总计44.1亿元，比2008年增加投入21.98亿元。截至2009年底，退牧还草工程累计投入中央资金116亿元，共安排围栏建设任务45 333.33千公顷，退化草原补播改良10 000千公顷。全面启动了游牧民定居工程，2009年计划安排中央投资20亿元，在西藏、内蒙古、新疆、四川、青海、甘肃、云南等省区建设游牧民定居房屋及配套的牲畜棚圈、贮草棚及饮水设施。2009年8月，中央财政投入资金2亿元，在西藏那曲、日喀则和阿里地区的5个县启动草原生态补偿试点工作，涉及草原面积近1 333.33千公顷。实施草原重大生态建设工程，集中治理生态脆弱和严重退化草原，有效遏制了全国草原生态环境加速恶化的势头，部分地区生态环境明显改善。

（五）草原防灾减灾能力不断增强 2009年，全国共发生草原火灾192起，其中草原火警175起，一般草原火灾14起，重大草原火灾1起，特大草原火灾2起，牲畜损失372只，无人员伤亡。火灾受害草原面积24 795.28公顷。与上年相比，草原火灾次数减少59起；与前7年的平均水平相比，火灾发生次数下降51%，受害草原面积减少42%。2009年，全国累计防治草原虫害5 168.67千公顷，其中防治草原蝗虫4 066.67余千公顷；防治鼠害6 986.67千公顷（含以往鹰墩鹰架等设施控制面积），其中利用生物技术防治4 200千公顷。据测定，各地鼠虫害防治效果一般均达90%以上，按平均每亩减少牧草损失30千克，每千克0.2元计，仅减少牧草损失一项，挽回经济损失约10.4亿元。

水生生物资源养护与水域生态环境修复

2009年，农业部继续推进渔业资源增殖放流工作，中央财政增设了转移支付项目，带动了全国水生生物资源养护行动的开展。

（一）水生生物增殖放流 增殖放流主要呈现以下几方面特点：一是增殖资金投入大幅度增加。全国投入增殖放流资金5.9亿元，比上年增加90%。其中海洋经济物种放流资金1.8亿元、内陆经济物种放流资金3.7亿元、珍稀濒危保护水生野生动物放流资金3 800万元。二是增殖苗种数量大幅增加。全国各地增殖放流各种鱼类、虾蟹类、贝类等共计245亿尾，其中近海海域增殖放流苗种79亿尾，内陆增殖放流苗种166亿尾，放流珍稀濒危物种苗种1 319万尾，是历年来放流规模最大、投入资金最多的一年。三是增殖放流质量提高。2009年3月农业部发布《水生生物增殖放流管理规定》，各增殖放流的主管部门、承办单位认真贯彻落实，增殖放流的苗种质量进一步提高，过程监管、后期管理等进一步规范。四是增殖放流社会影响日益显著。2009年，农业部先后与重庆、北京、山东、广东等13个省（自治区、直辖市）政府联合举办了12次水生生物增殖放流活动，在全国掀起了水生生物养护和增殖放流的高潮。据统计，2009年全国各地共举办增殖放流活动上千次。

（二）水生生物自然保护区建设和水产种质资源保护 积极推进水生生物自然保护区的建设工作，新建1个国家级水生生物自然保护区，向国务院申报2个自然保护区。自然保护区管护能力和管理水平稳步提升。水产种质资源保护再上新台阶，2009年12月，农业部公布了第三批57个国家级水产种质资源保护区，分布于长江、黑龙江、珠江等水系的36条江河、14个湖泊，以及渤海、黄海、东海的7个海湾、岛礁和滩涂等水域生态系统，可保护四大家鱼、小黄鱼、刺参等上百种重要经济、濒危和地方特有水生生物种质资源及其产卵场、索饵场、越冬场、洄游通道等重要繁衍栖息场所。这些保护区的建立，将对抢救性地保护重要水产种质资源及其繁衍栖息水域、缓解水域生态恶化趋势、维护生物多样性、促进渔业可持续发展，发挥重要作用。

（三）海洋伏季休渔 为进一步加强海洋渔业资源保护，2009年2月27日，农业部通告[2009]1号对海洋伏季休渔制度进行了调整完善，将黄渤海、东海和南海海域的休渔时间统一向前延长了半个月，休渔作业类型统一调整扩大为除单层刺网和钓具外的所有作业类型。三大海区中，北纬12°至“粤闽海域交界线”的南海海域于5月16日最早开始休渔，北纬35°至26°30′的黄海和东海海域于9月16日最晚结束休渔，休渔时间历时两个半月至三个半月。调整后的海洋伏季休渔制度平稳有序执行。据统计，2009年休渔的海洋捕捞机动渔船数量达11万艘，约占海洋捕捞机动渔船总数的55%，比2008年休渔船数增加2.5万艘。休渔渔民数量近100万人，比2008年增加20%。休渔船数和渔民数均为历史最高水平。

（四）长江禁渔 2009年1月16日，农业部印发《关于加强2009年长江禁渔期管理工作的通知》，对2009年长江禁渔期管理工作进行了全面部署。沿江各级政府和渔业行政主管部门积极组织落实，长江渔业资源管理委员会办公室协调开展禁渔期执法检查行动，长江特编渔政执法船队共出航9个航次，沿江相关省市各级管理部门共组织开展执法检查行动5 340次，参加检查车辆12 101辆次，参加检查船艇7 408艘次，参加检查人员人70 032次，查获违禁捕捞船2 112艘次，取缔迷魂阵54 713米，查处电捕鱼器具1 559台（套），查获毒鱼案件42起、炸鱼案件37起，保障了长江禁渔期制度顺利执行。

（五）渔业生态环境保护 农业部累计审查了77项海上石油、港口航道、道路桥梁、化工电力等涉渔工程的环境影响评价，共协调了12.6亿元渔业资源及生态补偿资金纳入环保投资，有力地维护了渔民利益和渔业权益，促进工程建设与水生生物资源养护相协调。

全国渔业水域污染事故技术审定委员会对农业部黑龙江流域渔业生态环境监测中心等5家申请渔业污染事故调查鉴定资质升级单位及江苏省海洋水产研究所等17家新申请渔业污染事故调查鉴定资质单位进行了资格审查。国家渔政局向3家符合升级条件、16家符合发证条件单位，换发和颁发《渔业污染事故调查鉴定资格证书》。

农业产业化经营

2009年，农业产业化经营继续保持了良好的发展势头，在保增长、调结构、带农户、促增收中发挥了重要作用。截至2009年底，全国各类农业产业化组织总数达22.39万个，带动农户1.03亿户，农户年户均增收1 944元，分别比2008年增长11.2%、4.6%和8.2%。

（一）产业化组织快速成长，实力不断增强 截至2009年底，在各类产业化组织中，龙头企业8.97万家，其中年销售收入500万元以上的5.84万家，过亿元的8 032家，分别比2008年底增长10.2%、17.2%和14.4%，过百亿元的14家；中介服务组织12.02万个，规模以上专业合作经济组织3.98万个，分别比2008年底增长13.1%和37.7%；专业市场1.40万个，其中交易额5 000万元以上的4 785个，分别比2008年底增长2.9%和6.3%。农业产业化组织的经济实力进一步增强。截至2009年底，各类产业化组织固定资产总值2.11万亿元，其中龙头企业固定资产达1.63万亿元，分别比2008年底增长13.9%和14.8%。龙头企业实现销售收入4.25万亿元，净利润2 516.69亿元，上缴税金1 233.31亿元，分别比2008年增长10.9%、9.7%和10.0%；中介组织实现销售收入5 483.28亿元，比2008年增长38.9%；专业市场交易额1.59万亿元，净利润453.38亿元，上缴税金171.43亿元，分别比2008年增长17.2%、12.0%和12.3%。

（二）生产投入大幅增加，基地规模持续扩大 为应对市场剧烈波动，龙头企业加大了生产基地投入，强化产业链上游建设。2009年，龙头企业对农产品原料基地投入总额达1 379.3亿元，比2008年增长36.8%，其中基础设施建设投入558.5亿元，比2008年增长17.9%。随着投入的增加，基地规模不断扩大。截至2009年底，各类农业产业化组织带动种植业生产基地93 733.33千公顷，占全国农作物播种面积的59.1%，其中国家重点龙头企业自建基地和订单基地种植面积13 466.67千公顷；各类产业化组织带动牲畜饲养量12.43亿头，占全国牲畜饲养总量的68.3%；带动禽类饲养量126.9亿只，占全国禽类饲养总量的79.6%；带动养殖水面5 292.67千公顷，占全国养殖水面总面积的72.7%。

（三）利益联结渐趋紧密，带动能力稳步提升 截至2009年底，在各类产业化组织中，通过合同关系带动农户的有15.20万个，占总数的67.9%，其中订单关系有10.39万个，占总数的46.4%，订单履约率达91.3%；通过合作方式带动农户的有3.59万个，占16.0%；通过股份合作方式带动农户的有3.11万个，占13.9%。合同、合作、股份合作三种较为稳定的利益联结方式所占比重合计比2008年底提高0.6个百分点。2009年，龙头企业按合同收购价比按市场收购价向农民多支付的差价为771.34亿元，通过合作制、股份合作制等方式向农民返还利润（分红）272.65亿元，采取土地租赁经营支付给农民的土地租金166.07亿元，分别比2008年增长28.4%、22.9%和16.0%。2009年，龙头企业支付工资福利报酬587.43亿元，比2008年增长20.7%；国家重点龙头企业职工总数270万人，比2008年增加14万人。

（四）标准化生产加快推进，质量安全水平显著提高 一是标准化基地明显增加。截至2009年底，获得“三品”认证的种植面积达到49 733.33千公顷，牲畜饲养量达到3.81亿头，禽类饲养量达到49.38亿只，养殖水面面积2 076.86千公顷，分别比2008年底增长4.6%、16.2%、7.1%和21.4%。二是加工环节质量控制水平明显提高。截至2009年底，通过ISO9000、HACCP、GAP、GMP等质量体系认证的龙头企业1.94万家，有10 026家企业的质检机构通过计量认证。三是一批龙头企业的产品获得了名优品牌。截至2009年底，获得省以上名牌产品或著名（驰名）商标的龙头企业数量8 201家，占企业总数的9.6%。很多龙头企业把标准化管理延伸到流通领域，中粮、伊利、思念等一批龙头企业还成为奥运会和世博会食品供应商。

（五）中西部地区发展提速，区域差距明显缩小 随着中央支持中西部地区发展政策的实施和产业梯度转移步伐加快，中西部地区龙头企业呈现加速发展态势。从数量来看，2009年中西部地区年销售收入上亿元的龙头企业数量分别达到2 260家和1 514家，比2008年增长21.7%和19.6%，明显高于东部地区13.7%的增速。从资产规模看，2009年中西部地区龙头企业总资产规模分别为6 295亿元和6 064亿元，比2008年增长17.2%和13.0%，高于东部地区11.4%的增速。从销售收入来看，2009年中西部地区龙头企业总销售收入分别达到1.12万亿和8 988亿元，分别比2008年增长15.2%、25.8%，远高于东部地区3.6%的增速。从利润来看，中西部地区龙头企业利润总额分别为752亿元和521亿元，分别比2008年增长12.4%和15.5%，明显高于东部地区5.3%的增速。

农产品加工

2009年，在国际金融危机的冲击下，我国农产品加工业经历了最困难的一年，增长速度有所放缓，但总体上依然保持稳健发展态势。

2009年底全国乡镇企业共有规模以上（年销售收入500万元以上，下同）农产品加工企业101 241个，比上年增加10 899个，占全部规模以上乡镇工业企业数的35.7%，占全国农产品加工企业总数的82.1%；从业人员1 583.8万人，比上年增加42.7万人，从业人员占全部规模乡镇工业从业人员的36.8%，占全国农产品加工业的63.4%；实现总产值60 937亿元，比上年增长10.7%，占全部规模乡镇工业总产值的比重为30.2%，占全国农产品加工业的比重为55.9%。

按国家标准分类，农产品加工业包括食品加工业、食品制造业、饮料制造业、烟草加工业、纺织业、服装及其他纤维制品制造业、皮革毛皮羽绒及其制品业、木材加工及竹藤棕草制品业、家具制造业、造纸及纸制品业、印刷业和橡胶制品业等12大类。2009年乡镇企业中的农副食品加工业完成总产值14 272亿元，占全国的49.7%；食品制造业总产值4 272亿元，占全国的46.4%；饮料制造业总产值2 386亿元，占全国的32.2%；烟草加工业总产值71亿元，占全国的1.0%；纺织业总产值14 386亿元，占全国的70.7%；服装及其他纤维制品制造业总产值9 732亿元，占全国的95.0%；皮革、毛皮、羽绒及其制品业总产值3 118亿元，占全国的55.3%；木材加工及竹、藤、棕、草制造业总产值3 386亿元，占全国的62.9%；家具制造业总产值1 719亿元，占全国的58.3%；造纸及纸制品业总产值4 192亿元，占全国的51.0%；印刷业总产值1 190亿元，占全国的42.2%；橡胶制品业总产值2 255亿元，占全国的47.2%。在12个农产品加工行业中，除烟草加工业、饮料制造业和印刷业以外，乡镇企业所占比重都超过45%，其中有7个行业超过50%。

2009年全国乡镇企业中农产品加工业发展有以下几个特点：

（一）食品工业较快增长 在12个大行业中，农副食品加工业总产值增长17.0%，食品制造业增长16.2%，饮料制造业增长16.5%，这三大食品行业的平均增长速度比其他行业高6个百分点。此外，烟草加工业增长51%，纺织业增长－4.9%，服装业增长8.6%，皮革毛皮羽绒制品业增长－4.0%，木材加工及竹、藤、棕、草制品业增长12.0%，家具制造业增长－4.3%，造纸及纸制品业增长4.5%，印刷业增长4.9%，橡胶制品业增长12.9%。除纺织业、服装业、皮革毛皮业、家具制造业、造纸和印刷业的增幅低于全部工业平均水平外，其余各行业都保持高速发展态势，特别是食品工业发展速度更快。

（二）区域特色基本形成 各地出现了一批农产品加工业特色县、特色乡镇和特色村；在一定区域内形成了由众多农产品加工企业组成的特色产业聚集区。例如浙江、山东、辽宁、福建、江苏、广东、广西等省的水产品加工，山东、陕西的果品储藏与加工，河北、山东、河南、安徽的优质专用小麦加工，山东、河北、河南、湖南、四川、辽宁、吉林、内蒙古等省的肉类加工，吉林的玉米加工，黑龙江的优质大米和土特产加工，湖北、湖南、四川等省的水稻加工，辽宁、江苏、山东、广东、四川等省的饲料加工，江苏、山东、辽宁、黑龙江、四川、江西、河南、湖南等省的食用植物油加工，内蒙古的乳品加工和羊绒加工，河北的皮革加工和羊绒加工，江苏、浙江等省的羽绒制品，安徽、江西、福建、江浙、云南、四川、湖南等省的茶叶加工，新疆的棉花、葡萄和番茄加工，青海、新疆、贵州等省的少数民族地区特色农产品加工等等，都已形成特色鲜明的产业体系。

（三）规模企业大批涌现 伊利、蒙牛、维信、双汇、华农、旺旺、汇源、德大、华龙、鲁花、得利斯等一大批企业，不仅规模大，效益好，而且带动能力强，辐射面广，具有著名品牌，这些大型农产品加工企业的产品有很高的市场占有率。

（四）带动作用不断增强，农产品加工企业与农户的关系日趋紧密 企业与基地、农户的利益连接机制在很多地方已经形成。龙头联基地，基地带农户，形成了相辅相成的良性循环，推动了农业产业化的发展。

农作物病虫害防治体系建设

2009年，在小麦条锈病、草地螟、稻飞虱、稻纵卷叶螟等多种重大病虫多发、频发、重发的情况下，各级农业部门认真落实中央政策精神，全面组织打好区域性重大病虫歼灭战、局部性重大病虫突击战和重大疫情阻截战，取得了显著成效，为保障粮食连续六年增产作出了应有的贡献。

（一）病虫监测预警 2009年共发布农作物重大病虫发生防控信息周报34期，快报40期。强化重大病虫灾情专家会商制度，研发了水稻病虫害数字化预测平台，提高了病虫害预测预报水平。对于苹果蠹蛾、稻水象甲等重大疫情，做到在第一时间发现疫情，为有效控制疫情扩散赢得主动。据统计，2009年各区域测报站上报有效数据近万个，小麦条锈病、稻飞虱全年收集田间发生和灯下数据达万个以上。各省（自治区、直辖市）组织会商活动达百次以上，发布病虫预报2 000期以上。此外，还在中央电视台农业频道发布了病虫电视预报信息27期，在中央电视台综合频道的天气预报栏目，发布重大病虫预报3期。

（二）病虫专业化防治 各地全面落实农业部印发的《关于推进农作物病虫专业化防治的意见》，积极推进专业化统防统治工作。据初步统计，全国有各类农作物病虫害防治组织近10万个，其中经工商和民政部门注册登记的专业化防治组织近4 500个，约比上年翻了一番；主要粮食作物病虫统防统治面积已达46 666.67多千公顷次。其中，小麦、水稻、玉米重大病虫统防统治面积分别为5 489.33、33 333.33和6 666.67千公顷次，占防控面积的10%、18%和16%，比上年提高了4 ～ 9个百分点；防效平均比农民自防提高10个百分点，每亩可多挽回粮食损失30千克，减少用药1 ～ 2次，每亩平均增收节支100多元。

（三）综合防控示范推广 切实抓好科学用药技术指导，推广应用高毒农药替代产品和病虫绿色防控技术。据统计，2009年在水稻、玉米、蔬菜、果树、茶叶等优势农产品主产区新建绿色防控技术集成示范区70多个，全国累计已达300多个；举办病虫综合防控技术培训班31期、农民田间学校54个，培训农民2.5万人；绿色防控核心示范面积近20万公顷，辐射带动面积达2 667 ～ 3 333千公顷。全国各级植保机构针对不同作物、采用不同类型技术建立示范展示区1 215个，示范面积100多万公顷。

（四）安全用药知识普及 强化农药安全使用技术的宣传和培训。2009年，在15个省（区）举办202个培训班，参加培训的农民达17 000多人。组织编印了《农药安全使用挂图》5万套、技术资料2万份，发送安全用药及病虫害防治技术手册2万本、防护雨披1.5万套、防护面罩2万个。组织植保机械购置补贴调查，开展植保机械培训。全年共举办160期培训班，培训植保专业化防治队机手6 000人次。

（五）植物疫情阻截监管 针对苹果蠹蛾、稻水象甲等15种特大植物疫情，设立了12个防控协作组，进一步完善防控协作组工作机制，切实加大重大植物疫情联防联控；审定并公告了新的《全国农业植物检疫性有害生物名单》，对新发现的扶桑绵粉蚧、香蕉枯萎病、香蕉穿孔线虫等疫情，加强监测与封锁扑灭工作；印发了《关于进一步做好苹果蠹蛾等疫情防控工作的通知》、《关于加强桔小实蝇监测和防控工作的紧急通知》，进一步加大了疫情阻截力度。在植物检疫审批管理方面，推行电子证书管理系统。规范出证程序，单证编号、证书内容，实行全国联网动态管理，目前全国已经有半数以上的检疫机构实行网上出证管理。

（六）公共植保体制机制创新 公共植保理念得到了认真落实。全国已有24个省、281个地市、1 622个县成立了政府主管领导挂帅的病虫防控指挥部，病虫防控工作已由部门行为上升为政府行为；河北等6省出台了地方性植物保护法规；有10个省区市的省级植保机构实现了参照公务员管理，全国90%以上的植保机构成为全额拨款事业单位。完善督导责任制，确保病虫防控各项措施的落实。农业部印发了《农作物重大病虫害防控督导方案》；在防控关键时期，赴重点地区开展督导检查40余次；各地农业部门和植保机构也建立了相应的督导机制，共开展工作督导2.8万次。按照“属地管理、联防联控”要求，逐步形成纵向分级负责、横向联合协作的病虫防控工作机制。继续推行川藏青西藏飞蝗、北京周边地区蝗虫草地螟等病虫防控协调机制；开展了信息共享、技术协作、配合密切、责任明确的区域联防联控行动；针对局部地区突发性病虫害，各省区市都建立和完善了应急防治预案、物资储备、队伍组建、快速反应相互配套的应急防控机制；针对苹果蠹蛾、红火蚁等重大植物疫情，建立了区域疫情阻截协作组，有效控制了病虫的危害和疫情的扩散。

（七）植保基础设施建设 继续按照“项目构建工程、工程支撑体系、体系保障发展”的总体构架，组织实施植保工程，加强基础设施建设。2009年中央、地方累计投入4.6亿元，建设农作物有害生物预警与控制站等项目206个，有效改善了植保体系工作手段，进一步提升了病虫害监测能力与防控水平。

（八）植保防灾成效 2009年属农作物病虫害偏重发生年份，各级农业部门坚持“预防为主，综合防治”植保方针，分作物、分病虫、分阶段、分区域地提出防控目标和任务，全力组织防控。全年农作物病虫草鼠发生面积4.85亿公顷次，防治面积5.60亿多公顷次。其中，粮食作物重大病虫发生1.2亿公顷次，防治2亿多公顷次，减少粮食损失960亿千克，比上年多挽回15亿千克。棉花重大病虫发生26 666.67千公顷次，防治面积34 133.33千公顷次，减少产量损失约180万吨；油料重大病虫发生15 333.33千公顷次，防治面积16 666.67千公顷次，减少产量损失260万吨；蔬菜、果树重大病虫发生43 333.33千公顷次，防治60 000多千公顷次，减少产量损失近7 000万吨。

农产品市场体系建设

（一）农产品批发市场建设成效明显 据国家统计局统计，至2008年底，全国亿元以上农产品批发市场发展到921家，比2004年增长1.3倍；摊位数48.6万个，增长1.7倍；营业面积达到3 369.2万平方米，增长2.2倍；年成交额7 939.2亿元，增长2.6倍。

从市场结构看，在2008年亿元以上农产品市场中，粮食市场占10.7%，肉粮禽蛋市场占12.1%，水产品市场占14.3%，蔬菜市场占30.4%，干鲜果品市场占13.9%，已形成以鲜活农产品为主的大型专业市场流通网络。农贸市场数量约为2.5万家，稳中略降，但改造步伐加快，露天的马路市场和简易市场逐渐被具有固定场所和设施的规范市场取代，农贸市场环境得到改善。

从市场作用看，农产品批发市场集散商品、形成价格、传播信息的三大基本功能不同程度得到发挥，在带动产销、搞活流通、保障供应和促进农业农村经济发展等方面作用明显，在很多地方收到了“建一个市场、兴一批产业、活一片经济、富一方群众”的效果。北京新发地市场、上海江桥市场、广州江南市场、深圳布吉市场年交易额上百亿，聚集了众多经销商，“买全国、卖全国”，成为保障各大城市农副产品供应的主要渠道；山东寿光蔬菜市场、河北乐亭果菜市场、江西赣南柑橘市场、福建安溪茶叶市场等紧紧依托生产基地建设与运行，方便农民就近出售农产品和感受市场变化，成为大生产与大流通对接的平台。农产品批发市场的发展，带动了加工、包装、储藏、保鲜、运输等配套产业的发展，餐饮、娱乐、旅店、电讯等相关产业发展，吸纳了大量的就业，促进了农民增收。

近年来，以省会城市为主的大中城市越来越重视大型农产品批发市场的规划布局和功能提升。上海、南京、杭州、武汉等开始统一规划在郊区集中建设集大宗批发、加工配送、仓储物流等功能为一体的现代化农产品物流中心。

（二）农产品批发市场特点突出 在农产品批发市场中，以蔬菜、水果、畜产品、水产品为代表的产地批发市场占60%左右，这些市场具有区域集中度高、产品交易集中、市场辐射面广、带动能力强的特点，主要体现在：

1. 蔬菜市场成为产地市场的主要代表。全国蔬菜产地批发市场占产地市场近1/3，带动蔬菜种植10 533.33千公顷，相当于全国蔬菜面积的60%。产地市场集中分布于东部和中部地区，占全国的80%左右。经营品种除了蔬菜外，还有季节性水果和其他农产品，市场交易活跃。亿元以上的蔬菜产地市场成为产地批发市场的主要代表，形成了“产地市场—运销商—销地市场”的大流通模式，是向大中城市和外省市供应蔬菜瓜果的重要源头。

2. 水果产地市场优势区域集中趋势明显。在国家推进优势产业带建设的带动下，水果产地市场正在快速成长，集中度明显提高。全国产地水果批发市场占水果市场总数的47%。产地市场主要分布于渤海湾的山东、辽宁、河北和西北黄土高原的陕西、甘肃苹果优势产区，这些地区以苹果为主的产地批发市场占全国水果产地市场的40%左右；长江上中游、赣南湘南桂北、浙南闽西粤东三大柑橘优势产区产地批发市场占全国水果产地市场近30%。山东栖霞、浙江黄岩、江西赣州等优质水果产业带的发展与农产品产地批发市场的引导密不可分。

3. 畜产品产地批发市场大多集中在中西部地区。全国畜产品产地批发市场占全国畜产品批发市场的68%。产地市场大多分布于畜牧业发达的中西部地区，其中中部地区占产地市场的40%；西部地区占产地市场的31%。大多数畜禽市场以活畜、禽和肉类交易为主。与果蔬产品相比，畜产品多数实行从屠宰到销售加工一体化的流通模式。

4. 水产品产地批发市场交易活跃。全国水产品产地批发市场大多分布在东南沿海、黄渤海水产品捕捞和养殖带以及江苏、安徽、江西等长江中下游淡水养殖带。目前全国水产品产地市场中沿海批发市场占近60%，由于水产品的国内外市场需求旺盛，带动产地市场交易活跃，市场辐射面广。

（三）农产品市场辐射能力逐步增强 江苏高淳县水产批发市场、武进夏溪花木市场、华东苗禽市场投资企业、苏州众诚鸭业有限公司分别成为全国最大的螃蟹专业市场，华东地区最大的花木交易市场，全国最大的苗鸭产销集散地。苏州南环桥批发市场下属的蔬菜批发市场日成交量1 200吨，水产批发市场日成交量200吨，鲜肉批发市场日成交生猪1 500头，畜禽批发市场日成交40 000羽，干货批发市场日交易品种2 000种，是苏州市及周边地区农副产品集散中心。河南省郑州刘庄、陈砦和毛庄3个蔬菜批发市场，蔬菜供给量占郑州市场的90%以上，成为郑州市农产品供应的主渠道和跨区域的农产品流通集散地。河北乐亭冀东果菜产地批发市场带动本地相关产业蓬勃发展。全县直接从事果菜生产的劳动力达30万人，占全县劳动力总数的60%，收到了“建一个市场，带一批产业，活一方经济，富一方百姓”的良好效果。

农业信息体系建设

2009年，各级农业行政部门的工作人员克服各种困难，创造条件，努力工作，农业信息体系建设取得了显著进展。

（一）强化信息采集，切实提高监测水平 进一步健全信息采集体系，完善统计调查制度，大力加强队伍建设，着力强化监测分析工作。目前，市场监测已基本做到“全天候、广覆盖”，农业综合统计和成本调查已逐步深入到样本调查户和田间地头。建立农产品价格周月季度分析和农业生产形势分析制度，及时形成分析报告，为管理决策提供参考。积极与中央电视台合作，开展农产品批发价格指数和价格信息播报工作，面向农业生产经营者开展信息服务。

（二）深化数据分析，提升市场预警能力 一是开展稻谷、小麦、玉米、大豆及蔬菜等18个品种市场情况月度监测会商工作，对重要农产品的国内外生产、需求、库存、进出口贸易、现货期货价格及成本收益等信息进行动态监测和分析研判，每月形成《农产品供需形势分析月报》并及时发布。二是加强与地方农业部门沟通与协调，建立自下而上的市场热点报送机制，及时发现苗头性、突发性、趋势性问题，做到早报告、早处置。三是加强中国科学院、中国农业科学院、中国农业大学等科研院校的合作，构建多元化分析研判体系，准确把握市场动态，及时提出政策建议。四是借鉴联合国粮农组织、美国农业部经验，逐步开展我国农业展望工作，提高农产品信息发布的影响力。

（三）推进金农工程，加强电子政务建设 在中央本级项目建设方面，已进入系统总集成测试和试运行阶段，基本完成预定的工作目标。机房搬迁和动物疫情防控系统、供求系统、批发市场系统、科技系统、预警系统、采集系统和国家综合门户系统的集成测试工作基本完成，部分应用系统已经在生产环境中部署完毕，试运行工作已启动。应用支撑平台建设工作基本完成，已提供给各应用系统承建商使用，同时完成了应用支撑平台的功能测试和性能测试，并将根据测试结果和实际应用的需求进行持续完善。在地方项目建设方面，全国32个地方项目建设单位均已向金农工程项目建设办公室上报了可行性研究报告，全部通过审核。北京市、福建省等进展较快的省份已完成一期建设任务。

（四）抓好“三电合一”，提升基层服务能力 认真组织开展“三电合一”项目管理培训，全面总结各地项目实施情况，分析存在问题，提升地方实施单位人员的项目管理能力和水平。到2009年，在全国范围内共建设了7个省级、78个地市级和324个县级“三电合一”农业综合信息服务平台。目前“三电合一”已覆盖全国1 000多个县，受惠群众超过3亿人。

（五）开展短信服务，打造综合服务平台 在抗旱保春耕期间，农业部协调中国移动集团，先后向旱区发送了约5 000万条信息，对抗灾和恢复生产起到了很好的指导作用。在全国范围内启动了“12316”短信息服务，并统筹规划语音电话、手机短信、互联网络等现代传播手段，全力打造“12316”三农综合信息服务平台。

（六）实时监测网情，及时掌握舆论动态 针对网络出现的陕西苹果滞销、宁夏黑奶站、东北沼气池废弃等事件，农业部采取了切实有效的措施，避免了媒体炒作，取得了较好的效果。及时掌握和发布农产品市场价格动态等信息，提高信息报送的时效性，积极发挥手机媒体方便、快捷等特点，创造性地开展了“手机报”编制工作，开设了《今日网情》、《价格监测》等栏目，为农业农村信息化工作营造良好的舆论氛围。

农产品质量安全管理

2009年，农业部加快推进农产品质量安全体系建设，开展农产品质量安全整治暨执法年活动，不断加强执法监管和检测检验，扎实推进农业标准化，取得了良好成效，确保了农产品质量安全保持在较高水平。

（一）农产品质量安全保持较高水平 根据农业部农产品质量安全例行监测结果，按往年同期同口径统计，2009年蔬菜、畜禽产品和水产品合格率分别达到96.4%、99.5%、97.2%，与2008年相比，分别提高了0.1、0.8和1.5个百分点；新增监测的水果、食用菌和茶叶合格率分别为98.0%、95.2%和94.8%；生鲜乳三聚氰胺监测合格率达到100%；无公害农产品、绿色食品、有机农产品合格率分别达到99.1%、98.8%和100%，均保持较高水平。全年未发生重大农产品质量安全事件，确保了新中国成立60周年庆典和第11届全运会等重大活动期间农产品质量安全。

（二）执法监管不断加强 全面开展农产品质量安全整治暨执法年活动，组织实施了种植业产品、生鲜乳、饲料、兽药及兽药残留、水产品、“三品”（无公害农产品、绿色食品和有机农产品）和农资打假等7个专项整治行动，将全国76万家主要农产品、农业投入品生产经营企业纳入监管范围，共出动执法人员283万人次，检查生产经营单位163万家次，查处问题5.4万余起。深入开展农资打假春季和秋季行动，实施“农药市场监管年”、“饲料质量安全执法年”、兽药市场专项整治和水产苗种专项治理等活动，查办农资制假售假案件近3.2万起，为农民挽回直接经济损失8.2亿元。深入推进奶站清理整顿，依法取缔和关闭生鲜乳收购站7 827个，核发生鲜乳收购许可证10 639个。妥善处置了广州“瘦肉精”、祁门“蜡菇”等突发应急事件，及时对不良信息炒作进行纠正。广泛开展农产品质量安全宣传和培训，发放宣传资料6 700万份，指导培训生产经营者1 500万人次，广大生产经营者的质量安全意识以及企业的社会责任感逐步增强。

（三）监测检验进一步深化 例行监测产品种类从3类72种增加到6类101种，监测参数从30项增加到68项，监测范围从36个直辖市、计划单列市和省会城市扩大到259个主要大中城市，基本涵盖了主要产区、产品和参数。全年开展了3次例行监测、4次监督抽查和1次普查，实施了农药及农药残留监控、兽药及兽药残留监控、饲料及饲料添加剂监控、水产品药残监控等一系列监控计划，重点对瘦肉精、孔雀石绿、硝基呋喃、三聚氰胺等禁用有毒有害物质及农兽药残留进行监测，检测样品近10万个。建立了分析会商制度，加强对监测数据的分析研判和结果利用，对问题严重的地方督促整改，并开展跟踪监督抽查，加大对不合格产品的查处力度。

（四）农业标准化扎实推进 全面梳理现有农业行业标准，新制定农业标准511项，农业标准总数达到4 400项。新建园艺产品生产标准园818个、生猪标准化规模养殖场9 500多个、渔业健康养殖示范场475个、国家级农业标准化示范县（场）118个，农业标准化示范带动作用持续增强。新认证无公害农产品产地6 800个，认证“三品”16 787个，登记保护地理标志农产品81个，无公害农产品产地总数达到51 705个，“三品”认证总数达到69 729个，强化证后监管，不断提高认证产品公信力。积极推广“公司＋基地＋农户”等模式，依托龙头企业、农民专业合作组织等带动农户实施标准化生产，加快转变农业发展方式。

（五）体系建设步伐加快 大力推进省级监管机构建设，20个省份成立了专门监管机构，一些省份已向基层延伸。在出台的乡镇农技推广体系建设指导意见中，把乡镇监管服务机构纳入农技推广体系建设之中，强化职能，充实人员，提高监管服务能力。加快实施农产品质检体系建设规划，落实中央投资13亿元，建设质检机构451个，农业系统质检机构总数达到2 228个，逐步形成了以部级中心为龙头，省级综合中心为骨干，县级基层质检站为基础的农产品质检体系。出台了《检测机构考核评审员管理办法》和《检测机构评审细则》，加强质检机构考核和培训工作，对全国约80%已投资建设的县级质检站负责人进行了培训，不断提高质检机构管理水平。

专栏5

农产品质量安全整治暨执法年活动

2009年，按照国务院食品安全整顿工作的总体部署，农业部在全国范围内开展了“农产品质量安全整治暨执法年活动”，以风险高、隐患大的农产品和投入品为重点，组织实施了种植业产品、生鲜乳、饲料、兽药及兽药残留、水产品、“三品”（无公害农产品、绿色食品和有机农产品）和农资打假等7个专项整治行动，采取更加严厉的整治措施，着力解决突出问题和隐患，取得了良好成效。一年来，各级农业部门主要开展了以下工作：

一是加强领导，确保责任落实到位。农业部成立了专门的工作小组，省级农口厅局成立了63个整治工作领导小组，部分省份的市、县一级也成立了相应的工作机构，形成了上下联动、层层落实的工作体系。为全面推进整治活动，农业部对19个省（市）组织开展了督导检查工作，推动整治活动向县乡和生产基地延伸。

二是自查自纠，摸清生产经营底数。按照农业部的统一部署，各地积极组织开展自查自纠工作。全国共有76万家农产品和投入品生产经营单位纳入整治范围，其中69.2万家开展了自查，自查率为91%；全国查出问题的生产经营单位5.4万家，已整改4.7万家，整改率为87%。通过自查自纠，基本摸清了农产品和投入品生产经营单位的底数。

三是把握重点，解决突出问题隐患。针对专项整治中反映出的蔬菜禁限用农药、生猪瘦肉精、水产品孔雀石绿和硝基呋喃类药物等突出问题隐患，组织有关专家和基层农业管理、技术人员，召开多次专题研讨会进行深入研究分析，委托10个质检中心进行了实地调研和摸底，基本搞清了问题存在的症结，形成了《当前农产品质量安全突出问题原因分析和对策建议》，并及时采取了有针对性的措施，组织各地扎实开展集中整治工作，确保不发生重大农产品质量安全事件。

四是狠抓源头，全面加强投入品监管。组织开展了农药市场监管年、饲料质量安全执法年、兽药市场专项整治行动、水产苗种专项整治等一系列整治行动，加大对农兽药等农资生产、经营和使用环节的监管力度，从源头上杜绝禁用农兽药和有毒有害物质的危害。专项整治开展以来，全国累计检查农资生产经营企业93万家，查处各类案件3.19万起，货值2.6亿元（其中重大案件62起，案件货值1 969.7万元，移送司法机关29人，逮捕29人）；全国受理举报案件1.3万起，捣毁制假窝点203个，为农民挽回经济损失8.16亿元；全国查获各类假劣农资5 187吨，其中甲胺磷等5种高毒农药5 938千克。

五是健全制度，着力构建监管长效机制。认真贯彻《食品安全法》，加强沟通协调，就信息发布、农兽药标准制定等6方面工作与卫生部建立了分工协作机制。集中力量对现行的《农药管理条例》、《饲料和饲料添加剂管理条例》进行了修改完善。制定了《生鲜乳收购站标准化管理技术规范》，实行生鲜乳收购站准入制度，建立了日常检查、不定期巡查、监督抽查等生鲜乳质量安全日常监管制度。发布了《农垦农产品质量追溯标识管理办法》，着力构建农产品质量追溯工作制度体系。

农业科技、教育与技术推广

2009年，中央对农业科技、教育和技术推广工作提出了新的要求，在中央政策激励以及地方大力推动下，农业科技、教育事业和基层农技推广体系改革与建设取得积极进展。

（一）转基因生物新品种培育重大专项进展顺利 2008—2009年新培育并审定转基因抗虫棉花品种28个，推广转基因抗虫棉7 466.67千公顷，净增效益130亿元，减少农药用量5.6万吨。三系杂交抗虫棉研发和中试取得重大进展，新培育的杂交抗虫棉比常规抗虫棉增产25%以上，制种产量提高20%以上，制种成本降低60%以上。转基因抗虫水稻和转植酸酶基因玉米新品种已通过安全性评价，达到国际同类研究领先水平。

（二）农作物病虫害预测报和动物疫病防控技术研发取得新进展 查清了小麦条锈病、稻瘟病、稻飞虱、棉铃虫等30多种重大病虫害的发生流行规律、迁飞规律。提出了中短期预测预报技术，准确率达到70%以上。成功研制高致病性禽流感H5N2灭活疫苗、基因工程重组H5N1灭活疫苗、以禽痘病毒为载体的H5N1活疫苗、禽流感－新城疫二联活疫苗，在世界处于领先地位。

（三）现代农业产业技术体系建设取得阶段性进展 种植业方面：34个农产品产业技术体系已引进、收集各类种质资源2 000余份，培育高产、优质、多抗新品种78个，创制新型育种材料9 954份，筛选出适合不同区域生产的品种（品系）309份，并研究提出与之相配套的适合不同生态区域种植的高效综合栽培与病虫害防控技术规程193个。制定出了13个农产品加工技术和质量检测技术标准，开发出加工新产品和生产机械、器具25个（套）。畜牧业方面：11个畜产品产业技术体系已筛选出优良杂交配套系18套，开展种畜性能测定近3 000头（只），研究提出重要疫病防控与检测技术20项，安全养殖技术和加工品质检测技术规程20个，研制出各类优质养殖饲料配方74个。渔业方面：5个水产品产业技术体系已构建优质基础种群49个，培育生长快、抗病家系300个，研究提出高效、安全养殖技术模式10个，主要病害诊断与防控技术7项，高效、环保饲料配方和加工质量检测技术7个，开展饲料营养价值评定技术研究，并研制出新型饲料配方7个。同时开发出了用于鱼类、贝类等新品种培育和种质评价的微卫星、SNP、转铁蛋白、AFLP等分子标记20个。

2009年，各产业技术体系举办各类培训近5 000班次，培训基层农技人员、农民骨干及农户近170万人，发放各类培训资料317万余份。各体系积极开展产业经济研究，为各级政府提供产业发展政策咨询建议130余件，为国家制定、出台相关农业政策提供了必要的信息和技术保障。

据不完全统计，2009年现代农业产业技术体系共参与应对各种自然灾害百余起，近千名岗位专家和综合试验站站长参加抗灾救灾工作，为2009年的粮食丰收做出了重要贡献。

（四）农业公益性行业科研专项取得显著成效 2009年，农业部共获得农业公益性行业科研专项批复立项58个（项目执行期为2009—2014年），五年总批复经费12.58亿元。在组织实施农业公益性行业科研专项过程中，研究集成了一大批实用型技术成果，解决了困扰产业发展的技术瓶颈，显著提高了粮食和主要农产品供给能力。积极开展了管理机制等方面的探索和创新，打破部门、区域、单位和学科界限，以项目为纽带，形成了各类科技力量在充分发挥各自优势基础上的大联合、大协作的格局。

（五）农业教育和培训工作取得新成效 一是加大对农业中高等教育的指导力度。积极开展部部共建农业大学，农业部、教育部联合签定《关于共建中国农业大学等八所高校及开展相关工作的协议》，就促进农业院校加强农科特色学科建设、优化人才培养模式、提高人才培养总量和质量、切实加强为农服务达成一致意见，并提出了具体措施；积极开展省部共建农业大学试点工作，2009年11月农业部与河南省人民政府签定协议，共建河南农业大学，探索省部共建农业大学的合作机制；密切与全国职业教育学会农业职业教育专业委员会的合作，分析研讨当前农业职业教育的现状、面临的形势和下一步加强农业职业教育、强化农业人才培养的思路和举措。二是开展抗旱保苗科技培训。针对2008年10月以来我国北方的严重干旱，农业部组织全国农业科教系统专家和技术人员27.5万人次深入一线抗旱，下发抗旱技术明白纸2 223万张，培训农民1 967万人，为各地科学抗旱、夺取夏粮丰收做出了贡献。三是调整农村劳动力转移阳光工程培训重点，拓宽农民增收渠道。由单纯外出务工向就地就近转移就业转变，由偏重服务城市发展向注重支撑农村经济社会发展转变，主要围绕农村服务业、农产品加工业、农民创业、农村特色二、三产业和农村带头人开展技能培训，2009年下达全国培训任务300万人，拨付各地培训资金11亿元。四是广泛开展基层农技推广人员培训，强化农业科技支撑。组织实施基层农技人员大培训活动，从2008年11月至2009年末已培训100万人次；依托基层农技推广体现改革与建设示范县项目，对农技人员开展系统培训，每个项目县每年安排10万元，对当地100名农技人员开展集中培训和异地研修；全年在全国农业院校、科研院所、推广单位中认定了45个农业部现代农业技术培训基地，作为开展骨干基层农技人员培训的重要阵地，完成了7.7万基层农技人员的系统培训工作；此外还对50名西藏少数民族地区基层农技人员和100名贵州威宁县的基层农技人员开展异地研修，提高了他们服务地区农业农村经济发展的能力，促进了民族团结和社会和谐。

（六）农业科技推广工作呈现新局面 一是启动实施全国农技推广示范县建设，全面推进农业科技进村入户。2009年，农业部、财政部共同启动实施“基层农技推广体系改革与建设示范县项目”，通过建立健全农技推广运行机制、培养农业科技示范户、建设农业科技示范基地、开展农技人员培训等措施，全面提升基层农技推广体系的公共服务能力，提高技术的入户率和到位率。2009年，中央财政安排7.7亿元，在全国建设770个示范县，围绕粮食、经济作物、园艺、畜牧、水产等主导产业，遴选7.7万技术指导员，建立7 700个农业科技示范基地，培育77万科技示范户，辐射带动1 500万周边农户。2009年推介发布了100个主导品种和60项主推技术，并通过多种渠道加强推广力度。项目的实施，推动了基层农技推广体系改革与建设工作，探索建立了新型农技推广服务方式，提高了基层农技推广人员的素质，带动了农民增收致富，促进了各示范县主导产业的发展。二是加强超级稻新品种选育与示范推广工作，实现“双增一百”的目标。2009年，新确认10个超级稻新品种，淘汰两个品种，经农业部认定的超级稻品种达69个。超级稻示范推广面积达6 066.67千公顷，占我国水稻总种植面积的21.2%；比2008年增加505.3千公顷，增长9.1%；认定的超级稻品种平均亩产556.3千克，亩均增产57.6千克；全国超级稻共增产稻谷52.4亿千克，增加经济效益121亿元；平均每亩节本增效133元。2009年，通过加强超级稻栽培技术研究与实践，形成了适合不同稻区的超级稻栽培技术体系和高效种植模式，不断发挥超级稻的增产潜力。三是强化抗灾救灾，深入开展科技服务工作。针对北方大部遭受严重干旱，组织全国农业科教系统专家分析旱情，制定科技抗旱技术指导方案；组织专家和技术人员深入一线开展技术指导，累计下派农业专家指导组4 160个；针对冬季部分地区持续出现的低温寒潮和雨雪天气，组织专家编印了《冬季农业生产100问》，送给基层农技人员和科技示范户。

专栏6

转基因生物新品种培育重大专项

着眼于培育现代农业生物产业，国家于2008年启动实施转基因生物新品种培育重大专项，为抢占国际科技经济竞争制高点，培育战略性新兴产业提供强大科技支撑。专项实施以来，按照“整体规划、分步实施、突出重点、加快推进”的思路，以“择优委托”的方式启动实施了一批研究课题，以“公开申报、专家评审”的方式，陆续安排了一批重点课题和条件能力建设项目，统筹推进基因克隆与功能验证、转基因操作、生物安全评价、转基因新品种培育、中试与产业化等五大优先领域。

根据国务院要求和国家科技重大专项总体部署，农业部积极会同各成员单位，加强沟通，精心组织，建立健全了管理制度和组织实施工作体系，务实高效地完成了实施方案的修改完善与报批、总体组和咨询委员会的组建、管理办法的制定、实施计划的编制、项目课题的评审论证等工作。注重统筹协调和制度先行，加强组织管理，改革评价导向，强化联合协作，注重稳定支持，围绕核心任务和关键目标集中攻关，取得了积极成效。

一是新品种培育进展显著。新培育抗虫转基因棉花新品种28个，累计推广7 466.67千公顷。三系杂交抗虫棉研发和中试取得重大进展，新培育的杂交抗虫棉比常规抗虫棉增产25%以上，制种产量提高20%以上，制种成本降低60%以上。转基因抗虫水稻和转植酸酶基因玉米新品种已通过安全性评价，达到国际同类研究领先水平。培育出一批具有产业化前景的抗病虫、抗逆、品质改良等转基因水稻、小麦、玉米、大豆、棉花新材料和新品系。创制了乳清蛋白、乳铁蛋白转基因牛，以及一批抗猪瘟和蓝耳病转基因猪。

二是基因挖掘与技术体系构建取得明显进展。克隆了具有自主知识产权的10余个新型Bt杀虫基因和6个新型抗除草剂基因，田间试验效果显著；获得了一批相关性状关键基因，初步显示出重要的育种利用价值。完善了水稻、棉花、玉米、猪和牛规模化转基因技术体系，水稻转化效率从40%提高到83%，年可转化5 000个基因以上，小麦、大豆遗传转化效率明显提高，基本满足转基因育种需求。

三是转基因生物安全技术体系构建进展显著。初步建立了我国转基因生物安全评价和检测监测技术体系；完成了转抗虫基因水稻、转植酸酶基因玉米的环境、食用、饲用安全性的系统评价；建立了基于核酸的转基因生物及其产品高通量精准检测技术。

四是凝聚了高水平的转基因研发团队。直接参加研究的骨干人员400余名，其中院士26人，“千人计划”学者4人，长江学者16人，国家杰出青年基金获得者61人，凝聚了高等院校、科研院所和企业从事转基因研究的主要优势力量，吸纳了一批从事种业经营的公司企业人员、农业管理和技术推广人员。

专栏7

现代农业产业技术体系建设

2009年，50个农产品的现代农业产业技术体系建设重要阶段性研究进展，体现在以下几个方面：

一是新品种选育。①油菜体系，针对我国油菜含油量偏低的问题，加快了高含油量品种的选育进程。育成中双11号（含油量49%以上）、浙油50（含油量48.76%）、青杂5号（含油量47.65%）、中油杂11号（含油量45.91%）、油研11（含油量44.98%）等一批高含油品种，2009年全国推广面积达到666.67千公顷以上，占全国面积的10%左右，新增菜籽油约6万吨。②小麦体系，筛选出周麦22等一批高产、优质、广适新品种进行推广，并于2009年在安徽、江苏和四川省创出亩产600千克左右的高产田，展示了该地区小麦生产的巨大潜力。③大宗蔬菜体系，培育的优质、抗病和高产青花菜新品种“绿奇”在兰州示范种植面积达53.33公顷以上，约占兰州青花菜栽培面积的80%，取代国外品种成为当地主栽品种。④棉花体系，培育了适合不同区域种植的高产、优质、多抗棉花新品种17个，其中通过国家审定6个，省级审定11个，在江西九江创下长江流域棉区籽棉每亩超500千克的最高纪录，在新疆兵团实现了亩产籽棉800千克的纪录。⑤蛋鸡体系，培育的“京红1号”和“京粉1号”蛋鸡配套系，生产性能均达到国际先进水平，使国产品种的市场占有率近20年来首次超过30%。⑥蚕桑体系，通过运用家蚕转基因技术，成功开发出我国首个转基因新型有色茧品种，并试制成功世界上第一套转基因丝绸服装。⑦兔体系，培育出的浙江长毛兔已通过国家畜禽遗传资源委员会初审，累计在国内20多个省分中试应用300多万只，生产性能稳定，适应性广，个体产毛量具有世界领先水平。

二是病虫害与疫病诊断与防控技术研究。①玉米体系，筛选出了龙单49等12个高抗品种，预计每年减少产量损失2.25亿千克，农民减少直接经济损失约3.6亿元，种子企业减少经济损失500万～600万元。②向日葵体系，针对向日葵螟、赤眼蜂危害严重问题，积极开展综合防控技术研究，并在内蒙古巴彦淖尔市进行了大面积防治，防治效果达87.9%，挽回经济损失近2亿元。③苹果体系，确定了引起我国主产区苹果果实轮纹病与枝干轮纹病的病原与引起苹果干腐病的病原同为葡萄座腔菌，为建立苹果轮纹病菌的定量检测的体系和检测病原菌奠定了基础。④水禽体系，成功研制了“鸭传染性浆膜炎灭活疫苗”，并完成临床试验，已通过国家新药复核实验。⑤鲆鲽体系，研制出针对鲆鲽类弧菌病的专用疫苗，筛选获得免疫保护率较好的针对鲆鲽类腹水病的优选疫苗株，并进行了鳗弧菌减毒活疫苗的生物安全性评价。获得了大菱鲆腹水病病原迟钝爱德华氏菌EIB202，并进行了全基因组测序，这是我国科学家首次解析鲆鲽类海水养殖病原菌的全基因组序列。

三是耕作/养殖模式与技术研究。①大豆体系，研究形成的“麦/玉/豆”间套作模式，具有不与粮经作物争地、争肥、经济效益高、生态效益好、社会效益突出等优势，推广面积逐年增加。②小麦体系，初步制定了北方小麦节水生产区划方案，明确了各试点区实现节水生产目标的适宜播期范围及相应的基本苗调节范围，制订了节水节肥栽培适当晚播的统一标准，确定亩产450～550千克节水省肥栽培适宜施氮量及其运筹模式。③生猪体系，通过改进种猪杂交繁育模式、优化饲料配制技术、改进养猪生产与环境控制工艺等多方面技术导入，逐步形成了多点生产与分胎次饲养模式、液泡粪与沼气发电及堆肥粪污处理工艺、粪污返田与种养结合、生态环保型饲料等瘦肉型猪高效生产、废弃物综合利用的生态环境友好型生猪养殖模式。④贝类体系，研发的节能、高效、无公害、可持续的滩涂贝类“三段法”养殖模式，首创了规模化蛤仔苗种中间培育技术工艺，有效突破了蛤仔生产的苗种大规模需求瓶颈，使示范区养殖生产周期缩短了50%、单产增加了77%、疫病得到有效控制、食用安全得到基本保障。

四是生产配套机械与加工技术研究。①油菜体系，针对我国油菜生产劳动成本投入高农民收益低这一制约瓶颈，开展了机械化生产技术研究和全程机械化生产示范。先后筛选了中双11等一批抗倒、抗裂角等适应机械化收获的品种，建立了机械化生产栽培技术规程，开发了油菜分段收获的割晒机、捡拾脱粒机及小型履带式全喂入油菜联合收割机，研制并推广2BYF-6、2BYD-6等型号的油菜联合播种机及4YC-200型油菜联合收割机2 100余台。在湖北、湖南、安徽、江苏等地建立油菜机械化试验示范点15个，推广示范面积4万余公顷。②柑橘体系，针对山地果园运送肥料、运输果实困难的问题，设计了双轨绞车、单轨自带动力、双轨自带动力三种运输机械。③谷子体系，合作研发出谷子播种机2

台、割晒机1台、脱粒机2台、联合收割机1台。④甘蔗体系，开发出77马力甘蔗联合收割机和260马力甘蔗联合收割机，并通过有关部门科研鉴定，使我国具有自主知识产权的甘蔗收获机研制进入了新的发展阶段。⑤蜂体系，设计出一种免移虫蜂王浆生产器，大大地减少了蜂王浆生产的工作时间、降低了劳动强度、极大地提高了蜂王浆生产效率。与传统人工移虫生产蜂王浆相比，免移虫蜂王浆生产技术提高生产效率150%～280%。

专栏8

农业公益性行业科研专项

2007—2009年，农业公益性行业科研专项共获得批复立项151个项目，财政批复总经费28.755 8亿元。专项实施三年，初步成效表现在以下五个方面：

一是强化科技支撑，保障国家粮食安全。专项重点围绕国家粮食战略需求，以我国在国际农产品贸易中有优势并能够带动农民增收的特色农产品为方向，选择47种（类）主要农产品和14种（类）区域特色农产品，设立项目61个，总经费97 714万元。通过这些项目的实施，培育和筛选了一大批动植物新品种，研究集成了一批轻简化生产技术，突破了一些困扰产业发展的技术"瓶颈"。

二是提升农业现代化水平，增强综合生产能力。为了进一步优化生产要素配置和优化组合农业栽培技术，发展高产、优质和高效农业，专项部署了9个相关项目，安排经费19 968万元。这些项目的实施，有效地改进了农业耕作模式，提高了耕地综合生产能力；提高了农业资源利用效率，提升了农业管理水平，促进了农机农艺有效结合，显著提高了农业生产能力和现代化生产水平。

三是提高应急和防控能力，保障农业生产安全。专项启动农业重大动植物疫病防控项目35个，投入总经费54 552万元，重点对猪、鸡、牛、羊、鱼、虾重大疫病，水稻、小麦、玉米、棉花、油菜、果树、蔬菜重大病虫害等开展快速诊断、疫情监测、疫苗研发及综合防控技术进行集成研究。通过这些项目的实施，重大动物疫病疫苗研发取得突破，重大动植物疫病监测预警技术体系得到完善，重大作物病虫害综合治理技术集成研究取得重要进展。

四是提高资源利用效率，促进农业可持续发展。专项启动实施了9个资源环境类共性技术研究项目，预算经费22 171万元。这些项目着力研发推广高产稳产和资源节约型、环境友好型农业先进适用技术，提高农产品产出水平和可持续发展能力，在开展共性关键技术研究、提高养分利用效率，集成资源化利用综合技术、推动集约化清洁生产等方面取得重要进展。

五是加快科技成果集成转化，推进产学研结合和人才培养。专项着力强化科技成果的集成转化，积极推进形成农业科技大协作、大联合的局面，在科技集成创新、成果转化推广、推进产学研结合和人才培养等方面都产生了良好的效果。

农业农村人才队伍建设

2009年，农业部按照中央人才工作协调小组的统一部署，围绕促进农业稳定发展、农民持续增收的中心任务，大力实施人才强农战略，以农村实用人才带头人和农业科技创新人才培养为重点，推进农业农村人才工作，为发展现代农业、推进社会主义新农村建设提供了有力支撑。

（一）农村实用人才队伍建设成效显著 一是基础性工作得到加强。与中组部、人力资源和社会保障部联合开展了《中共中央办公厅国务院办公厅关于加强农村实用人才队伍建设和农村人力资源开发的意见》落实情况督查，提出了进一步加强农村实用人才队伍建设的意见建议。继续加强农村实用人才培训体系建设，确定新疆维吾尔自治区沙湾县三道沟村、西藏自治区曲水县才纳村、四川省郫县农科村为农业部农村实用人才培训基地并挂牌。进一步加强培训教材建设，组织编写了《农村文化建设读本》和《大学生村官实用指南》两本教材。积极配合中组部做好新中国成立60周年成就展人才部分筹展工作，积极宣传农村实用人才工作和队伍建设成就，扩大社会影响，营造尊重农村实用人才、重视农村实用人才的良好氛围。二是工作制度日趋完善。研究制定了《农村实用人才带头人培训管理办法（试行）》，对培训基地管理、承担培训任务单位的职责，以及经费、设备、档案管理等都作出了明确规定。印发了《农业部农村党员干部现代远程教育专题教材制播工作管理暂行办法》，进一步明确了农村党员干部现代远程教育专题教材制播工作各个环节的职责任务，组建了农业部农村党员干部现代远程教育专题教材审定专家组，做到选题有规划，审查有队伍，送播按程序，考核有标准。三是带头人示范性培训规模稳步扩大。采取“把社会主义新农村建设的先进村作为课堂、把社会主义新农村建设的实践者请上讲台、把社会主义新农村建设的典型编写成案例”的培训模式，以农村基层组织负责人、农民专业合作组织负责人、农业企业负责人和大学生村官为主要对象，以“开阔眼界、开拓思路、增强信心、提高能力”为目标，扎实开展农村实用人才带头人培训工作，全年累计培训人数达到3 000人，是上年的7倍。培训班的社会影响力进一步扩大，示范作用进一步增强。四是工作领域进一步拓展。结合贯彻落实国务院第五次民族团结进步表彰大会和胡锦涛总书记重要讲话精神，首次将基层农技人员纳入培训范围，采取“请进来”与“走出去”相结合，理论教学与现场参观相结合，农技知识、“三农”政策与民族政策相结合的方式，举办了4期少数民族基层农技人员培训班，来自西藏、新疆等地的200名少数民族基层农技人员参加了培训。五是常规工作稳步推进。按照全国农村党员干部现代远程教育领导协调小组的要求，坚持“基层需要”和“适时播出”的制播原则，制作播出365小时专题教材节目。继续实施“百万中专生计划”，顺利完成10万人的招生培养任务。继续开展农村劳动力转移培训、农民工创业培训、农业机械化人才培训。

（二）农业科技人才队伍建设取得新进展 一是加大科技人才评选表彰力度。认真做好“两院”院士推荐提名、2009年新世纪百千万人才工程国家级人选及全国杰出专业技术人才和全国专业技术人才先进集体、第十一届中国青年科技奖候选人推荐、留学回国人员科技活动择优资助和高层次留学人员资助项目申报等工作。开展第三届中华农业英才奖评选表彰活动，10名农业科技英才获此殊荣。开展新中国成立60周年“三农”模范人物评选表彰活动，100名作出突出贡献的农业农村人才受到表彰。二是科技人才培养工作有序推进。按照中组部的统一部署，选派7名后备干部作为“博士服务团”成员赴西部地区锻炼服务。完成第五批“西部之光”访问学者培养工作，接收第六批西部学者来农业部访问研修。加强科技创新团队建设，中国农业科学院遴选确定了90个研究所级重点科技创新团队；中国水产科学研究院进一步完善院首席科学家选拔、评聘、考核和管理办法，启动新一轮面向海内外公开招聘首席科学家工作。强化教育培训，举办了农业科技人才高级研修班，组织农业专家参加中组部、人力资源和社会保障部举办的高级专家研修班。各行业司局围绕中心工作大力开展业务培训，实施了1 000多个继续教育项目，参训人员达7万多人次。派遣17个团组共260名高层次科技人才赴国外培训，派遣20名基层农技人员赴美国、日本研修。三是确定了海外高层次人才引进目标。认真贯彻落实中央关于加快实施“千人计划”的精神，制定海外高层次人才引进方案，提出5 ～ 10年内引进10名领军人才，30名学科带头人和50名优秀学术骨干，建立1 ～ 2个海外高层次人才创新创业基地的工作目标。四是组织农业科技人才服务社会主义新农村建设。按照中央的部署，与中组部、发改委等8部门一起，组织大批院士专家，就应对国际金融危机影响、破解“三农”难题赴部分省市区开展咨询服务活动发挥院士专家的专业优势、技术优势和信息优势。通过考察了解和科技对接，实现了在提供科学决策咨询上取得实效，在帮助企业解决技术难题上取得实效，在促进科技兴农、人才强农上取得实效，在推动科技进步、科技创新上取得实效，受到各方面的好评。

（三）农业经营管理人才队伍建设有序开展　一是加大农民专业合作社人才培养。农业部举办了3期培训班，培训500多名专业合作社辅导员；指导各地开展了35万名专业合作社辅导员、合作社理事会、监事会成员、会计人员培训。举办“农超对接”培训班，共培训100多名合作社骨干人才。二是加大农业产业化龙头企业经营人才培养。依托各级农业经营管理部门，举办了1期农业产业化龙头企业厂长经理培训班，培训近400名龙头企业管理人员。三是加大乡镇企业经营人才培养。认真组织实施《全国乡镇企业蓝色证书培训工程规划》，以企业自主培训为主，重点加强乡镇企业经营管理者的经营管理能力建设，提高经营管理水平。

（四）农业高技能人才队伍建设深入推进　一是继续探索高技能人才培养新机制。深入开展“金蓝领计划”试点工作，召开“金蓝领计划”试点工作座谈会，认真总结首批试点工作经验，将试点范围扩大到42个鉴定站，做到了8个农业行业全覆盖。二是加强鉴定体系建设。组织实施第二期鉴定体系建设项目（2008—2010年），投入2 500万元继续改善基层鉴定站鉴定条件。三是强化高技能人才培养基础工作。组织专家制（修）订了农业实验工等10项农业行业国家职业标准、草坪建植工等4套农业职业技能培训教材和绿化工等6个职业的国家试题库。

（五）以贯彻执行干部选拔任用工作政策法规为重点，大力加强农业部系统领导班子和干部队伍建设 一是积极推进干部人事制度改革。印发了《司处级干部任职前人事劳动司听取纪检监察部门意见试行办法》，印发了《农业部干部年度考核工作规定》，着手修订《农业部管理的干部职务名称表》、《农业部部管干部管理办法》、《农业部干部交流工作暂行规定》，着手修订《农业部干部培训管理办法》、《关于进一步加强部机关公务员到基层实践锻炼工作的意见》、《农业部干部选拔任用工作"一报告两评议"实施细则》、《农业部干部选拔任用工作离任检查操作规程》。二是加强干部教育培训。举办各类培训班14个，培训1 151人次；选派一批干部参加中组部、中央党校、国家行政学院及三所干部学院举办的各类培训班；与英语专业培训机构合作举办英语业余学习班。三是加大干部锻炼培养力度，拓宽渠道选派干部赴定点扶贫地区、安徽、重庆、贵州、山东及部属单位挂职锻炼；启动青年公务员到信访岗位学习锻炼工作；推荐干部赴国家信访局挂职锻炼；选派第六批援藏、第一批援青干部。

农业行政能力建设

2009年，农业部按照建设服务政府、责任政府、法治政府和廉洁政府的要求，深化农业行政管理体制改革，着力转变职能、理顺关系、优化结构、提高效能，加强制度建设，创新管理机制。稳步推进事业单位改革，明确功能定位，优化结构布局，强化支撑服务体系建设，不断提高农业公共服务水平。加强农业社团的建设和管理，引导社团围绕中心，服务大局，充分发挥其在农业农村经济发展中的作用。

（一）继续深化农业行政管理体制改革 按照党的十七大和十七届三中全会精神，推行机构改革，创新运行机制，健全农业公共服务机构，农业行政能力进一步增强。

1. 探索建立大部门体制。在新一轮机构改革中，地方政府加强了农业和农村工作综合管理机构建设，在实行大部门体制方面进行了有益探索。北京、天津、江苏等10省市设立了农村工作委员会或农业委员会，将原来独立设置的农业、乡镇企业、畜牧兽医、农机等机构进行整合，相关职责划入农业委员会。黑龙江、山西等省将扶贫开发机构并入农委（农业厅）或调整为农委（农业厅）管理的机构；陕西、重庆等省市将农业综合开发机构并入农委（农业厅）；辽宁将省粮食局的职责整合划入农委，不再保留省粮食局。这些改革加强了对农业农村经济的宏观管理，理顺了关系，减少了农口部门内部的交叉，整合了资源，增强了统筹协调"三农"工作的力度。

2. 农业公共服务能力进一步增强。按照中央关于3年内在全国普遍健全乡镇或区域性农业技术推广、动植物疫病防控、农产品质量监管等公共服务机构的要求，切实加强农业公共服务能力建设，明确职责、健全队伍、完善机制。截至2009年底，农技推广改革基本完成县（市、区）1 626个，县及县以下农技推广机构共10.95万个，基层农技人员71.28万人。全国基层农技推广体系改革与建设工作呈现良好的发展态势。省级兽医管理体制改革基本完成，完善了兽医行政管理、动物卫生监督和动物疫病预防控制工作体系。90%左右的地市和县区完成兽医管理体制改革，基层按乡镇或区域设置的畜牧兽医站达34 196个，村级动物防疫员网络初步建立，现有防疫员64.5万人。农产品质量安全监管机构建设取得积极进展，目前有22个省、64个地市和139个县农业部门成立农产品质量安全监管专门机构，部分乡镇也建立了基层农产品质量安全监管机构。农产品质量安全检验检测体系逐步完善，目前已建设各级质检机构2 200多个，检测人员达2万多名。

3. 稳步推进决策、执行、监督既相互制约又相互协调的运行机制。在保留现有机构行政许可、行政监管等职能的基础上，相对集中行政处罚职能，积极推动农业综合执法。截至2009年底，全国已有30个省、197个市和1 840个县开展了农业综合执法工作，县级农业综合执法覆盖率占应建比例的75%。机构性质属于行政机构或者全额拨款事业单位的比例为93.5%。地方各级农业综合执法机构实有在岗人员21 486人，其中，具有大专以上学历的执法人员有15 028人，公务员和参照公务员法管理的有5 380人，人员素质和执法水平进一步提高。

4. 履职能力进一步增强。围绕转变职能，进一步理顺职责关系，明确责任。组织各司局对本单位“三定”的执行情况进行评估，对机构、职能、人员、运行机制、工作手段等情况进行了总结和梳理，提出了完善“三定”规定和深化农业行政管理体制改革的有关建议，形成了《农业部“三定”规定执行情况自评报告》。针对农产品质量安全监管工作中存在的问题，进一步明确农产品质量安全风险评估、标准制修订、投入品监管、生产过程控制、监督抽查等环节的职责分工，健全信息通报制度、抽检与执法联动制度、责任追究制度。印发了《农业部办公厅关于进一步加强农产品质量安全监管工作的意见》。

（二）稳步推进事业单位改革，加强支撑体系建设 根据国家对事业单位改革的统一部署，适应农业农村经济形势的发展要求，积极稳妥地推进事业单位改革。一是开展事业单位分类改革研究。进一步了解地方事业单位改革情况和目前存在的问题，深入开展部属事业单位分类改革研究。完成中编办委托的《关于如何处理好事业单位改革、发展和稳定关系问题》课题研究报告。二是理顺事业单位职能，优化机构设置。进一步理顺部属事业单位的职能，努力建立起与我部行政职能相协调、符合事业单位改革方向和发展要求的部属事业单位组织体系。三是进一步加强海上渔政管理工作。开展南海渔政管理问题研究，增强了海上渔政执法工作力量。四是深化事业单位人事制度改革。深入推行聘用制，全面实施岗位管理制度，完善公开招聘、辞聘解聘制度。规范聘用合同管理，进一步提高制度化和规范化水平。

（三）加强对社团的管理与扶持，提升社团服务水平 进一步规范社团管理，加大对农业社团的扶持力度，引导农业社团充分发挥在农业农村经济发展中的重要作用。一是加强农产品行业协会发展研究。针对我国农业生产经营规模小，组织化程度低，产加销脱节和中介组织发育滞后等问题，探索发展农产品行业协会的有效途径。二是加大对农业社团的引导扶持力度。把农业社团作为推动农业农村工作的重要依托力量，重要政策制定吸纳社团参与调研，重大工作部署征求社团意见，重要会议吸取社团参加，重要工作任务通过购买服务方式委托社团承担。三是提高社团管理的规范化水平。开展社团管理办法修订工作，举办了农业部社团管理工作培训班。组织相关社团参加全国性行业协会和民办非企业评估工作。四是开展新社会组织学习实践科学发展观活动。组织社团查摆问题，理清思路，明确目标，完善制度，规范行为，落实措施，切实加强社团党组织建设和服务能力建设，提升了农业社团服务“三农”工作的能力和水平。

农业灾害

2009年我国大部地区气温偏高，农业气象灾害多发重发，由于灾情主要发生在粮食主产区和作物生长发育的关键期，给农业特别是粮食生产带来严重影响。

（一）农业气象灾害 受全球气候变化影响，2009年我国大部地区气温偏高，农业气象灾害多发重发，由于灾情主要发生在粮食主产区和作物生长发育的关键期，给农业特别是粮食生产带来严重影响。据统计，2009年全国农作物因气象灾害受灾面积47 213.7千公顷，比上年增加7 223.7千公顷；成灾21 234.3千公顷，减少1 049.2千公顷；绝收4 917.5千公顷，增加885.3千公顷（图22、图23）。因气象灾害损失粮食5 535万吨，增加2 500万吨。

1. 干旱偏重发生。2009年全国农作物因干旱受灾面积29 258.7公顷，其中成灾13 197.1公顷，绝收3 268.8公顷。分别比上年增加17 121.9公顷、6 399.5公顷和2 457公顷，因干旱损失粮食3 330万吨，比上年增加2 520万吨。

2. 台风登陆数量较常年偏多。2009年共有9个热带风暴或台风相继登陆我国，较常年偏

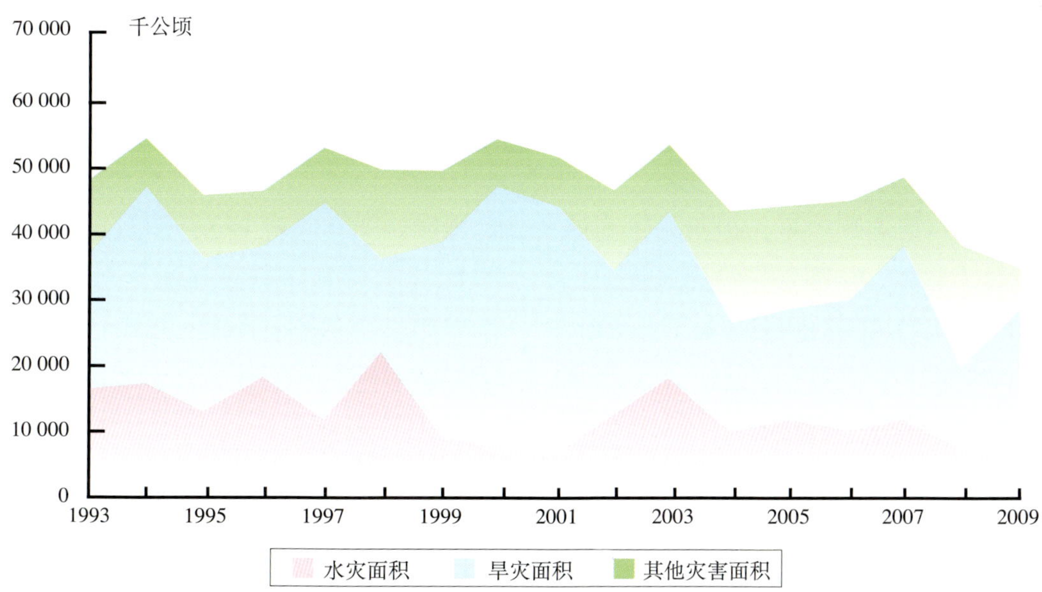

图22　1993—2009年农业受灾面积变动情况

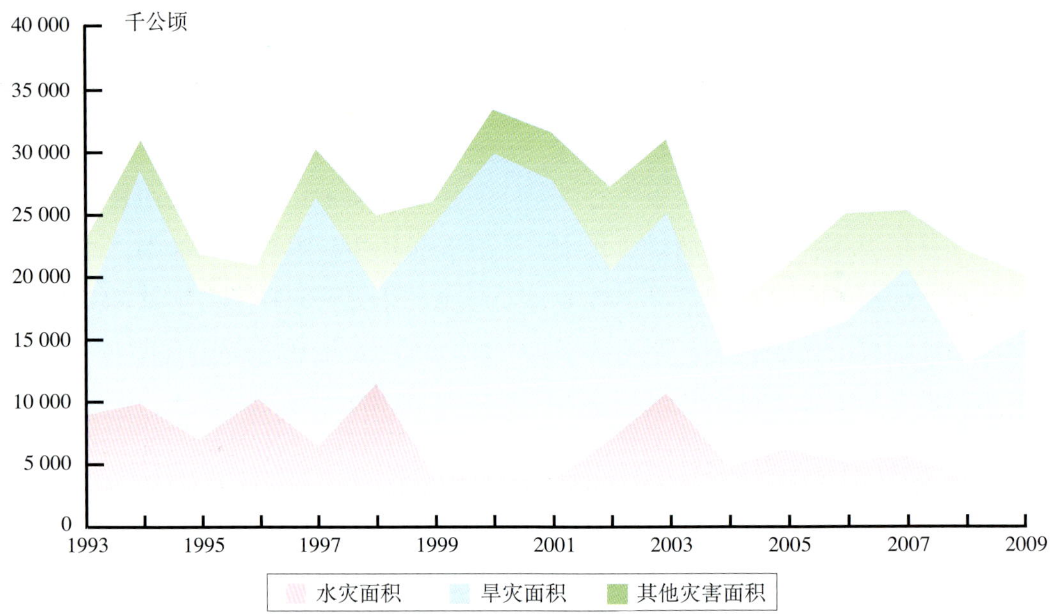

图23 1993—2009年农业成灾面积变动情况

多2个。全国农作物因台风受灾面积1 145.7千公顷，其中成灾478.8千公顷，绝收81千公顷，分别比上年减少1 164.5千公顷、460.7千公顷和64.4千公顷。

3. 洪涝灾害造成一定损失。2009年全国农作物因洪涝受灾7 612.9千公顷，比上年增加1 136.4千公顷，其中成灾3 162千公顷，比上年减少493.6千公顷；绝收779.5千公顷，比上年增加23.5千公顷。

4. 部分地区风雹影响严重。2009年全国风雹灾害发生较为频繁。全国农作物因风雹受灾面积5 493.1千公顷，其中成灾2 944.1千公顷，绝收534.5千公顷；分别比上年增加1 313.3千公顷、821千公顷和59.8千公顷。

5. 低温冻害总体偏轻。全国农作物因低温冻害受灾面积3 672.5千公顷，其中成灾1 445.6千公顷，绝收252千公顷，分别比上年减少11 023.1千公顷、7 273.6千公顷和1 304.7千公顷。

（二）农作物病虫草鼠害 2009年全国农作物病虫草鼠害发生面积485 166.07千公顷次，造成粮食损失2 103万吨，损失棉花48.01万吨。全年累计防治面积560 640.24千公顷次，通过防治挽回粮食损失10 375.06万吨，挽回棉花损失195.47万吨。

1. 蝗虫。2009年全国蝗虫发生危害面积5 370.99千公顷次，其中东亚飞蝗1 384.97千公顷次，亚洲飞蝗143.79千公顷次，西藏飞蝗77.62千公顷次，农区土蝗3 764.61千公顷次。全年防治蝗虫面积3 339.73千公顷次，其中东亚飞蝗1 224.18千公顷次，亚洲飞蝗149.43千公顷次，西藏飞蝗39.79千公顷次，农区土蝗1 926.33千公顷次。飞蝗防治效果达到90%以上，土蝗防治效果达到85%以上。

2. 小麦病虫害。2009年小麦病虫害发生面积69 208.27千公顷次，比上年增加5 095.66千公顷次，造成小麦损失486.36万吨。全年防治面积74 381.61千公顷次，挽回小麦损失2 135.95万吨。其中，小麦条锈病发生3 713.85千公顷次，比上年增加1 905.78千公顷次。防治小麦条锈病5 271.98千公顷次，挽回小麦损失107.92万吨。

3.水稻病虫害。2009年全国水稻病虫害发生107 424.68千公顷次，比上年减少6 444.10千公顷次，造成稻谷损失512.82万吨。全年水稻重大病虫害防治面积共计164 450.52千公顷次，挽回粮食损失3 886.31万吨。

稻飞虱、水稻螟虫、稻纵卷叶螟、稻瘟病、纹枯病等"三虫二病"发生面积达到90 854.65千公顷次，造成稻谷产量损失434.52万吨。其中，稻飞虱发生面积29 164.33千公顷次；稻纵卷叶螟发生面积20 905.27千公顷次；二化螟发生面积14 556.00千公顷次；三化螟发生面积2 295.55千公顷次；大螟发生面积1 491.25千公顷次，稻瘟病发生面积4 622.07千公顷次；纹枯病发生面积17 820.18千公顷次。

4.玉米病虫害。2009年全国玉米病虫害发生面积63 535.83千公顷次，造成玉米损失435.49万吨。其中玉米大小斑病发生6 155.09千公顷次，玉米螟19 670.98千公顷次，玉米丝黑穗病2 166.98千公顷次。全年防治玉米病虫害51 934.15千公顷次，挽回玉米损失1 179.69万吨。

5.棉花病虫害。2009年全国发生面积24 771.60千公顷次，造成棉花损失43.04万吨。其中棉铃虫发生面积5 456.16千公顷次，比上年减少1 403.07千公顷次。全年防治棉花病虫33 616.59千公顷次，挽回棉花损失169.45万吨。

6.农田鼠害。2009年全国农田鼠害发生26 890.96千公顷，造成粮食损失184.19万吨，农田鼠害防治面积达到20 382.66千公顷，占发生面积的75.8%，挽回田间粮食损失465.82万吨。

7.农田草害。2009年农田草害发生88 884.88千公顷，比上年增加了5 309.34千公顷。防治面积91 179.49千公顷，比上年增加了5 345.78千公顷。化学除草面积增加较快。

（三）畜牧业灾害

1.寒潮冰雪灾害。2009年入冬以后，新疆、内蒙古等部分地区连续遭遇寒潮和强降雪天气，给当地畜牧业生产带来严重影响。截至2010年3月5日，草原牧区共有120多个县（市、旗、团场）的330多万人受灾，倒塌和损毁圈舍137万平方米，因灾死亡大小牲畜28.4万头只，畜牧业直接经济损失7.3亿元。灾情对后期家畜安全度春还将产生一定影响。

2.草原火灾。2009年，全国共发生草原火灾192起，其中草原火警175起，一般草原火灾14起，重大草原火灾1起，特大草原火灾2起，牲畜损失372只，无人员伤亡。火灾受害草原面积24 795.4公顷。与前7年的平均水平相比，草原火灾次数下降51%，受害草原面积减少42%。

3.草原鼠虫病害。2009年全国累计草原虫害危害面积20 762千公顷，危害严重的主要种类是草原蝗虫、草原毛虫和草地螟等，危害面积总计17 589千公顷，占全国草原虫害危害面积84.7%。其中草原蝗虫危害面积13 529千公顷，草地螟危害面积1 820千公顷。2009年草原虫害总体危害程度较2008年减轻，危害面积减少23.1%。2009年全国草原鼠害危害面积40 872千公顷，比上年增加11.2%。其中青海、内蒙古、西藏、甘肃、新疆、四川等6省（区）草原鼠害害面积占全国危害面积的88.2%。

（四）动物疫病 2009年，全国重大动物疫情形势总体保持平稳，重大动物疫病流行强度明显减弱，发病频次大幅降低，经济损失明显减少，实现了连续3年疫情大幅度下降。

1.高致病性禽流感疫情。2009年，新疆、西藏发生2起家禽疫情，发病禽2 830只，死亡2 019只，扑杀1.5万只；青海省海南州更尕海地区发生1起候鸟疫情，死亡候鸟273只，扑杀受威胁区散养家禽23 693只，候鸟疫情迅速得到控制和扑灭，没有感染到家禽和人。

2.亚洲I型口蹄疫疫情。2009年，内蒙古、湖南、广西、四川、贵州、陕西、新疆等7个省份发生8起亚洲I型口蹄疫疫情，发病牛217头，死亡12头，扑杀牲畜918头。

3.新发A型口蹄疫疫情。2009年，上海、湖北、江苏、广西、贵州、山东、新疆等7个省份发生7起A型口蹄疫疫情，发病牲畜572头，扑杀12 847头只。

4.高致病性猪蓝耳病疫情。2009年，山西、湖北、湖南、西藏、江西、甘肃、广东等7个省份发生高致病性猪蓝耳病疫情，疫情县13个，疫点14个，发病猪8 779头，死亡3 459头，扑杀9 248头。

（五）渔业灾害 据统计，2009年各类自然灾害共造成水产品损失116万吨，受灾养殖面积86.4万公顷，直接经济损失152亿元。其中，汛期的台风暴雨灾害造成水产品损失40.3万吨，受灾养殖面积212.7千公顷，死亡、失踪29人，直接经济损失98亿元。

农业可持续发展

（一）农村清洁工程示范进展顺利 2009年，中央安排1 032.5万元财政经费，重点支持湖南、湖北、安徽、四川、重庆等17个省（直辖市）的112个村实施农村清洁工程试点示范。建设重点是将人畜粪便、生活垃圾和污水、作物秸秆进行无害化处理和资源化利用。示范区共建设生态拦截沟1.79万米、农村废弃物发酵处理池1 507个、生活污水净化处理池2 653个、村内管网建设20.6万米、垃圾分类收集设施购置14 557户、农村物业服务站123个。通过项目实施，有效防治了农业面源污染，示范区村容村貌发生根本性变化。

（二）农产品产地污染防治得到进一步加强 组织了全国农产品产地安全调查和重点区域环境污染监测工作，专门印发了《关于进一步加强农产品产地环境安全管理的通知》。开展了农产品产地安全划分试点，制定了《农产品产地安全质量等级划分指南》等相关技术规程和标准，在局部地区了开展农产品产地安全划分试点，为农产品禁止生产区划分奠定了基础。建立了农产品产地重金属污染监测与治理修复标准体系，对科学规范农产品产地土壤污染监测技术，准确评估基本农田环境质量、保障农产品产地安全等发挥了重要作用。开展了农产品产地重金属污染修复与治理研究，在“十一五”科技支撑计划、公益性农业行业科研专项中，专门安排了农田污染综合防控和污染农田修复等技术研究与示范，将为全面提升农产品产地环境质量提供科技支撑与示范样板。

（三）农业污染源普查取得重要成果　历时两年多的第一次全国污染源普查工作圆满结束，结果显示：农业源污染物排放中，化学需氧量排放量为1 324.09万吨，占化学需氧量排放总量的43.7%；总氮、总磷排放量分别为270.46万吨、28.47万吨，分别占总量的57.2%、67.4%。农业源污染中畜禽养殖业污染问题比较突出。农业部将进一步将推进畜禽粪便的资源化利用，防治养殖污染；加快转变农业生产和农民生活方式，充分资源化利用农村废弃物，努力提高化肥农药利用率，防治农田流失污染。

（四）农业生物资源保护步伐不断加快　2009年，农业部组织各省（自治区、直辖市）农业部门对黄芪、蒙古口蘑（白蘑）、柱筒枸杞、小米椒、苦丁茶、兰科（所有属所有种）、百合科百合属（所有种）等143个物种进行了系统调查，共发现2 028个分布点，并进行了GPS定位。在全面调查的基础上，分别对野生稻、野生大豆、小麦野生近缘植物、野生茶树、野生桑树、野生苎麻和野生柑橘类植物13个物种进行了抢救性收集，共收集各类资源1 311份（次），妥善保存于国家种质库或种质圃中。经对已收集的野生稻、野生大豆分别进行农艺性状、抗虫性和抗病性鉴定，发现了具有耐热性和稻飞虱、白叶枯、稻瘟病抗性的野生稻材料，以及具有极强的耐湿性和耐寒性的野生大豆材料，这些优异资源为新基因发掘奠定了良好的基础。

（五）外来入侵生物防治扎实推进　2009年度农业部继续在全国17个省市开展刺萼龙葵、水花生、黄顶菊、薇甘菊、福寿螺等15种重大危险农业外来入侵生物灭毒除害、技术示范推广行动，共铲除（防治）外来入侵生物240万公顷；完成紫茎泽兰等18种重大入侵生物全国普查，完善全国外来入侵生物数据库；制定了黄顶菊、薇甘菊等10种外来入侵生物监测预警技术规程，进一步提高了外来入侵生物管理防治水平。

（六）大力普及农村沼气　进一步加大农村沼气工程建设投入，提高补助标准，农村沼气建设取得重大进展。2009年中央农村沼气投资52亿元，全国新增沼气用户500万户，累计已达到3 507万户，建成处理农业废弃物沼气工程5.65万处。农村沼气年产气量130亿立方米，使用沼气相当于替代2 160万吨标准煤，年可为农户直接增收节支170亿元。同时，中央投资7亿元补助建设沼气乡村服务网点，促进了以县级服务站为支撑、村级服务网点为基础、农民沼气服务人员为骨干的沼气服务体系建设。

（七）积极推进秸秆综合利用　2009年，农业部组织开展了全国农作物秸秆资源调查与评价工作，发放并回收调查问卷10万余份，31个省区市（除上海市和西藏自治区外）全部完成了秸秆资源调查与评价工作，基本摸清了我国秸秆资源量、分布与利用现状。采取疏堵结合等方式，加快秸秆能源化、饲料化、肥料化等的综合利用。到2009年底，已建设秸秆养畜示范县53个，全国经过青贮氨化处理的秸秆占秸秆总量的比重提高到20%左右，小麦、玉米、水稻等主要农作物秸秆机械化还田面积达到20 000千公顷以上。在坚持优先满足农业和畜牧业需要的同时，加强了秸秆气化、固化成型、秸秆沼气等新型能源利用开发，已推广秸秆沼气集中供气159处，秸秆气化集中供气

（煤气）888处，秸秆固化成型259处，秸秆炭化40处。

农业国际合作与交流

2009年，农业部进一步完善农业合作机制，与有关国家或国际组织的合作不断深化，对外承诺得到切实履行，农业援外工作取得积极进展，农业国际地位和影响力显著提升。

（一）农业合作机制进一步完善 截至2009年，农业部共与86个国家农业部门签署了134个有关农业合作的文件。其中，2009年，签署了《中华人民共和国农业部和美利坚合众国农业部农业及相关领域合作谅解备忘录》、《中华人民共和国农业部和厄立特里亚国农业部关于农业开发合作的议定书》、《中华人民共和国农业部与哈萨克斯坦共和国农业部农业合作谅解备忘录》、《中华人民共和国农业部与乌兹别克斯坦共和国农业与水利部关于农业合作谅解备忘录》、《中华人民共和国农业部与斯洛文尼亚共和国农林食品部关于农业合作的谅解备忘录》、《中华人民共和国农业部与立陶宛共和国农业部关于加强农业合作谅解备忘录》、《中华人民共和国农业部与拉脱维亚共和国农业部农业合作协议》、《中华人民共和国农业部与罗马尼亚农业林业及乡村发展部农业合作协议》、《中华人民共和国农业部与阿根廷共和国农牧渔业食品国务秘书处农业合作谅解备忘录》、《中华人民共和国农业部与巴巴多斯农业部关于农业合作的谅解备忘录》、《中华人民共和国农业部与巴哈马国农业与海洋资源部关于农业合作的谅解备忘录》等。上述合作文件的签署，对促进我国农业对外交往，巩固和完善多双边农业合作机制和经贸关系发挥了重要作用。

（二）农业援外取得积极进展 “南南合作”项目进展顺利，完成了向联合国粮农组织捐赠3 000万美元设立信托基金总协定的谈判与签署，2009年度向联合国粮农组织捐款1 000万美元，并完成对蒙古国实施第一个信托基金项目的谈判工作。中国—加蓬项目、中国—塞拉利昂项目实施完毕，中国—安哥拉项目完成了《三方协议》的磋商工作。随着我国“南南合作”项目的成效逐步显现，影响逐渐辐射到受援国周遍地区。马里、马拉维、塞拉利昂等国纷纷就开展“南南合作”与我国进行交流与磋商；继续推进境外农业技术示范。先后在柬埔寨、老挝、缅甸、越南、菲律宾、塞拉利昂、俄罗斯和委内瑞拉等8个国家建立了农业技术示范项目。落实亚洲粮食综合生产能力提升行动计划，启动优质高产农作物示范田建设，支持我国12家种子企业在柬埔寨、印度尼西亚、越南等国示范种植作物品种50个，带动良种出口850吨；积极开展对外农业技术培训，先后为亚洲、非洲、南美洲以及南太平洋岛国等有关发展中国家举办了20多个农业技术培训班，受训人员400多人。此外，通过世界粮食计划署向津巴布韦提供500万美元的紧急粮援，这是中国首次将双边渠道援助通过世界粮食计划署多边渠道执行。上述项目的实施，对于促进合作国家发展农业生产，提升粮食安全水平发挥了积极作用。

（三）农业外资利用成绩突出 2009年，农业部利用多双边机制积极引进资金、技术，在国际援助日趋减少的情况下，主动开拓新的合作渠道，争取到中国可再生能源—生物质优化利用技术援助项目、中国—欧盟农业生态补偿政策研究项目、中国农业投资政策亚行技援项目以及联合国粮农组织技术合作项目，并与拜耳作物科学（中国）有限公司签署了《关于共同实施农业可持续发展合作项目的议定书》，项目资金折合人民币共计1.2亿元。继续执行中国—加拿大动物健康推广服务项目，为西部省区培训近2 000名基层兽医管理和技术人员，增加项目点农民收入，确保项目资金充分发挥作用。通过实施中国—德国废弃农药处理、现代农业示范、中国—法国肉牛研究与发展中心等项目，引进德国寒地保护性耕作技术、法国肉牛生产全程质量安全追溯系统保障技术。通过中国—波兰农业科技中心引进波兰优质种质资源87份。我国与联合国粮农组织实施的四川省地震灾害农业生计恢复紧急援助项目完成了所有项目活动，为当地农民恢复生产和增收提供了有力支撑，有效配合了灾区恢复重建工作。

（四）推动农产品贸易发展 金融危机发生后，我国农产品对外贸易整体环境趋紧，农产品进出口贸易出现入世以来的首次下滑，优势农产品出口受阻，对主要市场出口规模严重萎缩，部分大宗产品进口大幅增加，进口压力不断加大。2009年，农业部注重加强农产品进出口宏观调控，与有关部门一道共同推动出台了提高优势农产品出口退税率、减免出口农产品检验检测费用、取消大豆和小麦等粮食产品出口关税的政策措施。同时，加强农产品国际贸易促进工作，通过中国农产品国际交易会、中国国际渔业博览会等国家级展会平台，带动各地的农业贸易促进工作。通过各地、各部门共同努力，2009年我国农产品进出口降幅逐步收窄，回升势头良好，为宏观经济尽早企稳向好作出了积极贡献。

2009年

农业和农村政策

2009年农业和农村政策

总体评价

2009年，党中央、国务院坚持把保持农业农村经济平稳较快发展作为首要任务，作为应对国际金融危机，实现整个国民经济平稳较快发展的基础支撑。继续大幅度增加农业农村投入，进一步强化各项惠农政策。各地区、各部门认真贯彻中央决策部署，落实各项政策措施，围绕稳粮、增收、强基础、重民生，积极推进改革创新，千方百计保证国家粮食安全和主要农产品有效供给，千方百计促进农民收入持续增长，努力促进农村各项社会事业发展，扎实推进社会主义新农村建设。

2009年，中央把“三农”作为扩大内需、实施积极财政政策的投入重点，进一步增加农业农村投入，加大对农业的支持保护力度。中央财政共安排“三农”支出7 253亿元，比上年增长21.8%。其中“四补贴”资金达到1 274.5亿元，比上年增长23.7%。此外，安排畜禽养殖、畜禽良种补贴、生猪大县奖励、能繁母猪保险等资金，用于扶持生猪、奶业等农业生产发展，政策效果明显。粮食生产实现连续六年增产，其他主要农产品稳步增长。减轻农民负担工作得到进一步加强，重点治理深入开展，减负形势总体平稳，农村干群关系明显改善。

农村土地承包关系保持稳定，土地承包经营权登记试点工作稳步开展，土地流转平稳健康，农民土地承包经营权得到维护；农村集体资金资产资源管理制度建设得到加强，农村集体经济组织产权制度改革稳步推进，农村集体财会管理规范开展，会计委托代理制度覆盖面不断扩展。

农村综合改革取得新进展，农村金融改革进一步深化。2009年，乡镇机构改革取得重要进展，农村义务教育改革成效显著，县乡财政管理体制改革进一步深化，集体林权制度改革全面推进，清理化解农村义务教育债务工作取得新突破，村级组织运转经费保障机制初步建立。农村信用社改革继续深化，农业银行服务“三农”能力加强，农业发展银行政策性支农作用明显，农村中小金融机构发展迅速，农村金融支农服务能力进一步增强，农户获取金融服务显著增长。

粮食流通体制改革继续深化，基层农技推广体系改革取得积极进展，兽医管理体制改革继续推进，推动农民专业合作社发展力度加大。2009年，粮食宏观调控效果明显，国有粮食企业改革和发展步伐加快，粮食流通现代化水平进一步提高，粮食依法行政服务能力不断加强；基层农技推广管理体制和运行机制进一步创新，财政保障得到强化；乡镇兽医站改革继续深化，基层防疫队伍建设得到加强，新型兽医制度建设取得进展；农民专业合作社法制建设进程加快，扶持政策继续强化，合作社建设扶持力度加大。

农村劳动力转移政策不断完善。在国际金融危机影响加深，农村劳动力转移就业形势十分严峻的情况下，中央采取切实措施，对农民工就业工作做出专门部署，加大就业培训和服务力度，加强劳动合同管理，切实维护农民工合法权益，改善农民工就业环境，有效缓解了农民工就业问题。

2009年，农业法制建设深入推进，农业执法水平进一步提高。人大常委会审议通过了《农村土地承包经营纠纷调解仲裁法》，国务院发布了《农业机械安全监督管理条例》，农业部发布了《水生生物增殖放流管理规定》。农业综合执法体系建设加快，行政审批综合办公制度进一步健全，业务范围继续扩大，农业执法监督力度加大，执法人员业务素质和办案水平进一步提高。

扶持农业生产发展

（一）扶持生猪生产发展政策 2009年中央继续加大对生猪生产发展的扶持力度。2009年1月，国家发改委会同农业部等六部委联合出台了《防止生猪价格过度下跌预案》（暂行），以建立保障生猪生产稳定发展的长效机制，防止生猪价格过度下跌，稳定生猪生产，维护生猪养殖户利益。一是中央财政安排6.5亿元对全国400个县的1 625万头能繁母猪实施良种补贴，加快品种改良。二是安排21亿元对国家生猪调出大县进行奖励，惠及全国29个省区352个县。三是安排25亿元用于推行生猪标准化规模养殖（场）小区建设。四是继续实施能繁母猪保险，共安排19.5亿元。

（二）扶持奶业生产发展政策 一是安排2.6亿元用于奶牛良种补贴，对全国902万头能繁奶牛进行补贴。二是安排0.2 亿元用于奶牛生产性能测定，在项目区为养殖场（户）和小区提供奶牛生产性能测定，指导养殖者科学管理牛群，提高饲养管理水平和经济效益，完善奶牛生产性能测定数据库，组织开展奶牛良种登记和种公牛后裔测定工作，共计补贴26万头奶牛。三是安排5亿元用于提高奶牛标准化规模养殖水平，促进奶业生产稳定发展，保障市场供应，惠及全国25个省（直辖市、自治区）和新疆生产建设兵团共809个养殖小区（场）。四是安排13.2亿元实施奶牛保险。五是安排2.19亿元开展生鲜乳收购站机械设备购置补贴，共补贴生鲜乳收购站机械设备9 942台

（套），其中挤奶机7 508台，储奶罐及运输奶罐1 934个。

（三）扶持其他畜禽品种生产发展政策 一是实施畜禽良种工程，2009年中央安排2亿元，支持124个畜禽原良种场、资源保护场的良种繁育体系建设。二是加强畜禽遗传资源保护，投入资金0.328亿元。三是安排0.2亿元对河南、四川等10个肉牛主产区200万头能繁肉牛实施冻精补贴。四是安排0.6亿元对内蒙古、新疆等9个绵羊主产区7.5万只种公羊进行补贴。

（四）加强畜禽市场分析预警 《国务院关于促进畜牧业持续健康发展的意见》明确要求做好畜牧业信息发布工作，强调要“建立健全畜牧业信息收集、分析和发布制度，加快完善畜牧数据统计平台，提高行业数据统计的及时性和准确性。加强对畜牧业生产的监测预警，及时发布市场信息，指导生产者合理安排生产，促进畜产品的均衡上市，防止畜产品价格大起大落”。一是安排资金0.28亿元，实施“百场（厂）千村万户”监测计划，对生猪、奶牛和肉牛监测点的生产、价格情况实施监测。二是安排资金0.1亿元，对蛋鸡生鲜乳生产和收购等市场信息进行分析发布。

（五）加强草原保护建设工作 2009年，中央“一号文件”从扩大退牧还草工程实施范围、加强人工饲草地和灌溉草场建设、启动生态效益补偿试点、加强草原防火预警体系和基础设施建设、加快落实完善草原承包经营制度等方面明确了政策支持。一是继续实施退牧还草工程，安排15亿元用于草原围栏建设和退化草原补播改良。二是全面启动了游牧民定居工程，安排中央投资20亿元，在西藏、内蒙古、新疆、四川、青海、甘肃、云南等省建设游牧民定居房屋及配套的牲畜棚圈、贮草棚及饮水设施，全国已累计安排13万户游牧民定居，占全国游牧民总户数的26%。三是启动草原生态补偿试点工作，中央财政投入资金2亿元，在西藏那曲、日喀则和阿里地区的5个县进行试点，共涉及草原面积近13 333.33千公顷。四是增强草原防灾减灾能力，2009年，中央财政安排1.2亿元用于鼠虫害防治，在全国防治草原虫害5 168.7千公顷；防治鼠害6 986.67千公顷。据测算，仅减少牧草损失一项，挽回经济损失约10.4亿元。安排0.7亿元用于防火隔离带和防火物资库建设，2009年，全国共发生草原火灾192起，与上年相比，减少59起。

（六）加强饲料质量安全监管 2009年安排资金0.28亿元用于饲料质量安全监管、防范疯牛病和饲料中兽药及违禁药物监测。饲料产品供应稳定，质量稳步提升，为保障畜产品有效供给创造了条件，为促进畜牧业平稳较快发展做出了重要贡献。

（七）加强防灾减灾 2009年农业灾害重发频发。各级政府、农业部门切实加大防灾抗灾救灾力度，强化指导和服务，推进科学抗灾，努力减轻灾害损失。特别是在应对北方冬麦区冬春连旱、东北部分地区高温伏旱两场硬仗中，农业部门在旱象露头之际，即紧急部署抗旱工作，先后向重灾区派出65个救灾工作组和专家指导组，提出因地制宜、分类指导、水肥并进的科学抗旱技术路线，指导农民科学抗旱；农业部商财政部向28个省（自治区、直辖市）、黑龙江农垦、广东农垦和新疆生产建设兵团下拨农业生产救灾资金6批4.04亿元，支持灾区搞好灾后恢复生产，有效地将种植业特别是粮食因灾损失减少到最低程度。

增加农业补贴

（一）政策背景和主要内容 2009年，面对国际金融危机影响，国内经济增速放缓的不利形势，中央财政继续大幅增加农业补贴。主要政策内容包括以下几个方面：

1. 较大幅度增加农业补贴。中共中央国务院在《关于2009年促进农业稳定发展农民持续增收的若干意见》中明确指出，“2009年要在上年较大幅度增加补贴的基础上，进一步增加补贴资金。增加对种粮农民直接补贴。加大良种补贴力度，提高补贴标准，实现水稻、小麦、玉米、棉花全覆盖，扩大油菜和大豆良种补贴范围。大规模增加农机具购置补贴，将先进适用、技术成熟、安全可靠、节能环保、服务到位的农机具纳入补贴目录，补贴范围覆盖全国所有农牧业县（场），带动农机普及应用和农机工业发展。加大农资综合补贴力度，完善补贴动态调整机制，加强农业生产成本收益监测，根据农资价格上涨幅度和农作物实际播种面积，及时增加补贴。按照目标清晰、简便高效、有利于鼓励粮食生产的要求，完善农业补贴办法。根据新增农业补贴的实际情况，逐步加大对专业大户、家庭农场种粮补贴力度”。根据中央“一号文件”精神，国家扩大良种补贴范围和品种，启动马铃薯原种生产补贴试点、肉牛和绵羊良种补贴；大幅度增加农机购置补贴规模，规模扩大到130亿元，比上年增加90亿元，补贴范围覆盖全国所有农牧业县（场）；继续实施种粮直补、农资综合补贴、渔业柴油补贴。

2. 完善农资综合补贴动态调整机制。财政部、国家发展改革委、农业部联合印发了《关于进一步完善农资综合补贴动态调整机制的实施意见的通知》，决定从2009年开始实施农资综合补贴动态调制机制，按照“价补统筹、动态调整、只增不减”的基本原则，综合考虑当年化肥、柴油等主要农资价格上涨情况、粮食价格变化及国家财力情况，确定每年农资综合补贴的规模，合理弥补农民种粮的农资增支，保护农民利益，调动农民种粮积极性。根据《中央财政新增农资综合补贴资金集中用于粮食基础能力建设暂行管理办法》，2009年新增农资综合补贴集中用于粮食基础能力建设，主要用于：一是支持小型农田水利等基础设施建设，重点支持乡村毛渠等田间沟渠疏浚、灌排泵站等抗旱排涝设施建设，以及大棚育秧、粮食晾晒烘干等设施建设。二是支持种粮大户，对种粮大户农田水利等基础设施投入予以适当奖励，引导、支持种粮大户加大田间基础设施投入。三是支持推广深松整地等保护性耕作方式，东北三省和有条件省份，实施深松整地专项补贴。

3. 加大秋冬种生产补贴力度。为抓好秋冬种工作，国家进一步加大补贴政策力度，稳定秋冬种面积。继续实施良种补贴政策，调动农民种植小麦、油菜、马铃薯等秋冬种作物的积极性。小麦良种补贴继续覆盖所有种植区域。在长江流域10省（市）及河南、陕西部分地区继续实施油菜良种补贴。实施马铃薯原种生产补贴，对马铃薯原种繁育和原种扩繁两个环节进行补贴。增加农机具购置补贴，扩大补贴机具种类，完善补贴办法。继续实行粮食直补政策。按照国务院批准实施的农资综合补贴动态调整机制要求，进一步做好对种粮农民的农资综合补贴工作。另外，加大财政补贴力度，加强秋冬种科技服务，继续支持开展高产创建活动，实施土壤有机质提升和深松作业补贴，继续支持现代农业产业技术体系建设和基层农技推广体系改革，加强病虫害防治等。

此外，国家还积极探索建立草原生态补偿机制，在西藏启动了以草定畜奖励、薪柴替代补贴、实施牲畜电子耳标制度、建立草原生态监测制度等为主要内容的草原生态保护奖励机制试点。

（二）政策执行情况及效果评价

1. 补贴数量大幅增加，补贴范围明显扩大。2009年中央财政安排“三农”支出7 253亿元，比2008年增加1 298亿元，增幅达21.8%。其中“四补贴”资金1 274.5亿元，比2008年增加244.5亿元，增长23.7%。一是中央财政安排农作物良种补贴资金198.5亿元，比2008年增加75.1亿元，增长60.9%。良种补贴范围继续扩大，补贴品种进一步增加。水稻良种补贴继续覆盖全国所有水稻产区，全年早中晚水稻良种补贴总计65.7亿元。小麦、玉米、棉花首次实现全覆盖，良种补贴资金分别达到41.78亿元、58.96亿元、11.34亿元。大豆良种补贴9.84亿元，对黑龙江、吉林、辽宁、内蒙古东北4省区实行全覆盖。油菜良种补贴7.36亿元，基本覆盖长江流域各主产省。启动实施马铃薯原种补贴2亿元，微型薯补贴标准500元/亩，一、二级种薯补贴标准100元/亩，涉及内蒙古、黑龙江、重庆、四川、贵州、云南、青海、甘肃、宁夏等9个省（自治区、直辖市）。二是中央财政安排种粮直接补贴151亿元，农资综合补贴795亿元。三是中央财政安排农机具购置补贴130亿元，比2008年增加90亿元，拉动地方和农民投入360亿元，直接带动农机工业产值增加490亿元，拉动国内生产总值（GDP）增加约1 130亿元。另外，安排畜禽良种补贴9.9亿元。其中，生猪良种补贴6.5亿元，奶用能繁母牛补贴2.6亿元，肉用能繁母牛补贴0.2亿元，绵羊种公羊补贴0.6亿元。

2. 补贴机制不断完善。一是进一步完善管理办法。农业部、财政部在良种补贴、农机具购置补贴、测土配方施肥等重大财政转移支付项目实施过程中，充分放权地方，改变多年来下发项目实施方案的做法，改为项目实施指导意见。此外，将以往实施方案审批制改为备案制，减少了中间环节，财政资金下达时间提前，从执行效果看，各地反映较好。二是政策时效性进一步增强。为支持抗旱保收和春耕生产，2009年2月6日，财政部提前拨付农资综合补贴和粮食直补资金867亿元，其中，农资综合直补先按2008年规模提前拨付到省，资金规模716亿元，粮食直补继续按粮食风险基金的50%一次性全额下拨，资金规模151亿元。同时要求，旱情严重省份要力争一个月内将补贴资金全部兑付到农户，其他省份力争春耕前将补贴资金全部兑付到农户。3月9日，中央财政向各地预拨了农作物良种补贴资金149亿元，农机具购置补贴资金100亿元。各地也加快了预算执行进度，通过夯实基础工作、减少中间环节、加快资金拨付进度等措施，确保财政资金早到位、早发挥效益。三是补贴方式进一步完善。2009年对农作物良种补贴方式进行了重大调整，并印发了新的项目资金管理办法。办法中规定，水稻、玉米、油菜良种补贴实行直接补贴，小麦、大豆、棉花良种补贴采取直接补贴或差价供种补贴方式，具体方式由省级部门确定，报农财两部备案。采取差价购种补贴方式的，要求必须由省级部门组织招标，统一供种。农机具购置补贴，按照大稳定、小调整，管理权适当下放的原则，进一步完善补贴机具选型制度，新增补贴机具种类的选型全部放到省级；完善补贴方案审批办法，将目前财农两部将补贴方案细化批复到县改为只批复到省；完善补贴产品经销商管理；完善补贴监管制度；推进补贴工作的网络化管理。四是推进支农资金整合。各地根据本地实际情况和项目资金管理要求，按照“既积极、又稳妥；既整合、又管理”的原则，创新财政支农方式，推进支农资金整合，进一步完善项目实施方案，加强了项目组织实施和管理。

3. 补贴政策效果明显。2004年以来，在减税、补贴和价格等一系列扶持政策的带动下，我国出现了粮食连续增产、农民持续增收的好局面，各项农业补贴政策的大规模实施功不可没。2009年，种粮直补、农资综合直补和良种补贴，平均每亩粮食补贴达到63元，有效缓解了农资价格上涨对农民种粮的影响，对稳定种粮农民收益，调动农民务农种粮积极性发挥了积极的作用。在良种补贴政策的引导下，粮食标准化生产和单产水平明显提高，优质专用良种推广速度明显加快，优质粮食区域化布局水平显著提高。生猪生产稳定发展，奶业加快发展，畜禽良种化水平进一步提高。农业机械化进程进一步加快，农业装备结构进一步优化。

农村土地承包管理

（一）政策背景及主要内容 2009年，国家继续强调稳定完善农村基本经营制度，依法落实和维护农民土地承包权益，建立健全农村土地承包经营权流转市场，发展多种形式适度规模经营。《中共中央、国务院关于2009年促进农业稳定发展农民持续增收的若干意见》进一步明确了农村土地承包政策。概括起来：①稳定农村土地承包关系。强化对土地承包经营权的物权保护，稳步开展土地承包经营权登记试点，把承包地块的面积、空间位置和权属证书落实到农户；严禁借机调整土地承包关系，坚决禁止和纠正违法收回农民承包土地的行为，稳定农村土地承包关系；抓紧修订、完善相关法律法规和政策，赋予农民更加充分而有保障的土地承包经营权，现有土地承包关系保持稳定并长久不变。②加强土地流转管理和服务，确保土地承包经营权流转不改变土地集体所有性质，不改变土地用途，不损害农民土地承包权益。坚持依法自愿有偿原则，尊重农民的土地流转主体地位，任何组织和个人不得强迫流转，也不能妨碍自主流转；按照完善管理、加强服务的要求，规范土地承包经营权流转；鼓励有条件的地方发展流转服务组织，为流转双方提供信息沟通、法规咨询、价格评估、合同签订、纠纷调处等服务；建立健全土地承包经营权流转市场。

（二）政策执行情况及效果评价 2009年，全国各地以落实农民承包土地权利、建立健全土地承包经营权流转市场为重点，全面落实农村土地承包法律政策，保持了农村土地承包关系稳定，促进了土地流转平稳健康，维护了农民土地承包合法权益。

1. 加强农村土地承包配套法规制度建设。推进农村土地承包经营纠纷仲裁立法，健全农村土地承包法律体系。第十一届全国人大常委会第九次会议审议通过了《农村土地承包经营纠纷调解仲裁法》，农业部、国家林业局制定了农村土地承包纠纷仲裁规则和农村土地承包仲裁委员会示范章程。农村土地承包配套法规建设取得进展，已有18个省（自治区、直辖市）出台了实施办法等地方法规。农业部下发了《关于推进农业经营体制机制创新的意见》，指导各地推进农业经营体制机制创新，加快农业经营方式转变。

2. 依法落实农民承包土地的权利。按照承包地块、面积、合同、证书“四到户”的要求，进一步完善二轮承包，妥善解决遗留问题，加强合同管理，加快证书发放，依法落实农民承包土地的各项权利。

3. 稳步开展土地承包经营权登记试点。按照《农村土地承包经营权登记试点工作方案》，在吉林、辽宁、江苏、浙江、山东、云南、湖北、安徽等8省选择了部分村开展土地承包经营权登记试点，解决承包地面积不实、四至不清、空间位置不明、登记簿不健全等问题，探索健全土地承包经营权登记制度。

4. 加强土地流转规范管理。全面落实土地流转合同制和备案制，规范土地流转形式，加强流转用途监管，确保土地流转不改变土地集体所有性质，不改变土地用途，不损害农民土地承包权益。按照产权明晰、形式多样、管理严格、流转顺畅的基本要求，建立健全土地承包经营权流转市场，武汉等地探索建立有形市场，搭建土地流转交易平台，为土地流转提供交易场所和服务。各地依托基层农村土地承包管理机关建立了县、乡、村流转服务网络，为农民流转土地提供各类服务。目前各地土地流转规模呈加快之势。

5. 加强土地承包纠纷调处体系建设。贯彻落实《农村土地承包经营纠纷调解仲裁法》，设立农村土地承包仲裁委员会，强化乡村调解工作，畅通土地承包经营纠纷调处渠道，培训聘任仲裁员，加快构建乡村调解、县市仲裁的农村土地承包经营纠纷调解仲裁体系。

到2009年底，全国累计签订土地家庭承包合同2.2亿份，颁发农村土地承包经营权证2亿份，土地承包经营权流转面积占家庭承包耕地总面积的比重达到12%；农业部门全年调处土地承包纠纷21.6万件，其中乡村调解19.74万件，占91.5%；仲裁1.82万件，占8.5%。总的看，当前农村土地承包关系稳定，土地流转平稳健康，农民土地承包经营权得到维护，促进了现代农业建设和农村社会和谐。

农村集体资产与财务管理

（一）政策背景和主要内容 2009年，农村集体资产财务管理围绕建立健全农村集体资金、资产、资源管理14项制度，稳妥推进农村集体经济组织产权制度改革，加强对村级会计委托代理制度建设的指导和贯彻落实各项农村财务会计制度，进一步加大了工作力度。

1．加强农村集体资金资产资源管理制度建设。目前，农村集体资金、资产、资源管理制度不健全的问题较为突出，导致有的地方集体资产、资源被低价承包、租赁、出让；有的地方集体资金被贪污、挪用、侵占、挥霍；有的地方不履行民主程序，对集体资金、资产、资源的使用缺乏有效的监督。为进一步建立健全农村集体资金、资产、资源管理制度，做到用制度管权、管事、管人，切实维护农村集体经济组织及其成员的合法权益，农业部制定下发了《关于进一步加强农村集体资金、资产、资源管理的意见》，明确要求分类建立健全14项农村集体资金、资产、资源管理制度。其中，农村集体资金管理制度5项：财务收入管理制度、财务开支审批制度、财务预决算制度、资金管理岗位责任制度、财务公开制度；农村集体资产管理制度5项：资产清查制度、资产台账制度、资产评估制度、资产承包租赁出让制度、资产经营制度；农村集体资源管理制度4项：资源登记簿制度、公开协商和招投标制度、资源承包租赁合同管理制度、集体建设用地收益专项管理制度。通过制度建设，使集体经济组织真正做到有章理事，按制度办事，保障集体经济组织成员对资金、资产、资源占有、使用、收益和分配的知情权、决策权、管理权、监督权。

2．积极稳妥推进集体经济组织产权制度改革。近年来，随着城乡一体化发展，农村工业化、城镇化进程的加快，农村集体经济组织产权制度改革在一些省市试点并稳步展开。为此，农业部组织召开了部分省市农村集体经济组织产权制度改革经验交流座谈会，交流经验树立典型，提出已开展集体产权改革的地方，要总结经验、做好示范，不断完善相关制度；尚未开展集体产权改革的地方，特别是具备条件的城中村、城郊村和集体经济实力较强的村，要积极探索、稳步推进。要总结经验，加强交流示范推广；提出推动产权改革工作要与促进经济发展、促进农民增收、增强集体组织服务功能等目标相结合，要与土地承包流转、农民专业合作社、一村一品、三资管理等工作相结合，使产权改革与制度创新、经济发展相互促进。

3．加强村级会计委托代理制度建设指导。村级会计委托代理是农业部2000年总结浙江上虞市的做法后倡导的一种新的农村集体财务管理模式。建立村级会计委托代理，强化了民主理财小组的监督作用，促进了村务公开和民主理财，推进了农村基层民主政治建设，维护了农村经济社会的稳定，是规范村级财务管理的重要途径和手段。但在少数省份的村级会计委托代理服务体系建设中出现了令出多门、会计委托主体混乱、乡镇政府无所适从的情况。为了解决这一问题，农业部与中纪委、财政部、民政部共同制定下发了《关于进一步加强指导村级会计委托代理服务工作的通知》文件，明确在尊重历史和现实、坚持现有工作格局不变的基础上，各有关部门理顺工作关系，通力协作，密切配合，形成合力，切实加强对村级会计委托代理服务工作的指导，进一步规范代理程序，完善操作规程，规范村级会计委托代理制。

4．贯彻落实各项农村财务会计制度。一是摸底农民专业合作社财务会计管理情况。农业部办公厅下发了《关于部署报送农民专业合作社2008年度会计报表工作的通知》，汇总分析农业部扶持和各省、自治区、直辖市扶持的农民专业合作社示范社的财务会计表报，完成《关于2008年全国农民专业合作社财务情况的抽样分析》报告。二是加大培训力度。围绕农村集体财务管理规范化建设、农村集体经济组织财务会计制度、农民专业合作社财务会计制度、农村审计制度等，举办农村集体财务会计师资培训班，进一步提高财会管理工作者素质。三是抓好典型，示范引路。总结交流各地农村集体财务管理规范化建设经验，完善集体财务管理规范化建设示范单位管理办法，强化对示范单位实行动态监测管理。在此基础上，探索开展创建农村集体财务管理规范化建设示范县试点工作。四是开展村务公开和民主管理“难点村”治理工作。农业部与中央纪委、中央组织部、民政部等共12部委联合制定下发了《关于开展全国村务公开和民主管理“难点村”治理工作的意见》，并多次赴重庆、四川开展“难点村”治理督查，为保证三年治理规划的顺利实施打好基础。

（二）政策执行情况及效果评价

1．农村集体“三资”管理制度逐步建立。各地贯彻落实农业部《关于进一步加强农村集体资金、资产、资源管理的意见》，有效推动了全国农村集体“三资”管理制度建设，不少地方已创造了许多好的做法和经验。农村集体“三资”管理制度的建立健全，进一步规范了村级财务管理和民主管理的制度建设，确保了财务公开的质量和力度，维护了农民的知情权、参与权、监督权、表达权，推动了村级事务管理的民主化，激发了广大农民群众的首创精神，也促进了基层干部作风转变，有效遏制各种农村基层不正之风和腐败现象的发生。

2．产权制度改革稳步推进。目前，全国共有20多个省（自治区、直辖市）开展了农村集体经济组织产权制度改革试点，北京、湖北、江苏、浙江、广东等省市专门出台文件，提出指导意见，召开会议部署，工作力度较大，取得一定效果。通过产权制度改革，资产变股权，农民变股东，集体资产共同共有变为集体组织成员按份共有，明确了成员对集体资产的占有权、利益分配权、民主决策和民主管理权。完善了集体所有权与经营权分离的内部治理结构和组织管理机构，形成所有权、决策权、经营权、监督权“四权”制衡机制，创新了集体资产经营机制、管理机制和分配机制，提高了集体资产管理效率，集体资产管理水平得到有效提高。推动了城乡经济一体化发展，缓解了长期城乡分割形成的矛盾和问题，促进了农村社会稳定和谐。

3．农村集体财务会计管理规范开展。一是会计委托代理制度覆盖面不断扩展。目前，全国78.8%的村实行了会计委托代理，有效解决了农村财务管理混乱、集体资产流失等问题，各地普遍反映近几年因财务问题上访的事（案）件逐年减少；改善了农村党群干群关系，促进了农村基层民主政治建设和党风廉政建设的深入；推动了财务公开的全面开展和公开质量的不断提高，实行委托代理的村基本都采用电算化管理，进一步确保了财务公开及时准确，公开内容真实有效，公开范围更加广泛。二是村务公开和民主管理“难点村”治理工作取得进展。各地结合本地区的农业和农村工作，从实际出发，切实抓好“难点村”治理，使这项工作开好头、起好步，抓出成效，为保证三年治理规划的顺利实施有个良好的开端打好基础。

4．合作社财务会计管理进一步规范。许多示范社按照《农民专业合作社财务会计制度(试行)》规定，进一步建立健全会计账簿，完善财务管理制度和盈余分配制度，为全体成员建立完整的个人账户，引导农民专业合作社建立良好的内部积累和风险保障机制。农业部组织开展了农民专业合作社财务会计制度培训，农民专业合作社经营管理人员特别是财会人员的素质得到了提高。各地从实际出发，抓住实质，找准问题，突破薄弱环节，切实做好农民专业合作社财会人员培训工作，合作社经营管理再上一个新台阶。

减轻农民负担

（一）政策背景和主要内容 近年来，减轻农民负担工作取得显著成效。但是，一些地方涉及农民负担的乱收费项目仍然存在，损害农民合法权益问题时有发生，农民负担监管工作任务仍然艰巨。为此，农业部、国务院纠风办、财政部、发展改革委、国务院法制办、教育部、新闻出版总署印发了《关于做好2009年减轻农民负担工作的意见》。主要内容如下：

1. 突出重点，切实做好农民负担监督管理工作。重点监管以下四方面情况：一是明确由政府承担的农村公共基础设施、基本公共服务费用和所需劳务，是否转由农民或村集体承担；二是向农民和农民专业合作社收取的各种行政事业性收费、农业生产性费用和其他费用，有无政策依据，是否超标准、超范围收取；三是向农民筹资筹劳，是否符合一事一议筹资筹劳的适用范围、议事程序和限额标准等规定；四是农民应得到的补贴补助和补偿，是否被截留、抵扣或挪用。在农民负担监管中，要把减轻农民负担与推进制度建设、事前预防与事后查处相结合，从源头上控制加重农民负担和损害农民权益的行为。

2. 积极探索，完善一事一议筹资筹劳制度。各省（自治区、直辖市）要根据中央的要求，抓紧完善本地一事一议筹资筹劳管理办法，进一步明确议事范围、议事程序，创新议事形式，强化村民监督。加强组织领导，明确工作责任，切实加强对一事一议筹资筹劳组织实施的指导和监督。采取多种形式，广泛宣传引导，提高基层干部、农民群众参与一事一议筹资筹劳的积极性。进一步推进村级公益事业建设一事一议财政奖补试点工作，已开展一事一议财政奖补试点的省份，要认真总结经验，完善相关政策措施，建立健全有关制度，积极扩大奖补试点范围；未开展试点的省份，要积极创造条件，选择村级领导班子较强、群众基础较好的地方开展试点，逐步在全国形成一事一议开展村级公益事业建设的激励机制，健全国家扶持下的农村新型劳动积累制度。

3. 加大力度，深入开展农民负担重点治理。针对农民反映的修建通村公路乱集资、向村级组织和农民专业合作社乱摊派等突出问题，深入开展重点治理。一是强化治理重点地区。将农民负担问题较多的县（市）纳入全国重点监控范围，实行综合治理。加强督促检查，对当年未达到治理目标的，继续实施监控，直到农民满意为止。各省（自治区、直辖市）也要结合当地实际，选择典型县（市）开展农民负担综合治理。二是拓展治理重点领域。治理向农民专业合作社的乱收费，各省（自治区、直辖市）对向合作社收费情况要进行全面调查，并对发现的问题进行分类处理。属于乱收费的项目坚决取消，过高的收费标准坚决降低。治理向村集体的各种摊派集资，严禁将部门或单位的经费缺口以各种名义向村集体转嫁或集资。三是深入治理重点项目。各地要结合实际，对修建通村公路向农民或村集体摊派集资、公费订阅报刊超限额、农村中小学乱收费、农民建房乱收费和截留、抵扣、挪用强农惠农补贴资金等问题进行专项治理。要明确治理重点、目标和措施，确保治理取得明显效果。

4. 标本兼治，推进农村综合改革。进一步推进农村综合改革，以建立精干高效的基层政权组织为目标，积极推进乡镇机构改革；以健全乡镇财政监管职能、增强基层财力为目标，深入探索县乡财政管理体制改革，从源头上、制度上消除加重农民负担的隐患；推进建立村级组织运转经费保障机制，明确保障责任和范围，防止以各种形式变相增加农民负担；开展减轻农业用水负担综合改革试点，促进减轻农业用水负担。

5. 完善制度法规，健全农民负担监督管理长效机制。要坚持和完善涉农收费文件“审核制”、涉农价格和收费“公示制”、农村公费订阅报刊“限额制”、农民负担“监督卡制”、涉及农民负担案（事）件“责任追究制”等五项制度。2009年，重点完善“公示制”，创新公示形式，适时更新内容，公示要增加支农惠农政策的内容，同时加强检查监督，狠抓责任落实；完善“责任追究制”，对加重农民负担的违规违纪行为严格责任追究，对典型案例公开通报、曝光。

6. 落实领导责任，推动减轻农民负担工作深入开展。进一步提高对减轻农民负担工作的认识，切实做到常抓不懈。一是坚持和完善减负工作制度。坚持和完善地方党政主要领导亲自抓、负总责的工作制度。坚持和完善“谁主管、谁负责”的专项治理部门责任制，充分发挥地方各级减负工作领导小组及其办公室的作用，对减负工作中出现的新问题要深入研究解决办法，严格审核涉及农民出钱出物出工的文件，确保减轻农民负担工作的整体合力不减弱。二是完善减负工作考核制度。将减轻农民负担纳入政府工作目标考核，确保减负工作的领导责任、部门责任不缺位。三是强化农民负担联合检查监督制度。完善检查方式，扩大检查范围，实行检查与处理相结合，确保减轻农民负担的高压态势。四是加强减负宣传培训工作。利用多种形式宣传减负和惠农政策，维护农民的知情权；加强对基层干部的培训教育，做到自觉守法、正确执法，确保各项减负惠农政策落到实处，促进农村社会和谐稳定。

（二）政策执行情况及效果评价

1. 全面开展部分领域农民不合理负担的专项治理。针对农民负担出现的新情况、新问题，2009年初国务院减轻农民负担联席会议研究部署了专项治理工作，进一步推动各地开展农业用水用电、农村义务教育、计划生育、农民建房等部分领域农民不合理负担的专项治理。经过治理，部分领域农民不合理负担有所减轻。据对30个省份的调查统计，共取消收费项目127项，降低收费标准43个，减轻农民负担7.71亿元。同时，农业部组织开展了面向农民专业合作社乱收费的清理工作。通过对发现问题的分类处理，共取消向合作社的收费、罚款、集资项目121个，其中收费项目70个、罚款项目49个，降低收费标准38项，减轻合作社负担2.03亿元。

2. 深入开展重点地区农民负担的综合治理。针对部分地区农民反映突出的问题，农业部选择11个县（市）重点开展综合治理。通过部、省密切配合，共同治理，共取消涉农收费、罚款和集资项目51个，废止加重农民负担文件77个，减轻农民负担3 529万元，退还农民款项598万元，建立监管制度106个。同时，组织推动地方开展农民负担综合治理工作，宁夏、浙江、河南等8省份自行选择38县（市、区）开展综合治理，共取消收费项目36个，退还农民款项3 143.32万元。

3. 组织开展涉农收费治理和专项检查。2009年初，国家发改委下发了《关于开展全国涉农收费政策落实情况专项检查的通知》，组织开展全国涉农收费政策落实情况专项检查，据对24个省份的不完全统计，共查出违规收费2.27亿元。教育部、国务院纠风办、发改委、财政部、新闻出版总署等7部门联合印发了《关于2009年规范教育收费 进一步治理教育乱收费工作的实施意见》。教育部配合发改委、国纠办等部门在全国范围内开展了教育收费年度大检查，全国各地共检查学校22.53万所（次），查处教育乱收费问题涉及金额4.1亿元，清退2.45亿元。新闻出版总署针对报刊涨价、订阅费用突破限额问题进行了深入调研，并部署开展公费订阅报刊超限额问题的专项治理。

4. 积极完善一事一议筹资筹劳制度。一是完善一事一议筹资筹劳管理办法。农业部采用多种方式，推动各地按照中央要求，紧密结合本地实际，完善一事一议管理办法和有关规定，引导农民积极出资出劳，为深入开展一事一议财政奖补试点奠定了基础。多数省份已制定新办法。二是扩大实施一事一议财政奖补试点。国务院综改工作小组、财政部、农业部联合发出《关于扩大村级公益事业建设一事一议财政奖补试点的通知》，部署扩大一事一议财政奖补试点工作。随后，农业部又专门发出通知，进一步明确一事一议的有关政策界限。国务院综改工作小组、财政部、农业部对各试点省份的试点方案进行了严格审核，对重点省份的试点工作进行了检查指导。到2009年底，有17个省份开展了试点，一事一议财政奖补试点工作正在稳步推进，村级公益事业建设取得新进展。

5. 不断强化全国农民负担检查。一是推动地方开展农民负担检查。根据全国统一部署，2009年上半年有12个省份开展了农民负担检查，下半年开展农民负担检查的省份达到26个。通过开展农民负担检查，各地退还农民款项8 478万元。二是组织开展全国农民负担抽查。2009年第四季度，联席会议7部门开展了对江西、湖北、重庆、甘肃4个省（直辖市）的农民负担抽查，对检查发现的问题及时提出整改意见，4省（直辖市）共退还多收或不该收的款项1 441万元，有效推动了面上减轻农民负担工作的开展。

6. 查处督办农民负担重点问题。2009年国务院纠风办加大了信访督办力度，共督办转办涉农信访举报435件，解决了一大批损害农民利益的问题；对甘肃、陕西等5省（市）有关部门发函督办挪用支农资金案的查处、整改工作，同时派人对少数省审计调查发现的截留挪用套取支农资金、拖欠农民征地补偿费等问题的整改情况进行重点督办，共退还、追缴违规资金1.877亿元。农业部对2008年农民负担检查发现的57个问题进行了督办，使问题得到有效解决。同时，督办解决了领导批办的信访件和30多件（次）农民信访反映的80多个问题。

2009年全国农民直接承担的费用人均34.83元，比上年增长1.57%，减负形势总体平稳，农民群众对减负惠农政策比较满意，农村干群关系明显改善。但农民负担反弹压力仍然存在，需要加强监管，深入解决农民反映突出的问题。

专栏9

农垦国有农场农工负担监测点建设初见成效

2006年，农垦国有农场税费改革全面启动。由于农垦国有农场的区域性、社会性、企业性特点及国有土地与农村集体土地的经营管理差异，农工负担监管工作面临的情况复杂。加上起步晚，制度建设及基础工作相对薄弱，而国家有关负担监管部门的监测体系又未覆盖到国有农场，使得有关方面难以准确掌握国有农场农工负担情况。为加强农垦国有农场农工负担监管，2009年，农业部启动了部级农工负担监测体系建设，并在全国28个垦区确定了首批32个监测点农场和1 030个固定监测户。

一、农工负担监测的运行机制

为确保农业部国有农场农业职工负担监测点规范运行，农业部制定了《国有农场农业职工负担监测点管理办法（暂行）》（以下简称《办法》）。主要内容包括：

1.监测点性质及管理方式。《办法》规定：农业部国有农场农业职工负担监测点是以国有农场为单位，经农业部批准设立，监测农工负担动态情况的固定调查点。监测点按照“统一管理、分级负责”的原则，实行农业部统一领导，省级农垦主管部门直接管理，农工负担监测点农场负责实施。农业部农垦局代表农业部履行对全国农垦农工负担的监管职能。

2.监测部门的工作职责。《办法》规定：农业部负责全国农垦农工负担监测体系建设，对农工负担监测点实行统一管理；省级农垦主管部门负责本垦区农工负担监测体系建设，协助农业部对本垦区部级农工负担监测点实施监督管理，汇总、审查、核实并上报部级农工负担监测点及本垦区农工负担监测情况；农工负担监测点农场在省级农垦主管部门的指导下，负责监测点的建设、运转和维护，按照农业部要求规范开展工作。农工负担监测点信息统计人员，主要履行建立农工负担监测台账，妥善保存与农工负担有关的各种原始记录和资料，采集、整理、核实、分析农工负担信息数据，如实汇总数据和及时上报信息等职责。

3.监测点农场的申报条件及建设标准。《办法》规定：部级农工负担监测点由农业部根据各垦区农场分布情况和监测工作需要，商省级农垦主管部门确定。部级农工负担监测点农场必须具有一定的代表性，能反映所在垦区农工负担的基本情况，具有统计和信息化工作基础，能够按要求及时收集、整理、分析和上报农工负担监测信息，有能力组织好监测工作，准确反映农工的意见和建议，具有健全的财务管理体系，无严重违反财务管理规章制度记录。监测点农场建设标准是，具有能保证负担监测软件正常运行的计算机软硬件和畅通的互联网系统；具有与负担监测工作相适应的专业技术人员；具有健全的负担信息采集网络，具有整理、储存和上报农工负担监测信息和资料的制度。

4.监测内容及工作要求。《办法》规定：农工负担监测主要内容有，农工的土地承包收费、生产经营服务性收费和行政事业性收费情况及其他收费情况；农工负担监管制度的建立和执行情况；各项强农惠农政策落实情况；农场社政机构、人员和经费收支情况等。《办法》要求：省级农垦主管部门和农工负担监测点应按要求及时上报农工负担监测信息，不得拒报、漏报、迟报、虚报、瞒报，不得伪造、篡改统计数据和原始信息资料；农工负担监测点应主动、随时向农业部反映当地农工负担监管过程中趋势性和苗头性动态情况，并及时、认真地完成农业部布置的各类农工负担专项调研任务。农工负担监测工作应作为领导干部岗位目标责任考核重要内容。

二、农工负担监测点运行效果

为把监测工作做好、做实，真正成为切实反映职工负担情况的平台，农业部专门组织力量，开发了农工负担监测管理软件，对垦区负担监管部门和监测点农场有关人员进行政策和业务等专题培训，对软件运用进行辅导，对监测点数据进行集中统一核校，并深入一线，对个别力量薄弱的监测点农场一线协助工作。各监测点农场也在工作实践中创造了许多有效方法，促进监测工作有序进行。通过一年努力，国有农场农工负担监测点建设取得积极成效，共采集农场信息10大类、2 443个指标、约10万个数据，农工信息9大类、1 843个指标、约296万个数据，做到当年建立、当年运行、当年见效，为加强农工负担监管提供了详实的依据。监测点农场也根据监测情况，对负担较重职工开展对口帮扶并给予必要的扶持，在促进农场经济发展的同时，使社会更加和谐。

推进农村综合改革

（一）政策背景和主要内容 《中共中央国务院关于2009年促进农业稳定发展农民持续增收的若干意见》提出，要推进农村综合改革，全面推进集体林权制度改革。2009年，各地和有关部门围绕巩固农村税费改革成果、破除城乡二元体制和建设社会主义新农村，积极推进农村综合改革各项工作。

1. 继续推进乡镇机构、县乡财政管理体制、农村义务教育改革。按照着力增强社会管理和公共服务职能、到2012年基本完成改革任务的要求，继续推进乡镇机构改革。推进“乡财县管”改革，加强县乡财政对涉农资金的监管。力争用3年左右时间，逐步建立资金稳定、管理规范、保障有力的村级组织运转经费保障机制。

2. 扩大农村公益事业一事一议财政奖补试点。总结试点经验，完善相关政策，扩大农村公益事业一事一议财政奖补试点范围，中央和试点地区省级财政要增加试点投入。

3. 积极稳妥化解乡村债务，2010年基本完成全国农村义务教育债务化解，继续选择与农民利益直接相关的农村公益事业建设形成的乡村债务进行化解试点。

4. 全面推进集体林权制度改革。集体林地经营权和林木所有权已经落实到户的地方，要尽快建立健全产权交易平台，加快林地、林木流转制度建设，完善林木采伐管理制度。尚未落实到户的地方，要加快集体林权制度改革步伐。加大财政对集体林权制度改革的支持力度。

（二）政策执行情况及效果评价

1. 乡镇机构改革取得重要进展。2009年1月27日，中共中央办公厅、国务院办公厅转发了《中央机构编制委员会办公室关于深化乡镇机构改革的指导意见》，决定全面推开乡镇机构改革。该《意见》明确了乡镇机构改革的目标任务和政策措施，为深化改革工作提供了重要政策指导。各地按照《意见》精神，结合地方政府机构改革，着重从扩大试点范围、转变政府职能、妥善安置分流人员、提高乡镇机关行政效能等方面进行了积极探索，取得了明显成效。截至2009年底，全国已经完成和正在进行改革的乡镇合计20 644个，占乡镇总数的60.2%。

2. 农村义务教育改革成效显著。农村义务教育经费保障机制改革进一步深化，各项改革目标提前一年实现。全国中西部地区农村中小学年生均公用经费最低达到小学300元、初中500元，东部地区最低达到年生均小学350元、初中550元的水平。全部免除了农村寄宿制学生的住宿费，继续向全国所有农村义务教育阶段学生免费提供教科书，对中西部地区农村义务教育阶段家庭经济困难寄宿生补助生活费。2009年，中央财政共安排农村义务教育经费保障机制改革资金约666.1亿元，全国约1.5亿名农村义务教育阶段学生全部享受免学杂费和免费教科书政策，中西部地区农村义务教育阶段约1 120万名家庭经济困难寄宿生获得生活费补助。同时，启动实施全国中小学校舍安全工程，2009年中央新增专项资金80亿元，重点支持中西部七度及以上地震高烈度人口稠密地区的农村义务教育阶段学校。扩大实施农村义务教育阶段学校教师特设岗位计划，2009年，中央财政共安排特岗教师工资性补助资金22.2亿元，并将中央财政与地方财政的结算标准由年人均18 960元提高到20 540元。

3. 县乡财政管理体制改革进一步深化。财政部制定印发了《关于推进省直接管理县财政改革的意见》，明确了省直接管理县财政改革的总体目标、主要内容和工作要求。省级财政部门积极调整省以下各级政府收入和支出责任划分、完善省以下转移支付制度、推进“省直管县”和“乡财县管”财政管理方式改革，进一步充实基层财力，提高县乡政府提供公共服务的能力。截至2009年底，全国共有24个省份875个县实行了“省直管县”改革试点，近2.8万个乡镇实行“乡财县管”。进一步完善对地方的激励约束机制，研究建立了县级基本财力保障机制。2009年在继续保留原有缓解县乡财政困难奖励和补助资金的基础上，中央财政安排一定资金对县级基本财力保障工作做得好的地区进行奖励，引导地方加大对县级财政的投入。

4. 集体林权制度改革全面推进。2009年，中央召开林业工作会议，对全面推进集体林权制度改革作出部署。截至2009年底，全国已有30个省份成立了林改领导小组及其办事机构，30个省份党委、政府出台了林改文件。地方各级财政累计投入资金51.9亿元。福建、江西等9个省份基本完成了明晰产权、承包到户的集体林权制度改革任务，河南等13个省份改革已全面铺开，其他省份正在进行改革试点。全国已完成林改确权面积1.18亿公顷，占全国集体林地面积的64.7%；全国已发放林权证5 954万本，发证面积0.933亿公顷，占全国集体林地面积的51.2%，有5 542万农户拿到了林权证，农民真正成了集体林地经营的主体。

5. 扩大村级公益事业建设一事一议财政奖补试点。在总结2008年村级公益事业建设一事一议财政奖补试点经验的基础上，2009年国务院农村综合改革工作小组、财政部、农业部联合印发了《关于扩大村级公益事业建设一事一议财政奖补试点的通知》，决定进一步扩大试点范围，确定除2008年试点的黑龙江、河北、云南3省外，江苏、内蒙古、湖南、安徽、贵州、重庆、宁夏7个省份开展全面试点；湖北、广西、甘肃、福建、山西、陕西、江西7个省份进行局部试点。其他省份选择1～2个县（市）自主开展试点。2009年各级财政共投入184亿元奖补资金，其中中央财政拨（预）付45亿元，带动村级公益事业总投入628亿元，已建成或正在建设项目25万多个，硬化村内道路47万公里，修建村内小型水利设施24万处，村内环卫设施100多万平方米。通过试点有力地拉动了农村内需，2.6亿农民直接受益，体现了中央关于“促内需、保增长、保民生”的政策导向。

6. 清理化解农村义务教育债务工作取得新突破。2007年12月国务院决定开展清理化解农村义务教育“普九”债务试点工作以来，各地按照中央统一部署认真开展这项工作。截至2009年底，首批14个试点省份共偿还农村“普九”债务493亿元，约170万农村债权人受益。其他17个非试点省份认真做好债务清理核实和审计锁定等相关准备工作。通过农村“普九”化债，促进了农村的和谐稳定，改善了农村中小学教学环境，受到了农民、教职工和基层干部的欢迎。在此基础上，2009年12月21日，国务院农村综合改革工作小组印发了《关于进一步做好清理化解农村义务教育债务工作的意见》，确定在全国全面推进清理化解农村义务教育债务工作，要求各地在积极化解农村“普九”债务的同时，努力化解农村义务教育的其他债务，建立健全制止发生新的农村义务教育债务的稳定机制。同时，2009年选择贵州、重庆、甘肃3省份在全省范围内开展清理化解其他公益性乡村债务试点，重点化解乡村垫交农业税费、基层政权机构建设和农村公共服务体系建设形成的债务。2009年中央财政安排8亿元资金支持此项工作。

7. 村级组织运转经费保障机制初步建立。根据党的十七届三中全会和2009年中央“一号文件”精神，在广泛调研和充分征求意见的基础上，国务院办公厅发布了《关于完善村级组织运转经费保障机制促进村级组织建设的意见》。该文件明确了新时期村级组织运转经费保障范围、标准、经费来源渠道、使用管理和监督检查等政策措施，为指导地方党委、政府做好村级组织运转经费保障工作提供政策指导。这是新中国成立以来第一次以中央文件形式专门对村级组织经费保障问题作出系统明确规定。截至2009年底，全国13个省份下发了贯彻实施意见。

推进农民专业合作社发展

（一）政策背景和主要内容　为了引导和推动农民专业合作社又好又快发展，按照中央的要求和部署，农业部加强与有关部门的配合，强化工作指导和服务，努力为农民专业合作社发展创造良好的宏观环境。

1. 推动法规制度建设，地方立法进程逐步加快。2009年，北京、黑龙江、辽宁、江苏、山东、陕西、湖北、湖南等8省（直辖市）人大已经出台了《农民专业合作社法》的配套实施办法，吉林、河北、江西、海南、四川、云南等省将实施办法已经列入省人大立法计划或立法调研计划。

2. 推动出台一批合作社扶持政策。在金融支持方面，农业部与银监会联合发文，明确提出要把农民专业合作社全部纳入农村信用评定范围；加大信贷支持力度，重点支持产业基础牢、经营规模大、品牌效应高、服务能力强、带动农户多、规范管理好、信用记录良的农民专业合作社；支持和鼓励农村合作金融机构创新金融产品，改进服务方式；鼓励有条件的农民专业合作社发展信用合作。在财政扶持方面，2003年以来，中央财政累计安排专项资金已经达到18.75亿元。农业部从2004年起开展农民专业合作组织示范项目建设，已累计安排项目资金1.9亿元，扶持了1 188个农民专业合作组织。在国家涉农建设项目支持方面，农业部会同国家发改委、科技部、财政部等6部门研究起草支持有条件的合作社承担涉农项目的意见。现已实施的农业综合开发、农业标准化示范项目、土壤有机质提升试点补贴、苹果套袋关键技术示范项目、优势农产品新品种推广、一村一品、生猪和奶业标准化规模养殖小区等涉农建设项目，都将农民专业合作社列入申报范畴，并且在同等条件下予以优先支持。在农产品流通方面，积极会同商务部、财政部组织开展“农超对接”试点，探索推动农民专业合作社鲜活农产品直供连锁超市，给予合作社财政支持，促进鲜活农产品“农超对接”经营进入良性发展轨道。

3. 加强对合作社建设与发展工作的指导。近两年，农业部重点开展了示范社建设、“农超对接”、人员培训和政策宣传等工作。一是启动示范社建设行动，会同发改委、财政部等10个部门联合下发开展示范社建设行动的意见，发挥示范社典型引路作用，促进合作社规范化发展。二是推动和组织开展“农超对接”试点工作，促进和引导合作社产品直供超市，降低合作社交易成本，增加了农民收入。三是加大合作社培训力度，2008年以来全国累计培训理事长和财务人员达35万人次，2009年农业部从阳光工程培训中安排专门经费，计划在全国培训84 600名农民专业合作社经营管理人才和财务会计人才。四是加大宣传力度，创办“中国农民专业合作社网”，在农民日报开辟“农民专业合作社”专栏，指导创办《中国农民合作社》杂志，组织新华社、人民日报、中央电视台等主要新闻媒体开展典型宣传，创造好的舆论环境。与司法部、全国普法办联合发文明确每年7月的第一个星期六为“合作社法律宣传日”，并提出了加强法律宣传普及工作的具体意见。五是加大维权力度，把对农民专业合作社的乱收费列入农民负担监督管理的专项整治范围，加大对农民专业合作社乱收费、乱罚款行为的监督管理。

（二）政策执行情况及效果评价 2009年，农民专业合作社发展呈现出数量增长快、带动农户多、产业分布广、服务内容宽等特征。从发展数量上看，截至2009年底，全国农民专业合作社达到24.64万家，比上年增长一倍多，大体上平均每3个村已有一个农民专业合作社。山东、江苏、山西、浙江、河南、河北、辽宁、安徽、四川、黑龙江等10省农民专业合作社数量占到全国总数的65%。从入社成员看，2009年实有入社农户约2 100万户，占全国农户总数的8.2%，入社农户数量比上年翻了一番。从产业分布看，农民专业合作社涉及种植、养殖、农机、林业、植保、技术信息、手工编织、农家乐等农村各个产业，主要分布在种植业、畜牧业，其中种植业占45.2%，畜牧业占30.2%。从服务内容看，农民专业合作社逐步从起步时的技术互助、信息传播，扩展到资金、技术、劳动等多方面的合作，从生产领域逐步向生产、流通、加工一体化经营发展。据统计，从事产加销综合服务的占56.0%，以运销、仓储服务为主的占8.6%，以加工服务为主的占5.5%，以技术信息服务为主的占11.6%，开展其他服务的占18.3%。2009年农民专业合作社共为成员代购或者合作购买农业生产资料价值1 100.8亿元，代销或者合作销售农产品价值2 312.3亿元。

深化农村金融改革

（一）政策背景和主要内容 2009年，中央对农村金融工作的要求主要包括：一是保证涉农信贷投放的连续性和稳定性，涉农信贷投放增幅不低于上年增幅、增速不低于其他贷款增速。二是进一步拓展农村小额信用贷款的适用范围，引导银行业金融机构因地制宜地科学调整小额信用贷款的期限、额度、价格等要素，充分发挥好这类贷款产品的功能和作用。三是重点发展小型金融机构，确保三年内新型农村金融机构达到1 300家左右。四是配合国家农业产业政策调整，继续引导银行业金融机构在切实注重风险防范基础上，大力开展农村金融服务创新。在服务对象上，继续做好农户和农村小企业信贷支持，把农民工、农机大户、种粮大户、农机服务组织、农民专业合作社以及农业产业化龙头企业，列入重点支持范围。在信贷投向上，加大对粮食生产、“菜篮子”工程、家电下乡、农机购置、小城镇建设、节能减排以及农村科技创新等领域的支持力度，全方位加强对农业产业链各链条和环节的信贷支持。在贷款方式上，继续大力发展不需抵押担保的农户小额信用贷款、联保贷款、银（社）团贷款，着力探索“银行（社）+企业+农户+合作社（协会）+保险+担保”信贷合作服务模式。结合农村改革，积极探索农村财产抵（质）押制度，合力扩大农村担保物范围，缓解农村抵押担保难问题。五是稳步扩大政策覆盖面，进一步改善农村金融服务，支持城乡统筹发展。财政部下发了《关于扩大农村金融机构定向费用补贴政策范围的通知》，规定中央财政对基础金融服务薄弱地区银行业金融机构网点，按照该网点当年贷款平均余额的2%给予费用补贴。补贴资金在下一年度拨付。基础金融服务薄弱地区的范围，按照《中央财政农村金融机构定向费用补贴资金管理暂行办法》执行。当年已经享受新型农村金融机构定向费用补贴的金融机构不重复享受补贴。2010年度起，农村金融机构（含新型农村金融机构）补贴资金的申请、审核和拨付工作，统一按《中央财政农村金融机构定向费用补贴资金管理暂行办法》执行。财政部同时下发了《中央财政农村金融机构定向费用补贴资金管理暂行办法》，对补贴资金的预算管理、审核拨付等做出了详细规定。六是对农村金融实行税收优惠政策。财政部、国家税务总局发布《关于农村金融有关税收政策的通知》，决定自2009年1月1日至2013年12月31日，对金融机构农户小额贷款的利息收入，免征营业税；对金融机构农户小额贷款的利息收入在计算应纳税所得额时，按90%计入收入总额；对保险公司为种植业、养殖业提供保险业务取得的保费收入，在计算应纳税所得额时，按90%比例减计收入。此外，自2009年1月1日至2011年12月31日，对农村信用社、村镇银行、农村资金互助社、由银行业机构全资发起设立的贷款公司、法人机构所在地在县（含县级市、区、旗）及县以下地区的农村合作银行和农村商业银行的金融保险业收入减按3%的税率征收营业税。适用上述营业税优惠政策的金融机构，自2009年1月1日至发文之日应予免征或者减征的营业税税款，在以后的应纳营业税税额中抵减或者予以退税。

（二）政策实施情况及效果评价 2009年，农村金融改革继续向纵深推进，农村金融支农服务力度继续加大。2009年末，银行业金融机构涉农贷款余额已达9.14万亿元，占全部贷款余额的22.8%，比年初增长34.8%，在支持农业增产、促进农民增收和农村经济发展方面发挥了积极作用。其中，农户获取的金融服务显著增长。2009年末，银行业金融机构农户贷款余额20 133亿元，比上年同期增加4 972亿元，增幅达到32.8%。其中，农户小额信用贷款余额2 712亿元，比上年同期增加534亿元，增幅达到24.5%；农户联保贷款余额2 378亿元，比上年同期增加899亿元，增幅达到60.9%。

1. 农村信用社改革继续深化。截止2009年末，全国共改制组建了239家农村银行类机构，2 038个县域机构实行了以县为单位统一法人，法人治理架构初步建立，经营机制有所转换。农村信用合作社各项业务放量倍增。2003年末至2009年末，农村合作金融机构涉农贷款余额3.1万亿元，占各项贷款余额的65.7%，占银行业金融机构的34%。资产总额从2.7万亿元增加到8.6万亿元，所有者权益从−140亿元增加到4 311亿元。2004年开始实现全行业扭亏为盈，5年累计盈利2 210亿元。

2. 农业银行服务“三农”能力加强。2009年，农业银行的“三农”贷款形式多样，如农户小额贷款、地震灾区农民住房贷款、县域商品流通市场建设贷款、化肥淡季商业储备贷款、农村城镇化贷款、农村基础设施建设贷款等。

3. 农业发展银行政策性支农作用进一步增强。2009年，农业发展银行经营形势总体良好。年末贷款余额为14 512.6亿元，净增2 319.8亿元，且投放节奏平稳，没有出现大起大落。存款余额为4 419.9亿元，净增1 390.9亿元。金融债券余额8 109.3亿元，净增1 612.2亿元，社会资金通过农业发展银行回流农业农村规模逐年加大。不良贷款率3.61%，同比下降0.19个百分点。经营利润143.7亿元，其中账面利润31.4亿元，同比增幅20.3%。面对连续6年的粮食丰收和复杂多变的棉花市场，支持粮棉油收储没有出现问题。加大对农业开发和农村基础设施支持力度，年末贷款余额2 791.6亿元，净增1 476.4亿元，共支持项目1 471个。

4. 农村中小金融机构发展迅速。2009年，共计新组建了62家农村商业银行和农村合作银行。机构整体健康度大幅提升。2009年全年实现盈利716亿元；不良贷款余额和比例分别比年初下降了862亿元和5.1个百分点，资本充足率提高2.6个百分点，贷款损失准备充足率提高17.8个百分点，发案率和百万元以上案件发案率分别下降了51.9个百分点和17.3个百分点；不良资产处置取得重大进展，全年共处置不良资产915.8亿元。截至2009年末，共核准172家新型农村金融机构开业，其中村镇银行148家，贷款公司8家和农村资金互助社16家。目前，已开业新型农村金融机构存款余额269亿元，贷款余额181亿元，其中农户贷款5.1万户、65.5亿元，小企业贷款0.5万户、91.2亿元，分别占其贷款余额的36.2%和50.4%。

5. 农村金融服务覆盖范围进一步扩大。2009年末，全国基础金融服务机构空白乡镇已由2009年6月末的2 945个减少到2 792个，服务空白乡镇由708个减少到342个，全国已有北京等五省市实现机构全覆盖，有20个省份实现服务全覆盖。

但是，受多种因素的制约，农村金融服务的整体水平与社会主义新农村建设的总体要求差距仍然很大，中低收入农户获取贷款仍存在诸多障碍和困难，继续深化农村金融改革的任务仍然十分艰巨。

四 粮食流通体制改革

（一）政策背景及主要内容 2004年我国全面放开粮食购销市场以来，粮食流通体制改革按照“放开购销市场，直接补贴粮农，转换企业机制，维护市场秩序，加强宏观调控”的基本思路稳步推进，初步建立了适应社会主义市场经济发展要求和符合我国国情的新的粮食流通体制。特别是近年来，粮食流通体制改革的重点逐步转向补贴粮农，加强宏观调控，改善物流仓储设施等方面。2008年10月，中共中央十七届三中全会通过的《关于推进农村改革发展若干重大问题的决定》明确提出，要逐年较大幅度增加农民种粮补贴，稳步提高粮食最低收购价，完善粮食等主要农产品价格形成机制，理顺比价关系，充分发挥市场价格对增产增收的促进作用。坚持放开市场，积极搞活流通，完善产销衔接。完善农产品市场调控体系，充实主要农产品储备，加快建设现代粮食物流体系。2008年12月底，中共中央、国务院在《关于2009年促进农业稳定发展农民持续增收的若干意见》中明确要求，要按照目标清晰、简便高效、有利于鼓励粮食生产的要求，完善农业补贴办法。并且提出2009年继续提高粮食最低收购价。扩大国家粮食储备，适时启动玉米、大豆等主要农产品临时收储。推进大型粮食物流节点建设。针对国际金融危机持续蔓延，对我国农业和农村经济的负面影响逐步显现的情况，2009年5月，国务院下发了《关于当前稳定农业发展促进农民增收的意见》，进一步要求各地加大补贴力度，按规定落实好粮食直补等政策，继续落实好粮食最低收购价政策。加大收储力度，加快建设粮食储备仓容，并安排中央补助资金，实施农户科学储粮专项，改善主产区农户储粮条件。

（二）政策执行情况及效果评价 2009年，各地区各部门认真贯彻落实党中央、国务院关于粮食工作的方针政策，突出抓好重点任务，粮食流通工作取得新进展。

1. 粮食流通体制改革进一步深化。①国有粮食企业改革和发展步伐加快。有关部门制定了政策性粮食财务挂账消化、未占用农发行贷款的政策性亏损处理、占用商业银行贷款挂账划转，以及支持企业消化经营性财务挂账等政策，明确中央和地方储备粮承储企业免征营业税、印花税、房产税和城镇土地使用税等政策，为企业改革发展创造了良好环境。企业产权制度改革继续推进，企业布局和结构进一步优化，经济效益和市场竞争力得到提高。截至2009年底，全国国有粮食企业总数18 163个，其中购销企业12 567个，比1998年分别减少65%和59%。2009年全国国有粮食企业盈利比上年增加1倍多，为历史最好水平。②粮食行政管理部门职能转变加快，工作重心逐步转移到了粮食市场调控、监管和行业指导、服务上来。③多元化市场主体继续发展。目前具有收购资格的多元化市场主体达到6.7万家。④扶持粮食产业化经营发展。各地通过信贷支持、财政贴息、退城进郊兴办粮食产业园区等多种方式，积极培育产业化龙头企业，延长产业链条，促进农民增收、企业增效。

2. 粮食宏观调控措施切实有效。①粮食最低收购价格进一步提高，收购进展顺利。2009年，国家较大幅度提高小麦、稻谷最低收购价格水平，白小麦和红小麦、混合麦提价幅度分别为13%和15%，早籼稻、中晚籼稻和粳稻提价幅度分别为17%、16%和16%。加大了国家临时存储稻谷、小麦、玉米、大豆和中央储备大豆、菜籽油的收储力度。创新托市收购机制，在发挥国有粮食企业主渠道作用的同时，引导和鼓励多元市场主体积极入市收购。初步统计，2009年全国各类粮食经营企业收购粮食2 877亿千克，其中国有粮食企业收购1 632亿千克。全年收购托市粮食（含油菜籽）920亿千克。初步测算，托市收购拉动市场价格回升，促进农民增收400多亿元，为保护农民种粮积极性、扩大农村消费、促进经济平稳较快发展发挥了积极作用。②政策性粮食竞价销售、移库工作顺利开展，促进了产销衔接。国家根据宏观调控的需要，合理安排政策性粮食竞价销售，2009年累计成交655亿千克。将国家临时存储的58亿千克玉米和20亿千克大豆划转给地方作为临时储备，定向销售给加工企业，促进了国产玉米和大豆的加工转化。下达91亿千克临时存储粮和1.9万吨中央储备菜籽油跨省移库计划，充实销区库存。③加强中央和地方储备粮管理，充实地方储备。落实中央储备粮轮换计划、油料收购计划和进口转储备计划。各地按照要求积极充实地方粮食储备规模，健全储备体系，提高储备粮油管理水平。据统计，2009年末地方粮、油储备分别比上年同期增加2.8%和43%。④粮食统计、信息和应急体系建设进一步加强。粮食购销存统计、粮油加工业统计和供需平衡调查等基础工作有序进行。建立了政策性粮食收购五日报、大米市场监测旬报、临时收储油菜籽和东北地区定向销售月报等制度。各地进一步完善本地区粮食应急预案，健全应急保障体系。

3. 粮食流通现代化水平进一步提高。①粮食流通基础设施和物流体系建设迈出新步伐。国家启动了“建设粮食储备仓容1 500万吨、储备油罐175万吨”计划，两年安排中央投资42.6亿元用于粮油仓储设施建设。从2008年第四季度到2009年底，已安排中央补助投资29.5

亿元用于粮油仓储物流和烘干设施专项建设，进一步缓解食用油罐容不足和重点粮食产区仓储、烘干能力不足的压力。落实仓房维修改造资金3亿元，改善15个省份实施政策性粮食收储的设施条件。②粮食市场体系建设取得新进展。各地继续贯彻落实全国粮食市场体系建设规划，22个省（自治区、直辖市）出台了本地粮食市场建设规划或指导意见。国家粮食交易中心总数达到22个，全国统一竞价交易平台联网市场已达23家。大中城市成品粮油批发市场继续呈现强劲发展势头，浙江省80%以上的商品口粮通过批发市场中转流通。许多地方出台优惠政策，投入专项资金扶持市场建设。③“农户科学储粮专项”工程和“放心粮油”工程成效显著。扩大了农户科学储粮专项实施范围，在14个粮食产区安排中央补助、地方配套和农户自筹资金6.7亿元，为57.2万个农户建设标准化小型粮仓，改善农户储粮条件，部分省已基本完成建设任务。全国各地放心粮油生产企业已建立各类销售网点17万多个，其中农村网点6万多个。

4. 粮食依法行政能力和服务水平进一步提高。①粮食清仓查库工作扎实开展。按照国务院的部署，成立了由10个部门和单位共同组成的部际联席会议，坚持“有仓必到、有粮必查、有账必核、查必彻底”。据统计，地方各级政府和国家有关部门直接参与检查的人员124 756人，清查储粮库点29 965个，对1 765个重点非国有粮食企业和转化用粮企业的粮食库存进行了典型调查，邀请6 375名人大代表和政协委员现场督导清查工作，提高了清查结果的透明度和公信力。根据清查结果，2009年3月末全国国有粮食企业粮食总库存2 254亿千克（原粮），账实相符率99.7%，质量合格率97.1%，宜存率99.1%。②继续做好粮食收购资格和中央储备粮代储资格审核工作，全国具有中央储备粮、油代储资格的企业分别为1 907户和208户，资格仓容、罐容分别达到10 115万吨和319万吨，资格企业布局趋于合理。③粮食监督检查体系、质量监测体系继续得到巩固和加强。全国31个省份及新疆生产建设兵团、82%的市地级和70%的县级粮食部门设立了监督检查机构，纳入国家粮食质量监测体系的质检机构已达197家。进一步完善了粮食监督检查和质量安全监管制度，加强粮食市场日常监管和政策性粮食购销专项检查，认真督查、查办涉粮案件和粮食质量安全事件。粮食标准制修订工作取得进展，《稻谷》、《玉米》、《大豆》等国家标准相继实施。

但粮食流通体制改革中还存在一些问题和困难：一是企业产权制度改革依然滞后，政策环境需要进一步改善，具有竞争实力企业不多，部分基层国有粮食购销企业经营机制不活，经营方式粗放，自主经营困难。二是现代粮食流通产业发展仍需进一步加强。粮油仓储设施的有效仓容和功能不能满足需要，布局不够合理，部分基层网点设施年久失修。三是粮食储存管理需要加强。个别企业对库存管理的重要性认识不够，粮食安全储存、安全生产制度落实不到位，存在安全隐患。粮食库存增加，政策性粮食的比重增大，粮食监管机构、队伍建设滞后。粮食质量安全检验检测手段不完善，原粮卫生监管难度加大。

基层农业技术推广体系改革与建设

（一）政策背景及主要内容 党中央、国务院高度重视基层农技推广体系改革与建设工作，2006年，国务院出台《关于深化改革加强基层农业技术推广体系建设的意见》，对改革与建设工作作出全面部署；党的十七届三中全会要求加强农业公共服务能力建设，创新管理体制，提高人员素质，力争三年内在全国普遍健全乡镇或区域性农业技术推广等公共服务机构；2009年中央"一号文件"进一步提出，要尽快明确职责、健全队伍、完善机制、保障经费，切实增强服务能力。

（二）政策执行情况及效果评价 在中央政策激励以及地方大力推动下，基层农技推广体系改革与建设取得积极进展。截至2009年底，全国共有1 940个县（市、区）上报了改革实施方案，占应报县数的72.8%；改革基本完成县（市、区）1 626个，占总数的61.0%，改革与建设工作呈现良好的发展态势。一是创新了体制机制。各地积极创新农技推广管理体制和运行机制，建立健全人员聘用制度、推广责任制度、工作考评制度、人员培训制度、多元推广制度等工作制度；多个省份积极推行"管理在县、服务在乡"的管理模式，解决了条块分割造成的管人和管事分离的问题。二是提高了人员素质。农业部启动实施了农技人员知识更新培训计划，培训基层农技人员30万人，提高了受训人员的业务能力和工作水平；启动实施了农技人员学历提升计划，一大批骨干农技人员到高、中等农业院校接受专业深造，提升了学历层次；启动实施了高校毕业生到基层农技推广机构服务计划，一大批高校毕业生积极走进基层实施农技推广项目，领办试验示范基地，开展农技推广服务，为基层农技推广服务工作注入了新生力量。三是强化了财政保障。各级财政部门落实中央要求，采取有效措施，加大对基层农技推广体系改革与建设的支持力度。2009年中央财政安排改革与建设示范县项目7.7亿元，省级财政共安排改革与建设专项经费6.1亿元。四是增强了服务能力。经过改革与建设，基层农技推广体系为农服务水平有了进一步提高，对农业农村经济发展的支撑能力明显增强。2009年，新建8 000多个农业试验示范基地，强化了技术的集成配套，加大了新品种新技术的展示示范力度；强化了技术指导服务，尤其是示范县普遍实行了技术指导员包村联户制，加大了关键季节、突发灾害天气的技术指导服务，示范县主导品种和主推技术入户率达到95%以上，示范区平均产量增长10%以上。

兽医管理体制改革

（一）政策背景及主要内容 2005年，国务院出台了《关于推进兽医管理体制改革的若干意见》，对兽医管理体制改革做出了全面部署。2008年10月，党的十七届三中全会提出力争三年内在全国普遍健全乡镇或区域性动植物疫病防控等公共服务机构的目标。2009年，中央进一步明确，要推进动植物疫病防控等基层农业公共服务机构建设。

（二）政策执行情况及效果评价 2009年，农业部和各级兽医部门按照中央部署，进一步加大工作力度，深化兽医管理体制改革，取得明显成效。

1. 加强兽医管理体制改革督导。农业部先后组织赴广西、宁夏等地进行兽医管理体制改革调研，特别是调研地方行政体制改革对兽医管理体制改革的影响，提出合理建议。两次下发《关于报送兽医管理体制改革进展情况的通知》，及时了解和掌握各地兽医体制改革进展情况，印发《农业部办公厅关于加快推进兽医管理体制改革意见的函》，督促尚未完成兽医体制改革的省份加快改革进度。

2. 推进乡镇畜牧兽医站改革。针对乡镇畜牧兽医站改革过程中存在的问题，农业部下发《关于深化乡镇畜牧兽医站改革的意见》，对乡镇畜牧兽医站机构设置、职能配置、管理体制、经费保障、人员培训、考核评价、组织领导等方面工作再次做出部署。

3. 强化村级防疫员队伍建设。农业部会同财政部制定《2009年基层动物防疫工作补助经费实施方案》，起草《基层动物防疫工作补助经费管理办法》，继续落实中央财政补助经费6.5亿元，用于基层动物防疫人员承担的为畜禽实施强制免疫等基层动物防疫工作经费补助。

4. 推进兽医工作机构规范建设。组织起草兽医行政管理机构、动物卫生监督机构、动物疫病预防控制机构和乡镇畜牧兽医站等兽医工作机构规范化建设管理意见，明确各级各类兽医机构职责和建设标准，建立兽医工作机构考核评价指标体系，推动兽医工作机构规范化、标准化建设，全面提升兽医工作能力。积极推进兽医改革工作，兽医管理体制改革取得新进展。2009年，全国95.8%的地市、88.7%的县区和81.6%的乡镇完成兽医管理体制改革，比上年底分别增加7.3%、16.2%和17%。乡镇畜牧兽医站设置更加合理，村级防疫员队伍建设得到进一步加强，执业兽医从业能力和水平明显提升。

5. 推进新型兽医制度建设。组织起草《全国官方兽医培训规划（2010—2014年）》和官方兽医培训大纲，举办全国官方兽医师资培训班，建立健全官方兽医培训网络体系，全面提高官方兽医队伍综合素质。在河南、吉林、广西、重庆、宁夏等5省（自治区、直辖市）开展执业兽医资格考试试点工作，取得显著成效。筹备成立中国兽医协会，实行执业兽医行业自律，规范执业兽医从业行为。

农村劳动力转移

（一）政策背景和主要内容 2008年第四季度以来，国际金融危机的影响逐渐显现，沿海外向型企业和劳动密集型企业受到较大冲击，企业订单减少、开工困难，农民工就业岗位缩减，加之临近春节，许多农民工选择提前返乡。春节前返乡农民工达7 000万人左右，约占外出农民工总量的50%；春节后约有1 800万返乡农民工未及时找到工作，使2009年农村劳动力转移就业形势十分严峻。面对这种特殊情况，中央高度重视，提出了以保就业为重点的应对思路，在2008年底出台《关于切实做好当前农民工工作的通知》的基础上，2009年初又出台了《国务院关于做好当前经济形势下就业工作的通知》，对应对国际金融危机、做好农民工就业工作作出了重要部署，同时组织实施了“2009年维护农民工权益行动计划”，重点围绕以下几方面开展农村劳动力转移就业工作：一是加强对进城求职农民的就业服务。要求公共就业服务机构为农民工免费提供政策咨询、就业信息和职业介绍服务，加强乡镇就业服务机构建设，大力发展劳务经济，加强对民办职业中介机构的管理，引导农民有序外出就业。二是开展“百日百万”农民工培训行动。针对春节后未能实现就业的返乡农民工，加强以各类实用技能为重点的职业培训和公共培训，增加培训资金投入，改善培训设施，扩大培训规模，延长培训期限，努力提高农民工的职业技能水平和就业竞争能力。三是加强农民工劳动管理。在建筑、餐饮、家庭服务等流动性大的行业中推行适用于农民工的劳动合同简易文本；推动农民工较多的企业实施劳资双方集体协商制度，扩大集体合同覆盖面；积极推进农民工劳动用工备案制度。四是开展农民工工资支付专项检查。2008年底至2009年“两节”期间、2009年底至2010年“两节”期间，开展农民工工资支付专项检查，及时纠正处理拖欠农民工工资的违法行为。五是积极推进农民工参加社会保险。扩大工伤保险和医疗保险覆盖面，争取年内实现高危行业农民工全部参加工伤保险，重点推进商贸、餐饮、住宿等服务业农民工参加工伤保险；尽快将签订劳动合同并与企业建立稳定劳动关系的农民工纳入城镇职工基本医疗保险制度，其他灵活就业的农民工纳入城镇职工基本医疗保险、新型农村合作医疗或城镇居民基本医疗保险。六是推进户籍制度改革。放宽中小城市和小城镇落户条件，使在城镇稳定就业和居住的农民工及其家属有序转变为城镇居民。七是加强农民工劳动争议调解仲裁、监察执法和司法保障工作。继续组织开展严厉打击拐骗农民工、强迫劳动等违法犯罪行为，对不签订劳动合同、不按时足额支付工资、欠缴社会保险费等问题加大监察执法力度。

（二）政策执行情况及效果评价 随着就业扶持政策的实施，2009年2月以来，农村外出务工劳动力数量逐月回升，到2009年底，外出农民工达到14 533万人，同比净增492万人，增长3.5%，返乡农民工的就业问题得到有效解决。

1. 农民工就业服务不断改善。山西省组织开展了公共就业服务系列活动，免费为广大农民工提供就业信息、政策咨询、就业指导和职业介绍服务，同时建立起省市县三级创业服务网络体系，形成创业培训、政策扶持、创业服务“三位一体”的工作机制。湖南省在全省5 000多个乡镇、街道、社区建立城乡统筹的公共服务就业体系，每个社区配备工作人员2～3名，每个街道、乡镇配备3～5人，全部实现有地点、有牌子、有人员、有职能、有经费。黑龙江省建立了以公共人力资源市场为主，社会团体和民办职业介绍机构为辅，覆盖全省的人力资源服务体系，免费为农民工提供各类就业服务128万人次。

2. 农民工就业技能培训大规模开展。国务院农民工办会同教育部、科技部等8个部门开展“百日百万”农民工培训行动，共培训350万人，及时有效地提高了春节后返城农民工的技能水平。“阳光工程”、“雨露计划”、“农村劳动力转移培训计划”等各类培训项目，培训人数均比上年有所增加，其中“阳光工程”培训规模达到350万人，人均补贴标准提高到314元。各地也积极开展农民工技能培训，山西省将培训补贴标准由350元/人提高到按职业技能鉴定分类标准分别给予500～1 100元/人补贴，全年培训农民工超过218万人次。

3. 农民工劳动管理进一步加强。在3—5月份农民工求职高峰期，各地重点开展了农民工签订劳动合同的“春暖行动”，推广使用简易劳动合同文本。在建筑、餐饮、家庭服务等流动性大的行业中，农民工劳动合同签订率提高了20个百分点。北京、上海、重庆、广东等地规模以上企业劳动合同签订率达到90%以上。在农民工较多的企业实施了劳资双方集体协商的“彩虹计划”，扩大集体合同覆盖面。2009年全国签订集体合同124.7万份，比上年增加10.7%。集体协商改变了以前农民工工资由资方单方决定的局面，给了农民工参与工资谈判的话语权，有利于维护农民工的合法权益。农民工劳动用工备案制度建设也取得积极进展，16个省区市建立了省级劳动用工信息数据库，备案人数达到5 123.2万人。

4. 农民工工资拖欠问题得到有效缓解。2009年元旦、春节期间，全国集中开展了农民工工资支付专项检查活动，共为159万多名农民工补发被拖欠工资及赔偿金26亿元。各地人力资源社会保障、公安等部门和人民法院建立了行政司法联动机制和应急处置工作机制，完善应急预案，统筹应急周转金，妥善解决了30多起由拖欠工资引发的群体性事件。各地在易发生拖欠问题的建筑业、制造业普遍建立了工资保证金制度，浙江、云南等地将工资保证金制度的实施范围向交通、水利、餐饮业扩展。人民银行还将企业拖欠工资信息纳入征信系统，积极推广使用农民工银行卡，建立工资支付监控制度。

5. 农民工参加社会保险比例不断提高。人力资源社会保障部出台了包括农民工在内的《城镇企业职工基本养老保险关系转移接续暂行办法》，减少了农民工因养老保险关系不能转移接续而退保的情况。农民工参加工伤保险的“平安计划”一期工程顺利完成，覆盖了建筑施工、煤矿等高危行业中的大多数农民工，同时启动实施了商贸、餐饮服务等行业农民工参加工伤保险的“平安计划”二期工程。各地继续引导农民工参加医疗保险，督促企业为农民工缴纳失业保险费，对符合享受失业保险待遇条件的，按规定及时支付一次性生活补助。河北省采取灵活的参保政策，使农民工可以自愿选择参加城镇职工、城镇居民或农民工的养老保险、医疗保险以及户籍所在地新农合，大大调动了农民工参保积极性。截至2009年11月末，全国参加工伤保险、城镇职工基本医疗保险、城镇职工养老保险、失业保险的农民工分别为5 470万人、4 275万人、2 580万人和1 605万人，分别比2008年末提高10.7%、0.2%、6.8%、3.6%。

6. 户籍制度改革稳步推进。河北省出台了《关于进一步深化户籍管理制度改革的意见》，放宽了农民工进城落户条件，实现农民工进城落户无障碍。唐山市进一步制定了“五个无障碍”政策，即农民工进城落户无障碍、农民进城就业无障碍、农民工子女义务教育就读无障碍、农民进城公共交通无障碍和本市农民进城就医报销无障碍。山西太原市在全市范围内取消了“农业户口”和“非农业户口”，实行城乡统一的“居民户口”管理制度，对非本地户籍人口实行居住证管理制度，连续居住5年以上并申领居住证，经当地公安机关审定，可按户籍管理规定轮候申办本市常住户口。

7. 农民工劳动权益保障进一步加强。劳动争议仲裁机构普遍建立方便农民工劳动争议申诉的“绿色通道”，对事实清楚、权利义务关系明确的劳动争议案件，采取简易程序快速处理，对小额劳动报酬争议案件实行终局裁决、先予执行。2009年共处理农民工劳动争议案件约60万件。各地加大了对农民工法律援助的经费投入，北京、上海、重庆等地对农民工法律援助经费予以足额保障，辽宁、湖北、广东等12个省市设立了农民工法律援助专项经费。

农业法制建设

（一）政策背景和内容 2009年初，中共中央、国务院在《中共中央关于推进农村改革发展若干重大问题的决定》中对农业法制建设提出了明确要求，指出要“加强农村法制建设，完善涉农法律法规，增强依法行政能力，强化涉农执法监督和司法保护。加强农村法制宣传教育，搞好法律服务，提高农民法律意识，推进农村依法治理”，“抓紧完善相关法律法规和配套政策，规范推进农村土地管理制度改革。”

（二）政策执行情况和效果评价 根据党中央、国务院的部署，各级农业部门深入推进农业法制建设，农业法律法规进一步完善，农业执法水平进一步提高，农业依法行政工作取得了新的进展。

1. 深入推进农业立法。2009年6月27日，十一届全国人大常委会第九次会议审议通过了《农村土地承包经营纠纷调解仲裁法》，该法立足我国农村实际，将调解和仲裁紧密结合，确立了仲裁组织的法律地位，明确了仲裁调解和裁决的法律效力，规定了调解和仲裁的原则、方式和程序，为公正及时解决农村土地承包经营纠纷、维护当事人的合法权益提供了法律依据，对保障农民土地承包权益，巩固家庭承包经营基础地位，促进农村经济发展和社会稳定具有重要意义。2009年9月17日，国务院发布了《农业机械安全监督管理条例》，建立健全了农业机械生产、销售、维修、使用操作、事故处理、服务监督等管理制度，规定了农业机械生产企业和销售企业、农业生产经营组织、农业机械所有者、维修从业人员的权利和义务，对加强农业机械安全监督管理，预防和减少农业机械事故，保障人民生命和财产安全具有重要意义。此外，为进一步细化《渔业法》的有关规定，规范水生生物增殖放流活动，2009年农业部发布了《水生生物增殖放流管理规定》，对增殖放流主体和方式、增殖放流水生生物的种质和质量要求、增殖放流的过程管理等作了明确规定。

2. 切实加强农业执法。一是开展全面履行法定职责“回头看”活动。在2008年开展全面履行法定职责清理的基础上，2009年初，农业部将法定职责及评估报告印发各司局对照整改，7月组织开展了“回头看”活动，检查各司局整改落实情况，并督促各司局加大整改力度，切实将法定职责履行到位。从检查情况看，一些过去比较薄弱的环节得到明显改善，各司局全面履责的意识显著增强。二是开展“农产品质量安全执法年”活动。各地农业部门积极行动，采取有力措施，扎实推进整治工作，取得了明显成效。据统计，在整治活动中，各地共出动执法人员283万人次，检查生产经营企业163万家，共查出问题5.4万余起，责令整改4.7万起，立案查处重大案件64起，移送司法机关37人，逮捕31人，取缔无证照企业1 114家，吊销营业执照588个。三是加大执法监督力度。2009年，农业部对部属农业行政执法人员的执法证件进行了审验，依法注销了51人的行政执法证。2009年，农业部共办理行政复议案件9件，其中不予受理3件，作出维持决定3件，作出驳回决定2件，作出变更决定1件。

3. 加快推进农业综合执法。一是大力推进农业综合执法体系建设。截至2009年底，全国已有30个省、197个市和1 840个县开展了农业综合执法工作，县级农业综合执法覆盖率占应建比例的75%。浙江、江苏、河北、湖南、福建、广西、贵州、宁夏、安徽等9省（自治区）农业县已全部实行农业综合执法，提前完成三年工作目标。山西、重庆、江西、湖北、山东、四川等6省（直辖市）县级农业部门开展综合执法的比例也都超过了80%。二是加强农业综合执法能力建设。2009年，各级农业部门采取多种措施，不断提升农业综合执法人员的能力和水平。浙江、福建、重庆、贵州、湖南、湖北等省级执法总队探索实施“抽检分离、检打联动”农业执法新机制，为农资打假和农产品质量安全监管发挥了重要作用。浙江农业厅开展的农业执法技能大比武活动和江西农业厅举办的农业综合执法论坛，为推进农业综合执法创造了良好氛围。江西省萍乡市自1999年开展农业综合执法试点以来，始终坚持“执法队伍职业化、执法行为规范化、执法管理制度化、执法效果最优化”的执法方向，为农业综合执法探索了新路子。三是稳步提升农业综合执法效果。2009年，地方各级农业综合执法机构共查办案件53 384件，吊销许可证照案件272件，移送司法机关案件162件，罚没款近亿元。

4. 继续深化行政审批制度改革。一是健全行政审批综合办公制度。农业部制修订了《农业部行政审批综合办公管理办法》、《大厅“五规范”工作标准》、《大厅工作人员绩效考核办法》等制度规定，进一步规范了行政审批综合办公工作。二是扩大综合办公业务范围。2009年，农业部将农作物种子质量检验机构资格考核、草种检验员考核2项行政许可纳入综合办公，进一步扩大了行政审批综合办公范围。同时，为确保许可事项受理与新的法律法规要求保持同步，还对所有纳入综合办公的许可事项办事指南进行了更新修订，并及时印发农业部公告及在中国农业信息网上公开，得到了申请人的广泛好评。三是稳步推进网上审批。农业部组织开发了农业部行政许可网上审批系统，制定了《农业部网上审批管理暂行办法》，并在总结2008年农业转基因网上审批经验的基础上，选择审批量大、操作相对简便的农药田间试验许可进行网上审批试点。四是做好审批事项取消调整论证工作。2009年，农业部按照国务院行政审批改革办公室要求，先后两次对现有的全部行政审批事项进行清理，并认真开展项目取消调整的审核、论证工作，形成了取消调整的建议，为巩固行政审批制度改革成果、继续推动取消调整行政审批工作奠定了基础。

5. 加强法制教育培训。2009年，各级农业部门继续加强对农业执法人员的培训。农业部举办了两期全国农业行政执法培训班，培训基层农业执法人员近300人，并安排山西、辽宁、内蒙古、甘肃、云南等5省（自治区）开展了有针对性的执法培训试点工作。其他省（自治区、直辖市）农业部门也分别结合本地实际开展了具有地方特色的执法人员培训。通过执法培训，农业执法人员的业务素质和办案水平得到了进一步提高。

专栏10

地方农业立法

2009年，各地积极推动出台了体现地方特色、符合当地实际的30余件农业法规规章。

天津市颁布了全国第一件肥料管理地方性法规——《天津市肥料管理条例》，确立了农业行政主管部门的肥料管理的主体地位，明确了肥料产品实行登记制度，完善了肥料产品生产经营管理措施，鼓励农民开展科学施肥，为该市加强肥料管理，保障农产品质量安全，保护农业生产和生态环境，维护农民合法权益提供了重要的法制保障。

福建省颁布了全国第一件促进海峡两岸农业合作的地方性法规——《福建省促进闽台农业合作条例》，在闽台农业合作的基本原则、从事闽台农业合作台湾同胞的待遇、政府的服务和保障职责、鼓励闽台农业合作与交流等方面进行了明确规定，对于推动闽台农业合作健康发展，促进两岸人民交流互动将起到积极的推动作用。

宁夏回族自治区修订颁布了《宁夏回族自治区奶产业发展条例》，进一步明确了农牧部门对奶牛饲养及生鲜奶生产收购环节的监管职责，将扶持奶产业发展经费纳入财政预算，要求省市县三级设立生鲜牛奶质量检验中心，并加大了违法行为的制裁力度，对促进该区奶产业健康发展、规范奶产业生产经营行为，保障乳品质量安全具有重要意义。

湖北省颁布了《湖北省植物保护条例》和《湖北省食用菌菌种管理办法》，使该省植物保护、植物检疫、农药管理和食用菌菌种管理工作进入依法规范监管的新阶段。

此外，四川省在农产品质量安全管理，吉林省在农机事故处理，辽宁省在植物保护，陕西省在草原管理，内蒙古自治区在农村土地承包，重庆市、江苏省、安徽省在农民专业合作社等领域结合实际，突出地方立法的针对性和可操作性，进行了有益的立法探索和创新，有效发挥了地方立法探路者和试验田的作用，为相关国家立法积累了宝贵经验。

2009年

农业发展与国民经济

2009年农业发展与国民经济

总体状况

2009年是新世纪以来我国经济发展最为困难的一年。在党中央、国务院的领导下，各级各地认真贯彻积极的财政政策和适度宽松的货币政策，全面落实应对国际金融危机的一揽子计划和政策措施，国民经济在世界率先实现回升向好，保增长、调结构、促改革、惠民生取得明显成效。全年实现国内生产总值335 353亿元，比上年增长8.7%。分产业看，第一产业增加值35 477亿元，增长4.2%；第二产业增加值156 958亿元，增长9.5%；第三产业增加值142 918亿元，增长8.9%。第一产业增加值占国内生产总值的比重为10.6%，比上年下降0.2个百分点；第二产业增加值比重为46.8%，下降0.7个百分点；第三产业增加值比重为42.6%，上升0.8个百分点。固定资产投资增长加快，全社会固定资产投资224 846亿元，比上年增长30.1%，增速提高4.6个百分点。社会消费品零售总额125 343亿元，比上年增长15.5%，增速比上年回落5.6个百分点。由于国际市场需求萎缩，全年货物进出口总额22 072亿美元，比上年下降13.9%，其中货物出口12 017亿美元，下降16.0%，出口大于进口1 961亿美元，比上年减少1 020亿美元。全年财政收入68 477亿元，比上年增长11.7%。

2009年也是新世纪以来我国农业农村经济发展十分困难的一年。面对国际金融危机影响加深、国内国际农产品市场波动加剧、极端天气和重大自然灾害频繁发生等严峻挑战，各地区、各部门认真贯彻落实中央的决策部署，圆满完成了全年各项任务，农业农村经济形势好于预期。粮食生产再获丰收，总产单产再创新高；农民收入持续较快增长，来源渠道不断拓宽；农村改革逐步深化，体制机制不断创新；农村基础设施建设取得重大进展，农村面貌得到明显改变；农村公共事业快速发展，农村民生得到显著改善；农村社会和谐稳定，经济社会发展日趋协调。农业农村的持续稳定发展，为促进国民经济的持续较快发展作出了重要贡献，为改革发展各项事业的平稳推进奠定了坚实基础。

2009年，农业、农村和国民经济关系变化的特点是：①农业在国民经济中的比重降低，但产品贡献、市场贡献增强，在应对国际金融的过程中，农业的基础地位更加凸显。②在国际金融危机影响下，农村非农产业推动二、三产业发展的作用有所减弱，但对带动农村劳动力就业以及促进农民收入增长的作用明显。③在城乡关系中，农村居民收入持续较快增长，但是收入水平和增长速度仍低于城镇居民，城乡居民收入差距进一步扩大；城乡居民人均消费支出的相对增速基本相同，但农村居民的消费支出水平、绝对增幅和消费结构仍落后于城市居民。④从不同区域来看，以地区生产总值衡量，中西部地区增长加快，区域经济发展趋于协调；在区域经济结构中，东中西部地区农业增加值占地区生产总值比重都有所下降，但区域间的农业发展差距有所扩大；东部地区农村非农产业总量仍然最大，但中西部地区增速加快，区域发展差距明显缩小；东部地区与中、西部地区农民收入与消费水平差距继续缩小。

农业、农村和国民经济关系中需要关注的问题是：国民收入初次分配中，农业的比重继续下降，在国民收入再次分配中，城乡投资差距依然较大；气候条件不断变化，资源环境约束日益增强，农业持续稳定发展的基础仍不稳固；人口总量不断增长，消费结构逐步升级，保障国家粮食安全和主要农产品供求平衡压力增大；主要农产品市场波动趋于加剧，影响产品贡献和市场贡献的不稳定因素增多；国际贸易保护主义加剧，进出口调控难度加大，农业产业波动的风险增加；世界经济复苏基础依然脆弱，国内经济通涨预期与通缩压力并存，农业农村发展面临的不确定因素较多；尽管农业与工业增长比例关系在过去两年有所好转，但工农关系不协调的矛盾并没有发生根本转变；城乡发展差距扩大的势头仍未扭转，破除城乡二元结构、形成城乡经济社会发展一体化新格局，依然任重而道远。

2010年是完成“十一五”任务、谋划“十二五”发展的关键一年。保持农业农村经济发展的好形势，对于夺取应对国际金融危机全面胜利，促进国民经济平稳较快发展，具有特殊重要的意义。为加强农业基础，必须做好以下几个方面的工作：一是强化强农惠农政策，夯实农业基础；二是优化财政支出结构，优先支持农业农村发展；三是转变发展方式，建设现代农业；四是繁荣农村经济，增加农民收入；五是发展社会事业，改善农村民生；六是深化农村改革，完善体制机制。要按照统筹城乡发展的要求，坚持把解决好“三农”问题作为全部工作的重中之重，协调推进工业化、城镇化和农业农村现代化，巩固和发展农业农村好形势。

农业对国民经济的贡献

2009年，在中央各项强农惠农政策的推动和各级各地的共同努力下，我国农业和农村经济保持良好的发展势头，为“保增长、保民生、保稳定”作出了重大贡献。

（一）增长贡献 2009年，面对极其复杂的国际国内形势，中央实行了积极的财政政策和适度宽松的货币政策，全面实施并不断完善应对国际金融危机的一揽子计划及相关政策措施，国民经济发展好于预期，在世界率先实现经济回升向好。全年实现国内生产总值335 353亿元，与上年相比，增长8.7%，增幅下降0.3个百分点。

2009年农林牧渔业生产呈现全面发展的好势头。粮食实现连续六年增产，连续三年稳定在5亿吨以上。全年实现农业增加值35 477亿元，比上年增长4.2%，增幅比上年下降1.3个百分点。农业增加值占国内生产总值的比重为10.6%，比上年下降0.2个百分点（图24）。农业增长对国民经济增长的贡献份额为4.3%，比上年下降8.1个百分点。

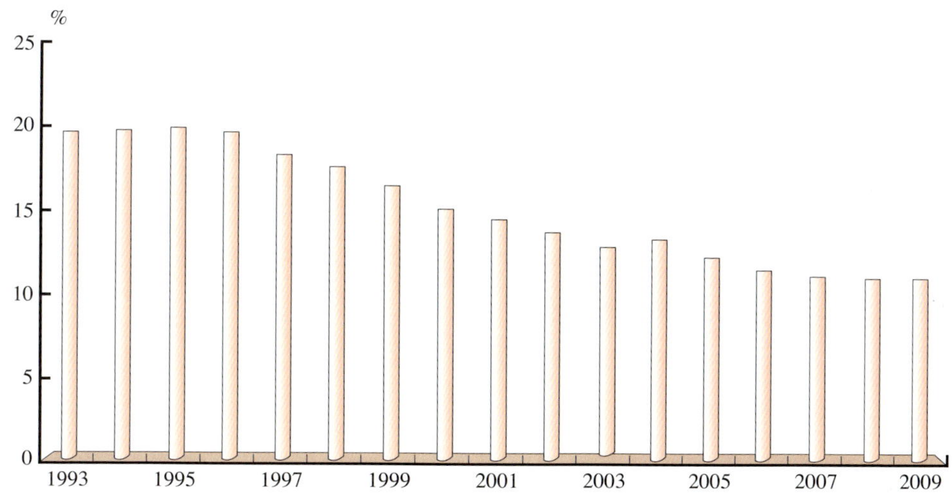

图24 1993—2009年农业增加值占国内生产总值比重变动情况

（二）产品贡献 2009年，我国大宗农产品供求基本平衡，全国城市食品类商品零售价格比上年上涨1.1%，其中粮食零售价格比上年上涨5.9%，全年城镇居民人均食品消费支出4 479元，占当年生活消费支出的36.5%，比上年下降了1.4个百分点。

（三）市场贡献 随着我国农民收入的持续增加，以及家电下乡等政策的实施，2009年的农村消费继续保持较快增长。全年县及县以下消费品零售额达到40 210亿元，比上年增长15.7%，比全国消费品零售额平均增长速度快0.2个百分点；县及县以下消费品零售额占全社会消费品零售总额的比例为32.1%，比上年上升0.1个百分点（图25）。

2009年农业生产资料价格有所回落。农业生产资料价格总水平比上年下降2.5%，其中化肥价格下降6.3%，农用机油价格下降5.6%，饲料价格上涨2.4%，农药及农药械价格上涨0.1%，农机价格上涨0.9%。全年农民人均家庭经营费用支出1 700.1元，与上年持平。其中，人均购置生产性固定资产支出201.0元，比上年增长24.4%，增长幅度比上年上升14.6个百分点。

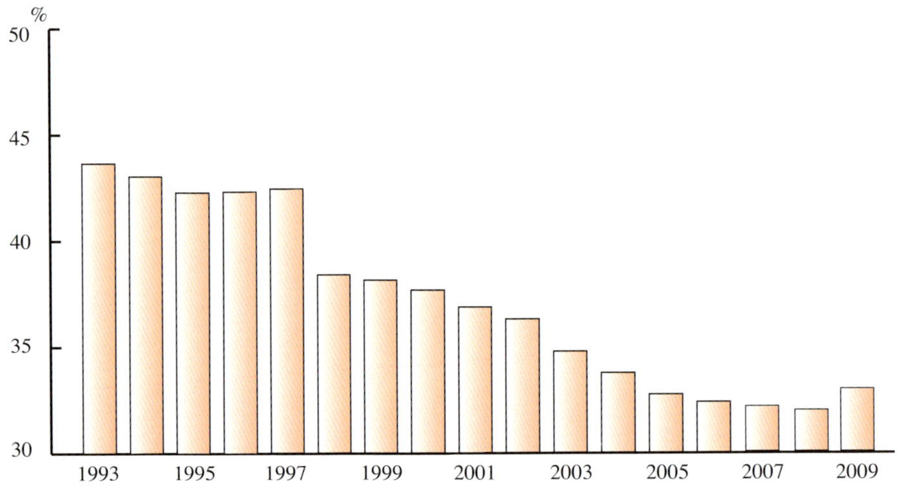

图25 1993—2009年农村消费品零售额占社会消费品零售额比重变动情况

（四）要素贡献 2009年末农业就业人员29 708万人，比上年减少946万人。当年农业就业人员占全社会就业人员的比重为38.1%，比上年下降了1.5个百分点。

（五）外汇贡献 2009年，我国对外贸易全年实现进出口总额22 072亿美元，比上年下降13.8%。其中出口总额12 017亿美元，比上年下降15.9%；进口总额10 056亿美元，比上年下降11.3%。

农产品进出口双下降，其中进口降幅大于出口降幅，农产品贸易逆差大幅下降。农产品进出口贸易总额为923亿美元，比上年下降7.0%。其中，出口额为396亿美元，下降2.3%；进口额为527亿美元，下降10.3%；农产品贸易逆差为131亿美元，下降28.2%。农产品进出口贸易总额占全国进出口贸易总额的比重为4.2%，比上年上升0.3个百分点。其中，农产品出口总额占全部出口总额的3.0%，上升0.2个百分点；农产品进口总额占全部进口总额的5.2%，与上年持平。

农业与国民收入分配

在2009年的国内生产总值中，农业的比重为10.6%，比上年下降了0.2个百分点，第二产业在国内生产总值中占的比重为46.8%，比上年下降了0.6个百分点，第三产业在国内生产总值中占的比重为42.6%，比上年提高了0.8个百分点。

（一）在国民收入初次分配中，农业对农民人均纯收入增长的贡献继续下降，农民纯收入总量在国内生产总值中所占的比重继续下降 2009年，农村居民家庭人均纯收入为5 153元，比上年增加393元。农民人均纯收入中，来自家庭经营的收入为2 527元，比上年增加91元。其中来自家庭经营第一产业的纯收入1 988元，比上年增加42元，增长2.2%，增速比上年回落8.3个百分点。第一产业纯收入占农民人均纯收入的比重为38.6%，比上年下降2.3个百分点。

2009年，全国乡村人口为71 288万人，全国农民纯收入总量为36 736亿元，占当年国内生产总值的比重为11.0%，与上年相比下降了0.4个百分点。2009年城镇居民人均可支配收入为17 175元，比上年增加1 394元。当年城镇居民人口为62 186万人，全国城镇居民可支配收入总量达到106 803亿元，占国内生产总值的比重为31.9%，比上年高0.1个百分点。

2009年，农村居民人均纯收入比上年实际增长8.5%，城镇居民人均可支配收入比上年实际增长9.8%，城镇居民仍快于农村居民。城镇居民人均可支配收入是农村居民人均纯收入的3.3倍，城乡居民收入差距仍然超过世界银行认定的1.6：1的红线。城乡居民收入差距大，不利于社会稳定，必须给予持续关注。

（二）在国民收入再分配过程中，财政支农力度进一步加大，对稳定农业生产做出了贡献，但城乡投资差距持续扩大的趋势没有改变 2009年，全社会固定资产投资总额为224 846亿元，比上年增长30.1%，增长幅度比上年提高了4.6个百分点。全社会固定资产投资占国内生产总值的比重达到67.0%，比上年提高了9.7个百分点，投资率继续偏高。在全社会固定资产投资中，用于城镇的为194 139亿元，比上年增长30.5%，比上年提高了4.4个百分点，用于农村的30 707亿元，比上年增长27.5%，提高约6个百分点。城镇得到的固定资产投资是农村的6.3倍，差距继续扩大。

2009年，为加强农业基础，应对国际金融危机蔓延带来的严峻挑战，国家围绕稳粮、增收、强基础、重民生四大重点，加大了对基础设施和农业农村的投资力度，大幅度提高了粮食最低收购价，启动实施全国新增千亿斤粮食生产能力建设规划，继续改善农村生产生活条件。从执行情况看，各项强农惠农政策得到有效贯彻落实。2009年，中央财政用于“三农”的支出达到7 253亿元，比上年增长21.8%。中央财政安排种粮农民直接补贴、农资综合补贴、良种补贴、农机具购置补贴共计1 274.5亿元，比上年增长23.7%。小型农田水利基础设施建设得到支持。农村民生改善和基础设施建设取得重大进展，贫困地区的生产生活条件得到明显改善。农村五保户供养水平有了新的提高。中央下达农村义务教育经费666亿元，提前一年实现农村中小学生人均公用经费500元和300元的目标。中等职业学校农村家庭经济困难学生和涉农专业学生免学费政策开始实施。新型农村合作医疗制度覆盖8.3亿人。新建和改造农村公路38万公里、农村电网线路26.6万公里。农村饮水安全工程使6 069万农民受益，新增510万沼气用户，80万户农村危房得到改造，9.2万户游牧民实现了定居。总的来看，在金融危机的背景下，中央财政大幅度增加对农村基础设施建设和民生支出，稳定了农业生产和确保了国家的粮食安全，对促进国民经济和社会发展发挥了重要作用。

工农业发展比例关系

2009年，全国实现工业增加值134 625亿元，比上年实际增长3.4%，增速比上年下降8.3个百分点；农业增加值实际增长5.3%，增速下降0.4个百分点。2009年，工业增加值与农业增加值增长速度之比由上年的3.0：1缩小到1.6：1。

工农发展差距的缩小，主要原因在于工业

增长速度明显放缓。受国际金融危机和国内宏观经济形势持续变化的影响，2009年我国工业企业外部需求减少，经营困难增多。整体上看，我国工农业之间均衡增长和良性循环的机制还没有完全建立起来，二元经济结构固化的状态并未打破，工农业发展比例关系不协调的问题仍然存在，农业、农村在资源配置和国民收入分配中仍处于不利地位。

农村非农产业发展与国民经济增长

2009年，我国乡镇企业平稳发展，农村非农产业的发展为国民经济增长和农民收入水平提高作出了重要贡献。

（一）促进国民经济增长 2009年乡镇企业增加值占国内生产总值的比重为27.4%，比上年下降0.6个百分点。乡镇企业二、三产业增加值合计为89 024亿元，比上年增长6.6%，比全国二、三产业增加值的平均增长速度慢6.6个百分点；乡镇企业二、三产业增加值占当年全国二、三产业增加值的比例为29.5%，比上年下降约2个百分点。2009年，乡镇企业增加值增长对国内生产总值增长的贡献率为22.9%，比上年下降了1.5个百分点。其中二、三产业增加值增长对全国二、三产业增加值增长的贡献率为15.7%，比上年下降了24.9个百分点。

（二）吸纳农村劳动力就业 2009年乡镇企业从业人员15 588万人，比上年增加515万人；乡镇企业从业人员占全国就业人员比例为20.0%，比上年提高0.1个百分点。其中，乡镇企业二、三产业从业人员15 406万人，比上年增加141万人，占全国二、三产业就业比例为31.9%，比上年下降0.7个百分点。在全国当年新增的就业人员中，有26.6%被乡镇企业吸收，比上年下降47.4个百分点；在全国当年新增的二、三产业就业人员中，有9.7%被乡镇企业吸收，比上年下降18个百分点。

（三）增加农民收入 2009年，工资性收入仍然是农民收入增长的重要来源。农民人均从事非农产业家庭经营的收入为539元，比上年增加49元，增长10.0%；人均工资性收入2 061元，比上年增加208元，增长11.2%，增幅比上年下降4.9个百分点。在当年农民人均纯收入中，来自家庭经营第一产业的收入占38.6%，比上年下降了2.3个百分点；工资性收入以及来自家庭经营非农产业的纯收入占50.5%，比上年上升了1.3个百分点。

城乡居民收入差异

2009年城镇居民收入增长速度快于农村居民，绝对收入水平和增长数量高于农村居民，城乡居民收入差距再次扩大。

（一）城乡居民收入增长速度差距扩大 2009年，全国城镇居民人均可支配收入比上年实际增长9.8%，增速比上年提高1.4个百分点；农村居民人均纯收入比上年实际增长8.5%，增速比上年提高0.5个百分点。城乡居民收入增长速度的差距由上年的0.4个百分点扩大到1.3个百分点（图26）。

（二）城乡居民收入增长的主要原因 2009年，影响城镇居民收入增长的主要因素有：①宏观经济企稳回升，工薪收入继续增长。全年城镇居民人均工薪收入12 382元，比上年增长9.6%，增速略微下降0.8个百分点，

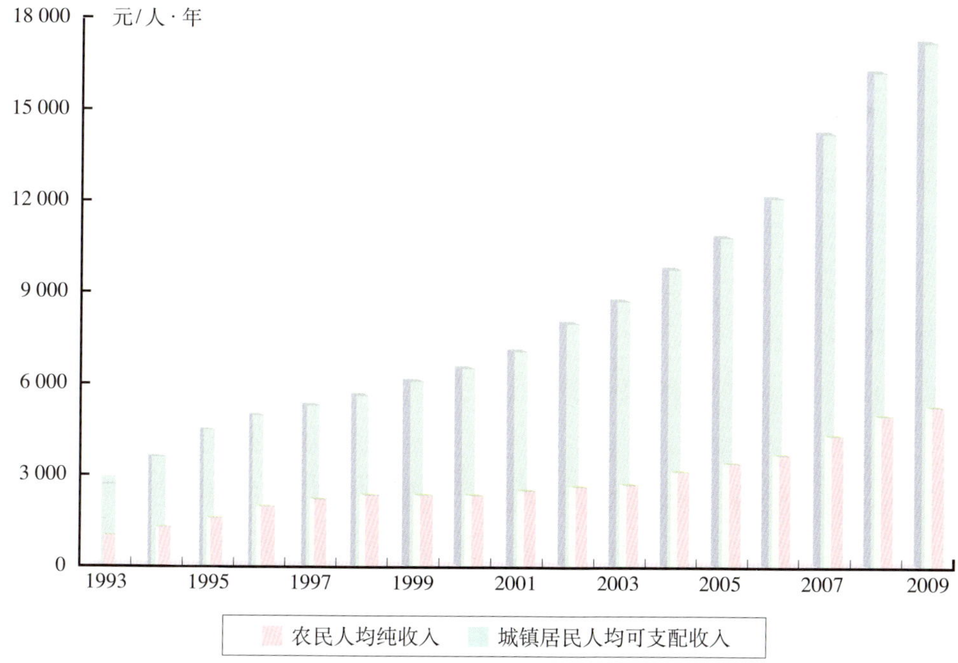

图26 1993—2009年城乡居民收入变动情况

工薪收入增加额占城镇居民人均可支配收入增量的77.7%。②虽然中央和地方出台了一系列促进就业再就业的政策，但非公经济受金融风波影响较大，经营净收入增长减缓。城镇居民人均经营净收入1 529元，比上年增长5.2%，增速大幅回落了49.3个百分点。③最低生活保障和基本养老保险制度得到进一步完善，转移性收入继续快速增加。城镇居民人均转移性收入4 516元，比上年增长15.0%。④财产性收入继续增长。城镇居民人均财产性收入432元，比上年增长11.6%，增速提高0.6个百分点。

影响农村居民收入增长的主要原因素有：①家庭经营纯收入增速回落。农村居民人均家庭经营第一产业纯收入比上年增长2.2%，增速下降9.3个百分点，增加量占全年人均纯收入增量的10.7%，比上年下降21.7个百分点。家庭经营二、三产业纯收入539元，比上年增长10.0%。②工资性收入稳定增长。农村居民人均工资性收入2 061元，比上年增长11.2%，增速比上年下降4.9个百分点。工资性收入增加额占全年农村居民人均纯收入总增量的52.9%，比上年提高11.4个百分点。③财产性收入保持较快增长。农村居民人均财产性收入167元，比上年增长12.9%，增速下降2.6个百分点。④转移性收入持续增长。农村居民人均转移性收入398元，比上年增长23.1%，虽然增速回落了22.3个百分点，但仍处于较高水平。其中，四项农业生产补贴收入110元，比上年增加15元。

2009年，全国居民消费价格总水平比上年下降0.7%。其中城镇下降0.9%，农村下降0.3%，农村物价下降幅度低于城镇0.6个百分点。消费价格水平变化对城乡居民收入增长差异的影响依然较大。

（三）城乡居民收入差距问题依然突出 与上年相比，2009年城乡居民收入增长速度的差距有所扩大，城乡居民收入不平衡的问题依然突出。主要表现在：①城乡居民收入的绝对差距继续扩大。由于增长基数不同，城镇居民人均可支配收入与农村居民人均纯收入的比例由上年的3.31∶1略有扩大到3.33∶1。城镇居民人均可支配收入与农村居民人均纯收入之间的差距由11 020元继续扩大到12 022元。②城乡居民实际可支配收入差距依然较大。农村居民人均现金收入6 270元，相当于城镇居民人均可支配收入的36.5%，比上年扩大0.1个百分点。③城乡居民收入增长的稳定性仍然存在较大差异。城镇居民收入增长在很大程度上依靠国家政策性因素的推动，具有较强的连续性和稳定性。农村居民收入增长受到市场因素和自然因素的双重制约，虽然国家对农业的支持保障体系在进一步完善，但生产资料和农产品价格波动较大，农民增收的基础仍比较薄弱，增收的渠道仍比较缺乏，促进农民持续增收的长效机制尚未完全建立，农民增收的不确定性因素增加。此外，现有的财政支出结构使城乡居民在享受公共服务和社会福利等方面仍然存在着巨大差异，在较长时期内仍可能进一步加剧城乡居民收入不平衡问题。

城乡居民消费差异

2009年，城乡居民人均消费支出增速继续下降，其中农村居民消费支出增速降幅大于城镇居民，城乡居民消费水平的绝对差距继续扩大，城镇居民的消费水平和消费结构明显优于农村居民。

（一）城乡居民消费水平的差异 2009年，城镇居民人均生活消费支出12 265元，比上年增加1 022元，名义增长9.1%；农村居民人均消费支出3 994元，比上年增加333元，名义增长9.1%。城乡居民人均生活消费支出比保持在3.07∶1，与上年基本持平。城乡居民消费水平的绝对差距继续扩大，城镇居民人均生活消费支出比农村居民多8 271元，与上年相比扩大689元。

（二）城乡居民恩格尔系数的差异 尽管食品价格略有上涨，但由于城乡居民收入增长均明显加快，人均食品支出占生活消费支出的比重（恩格尔系数）都有所下降。2009年城镇居民人均食品消费支出4 479元，恩格尔系数下降至36.5%，比上年降低1.4个百分点。农村居民人均食品消费支出1 636元，恩格尔系数下降至41.0%，比上年降低2.7个百分点。城镇居民恩格尔系数低于农村居民4.5个百分点，差距比上年缩小1.3个百分点（图27）。

（三）城乡居民消费结构的差异 随着收入水平的快速提高，以及城市建设和社会事业的不断发展，城镇居民的消费结构继续优化。2009年，城镇居民人均各类消费占消费总支出的比例依次是：食品（36.5%）、教育文化娱乐（12.0%）、交通和通讯（13.7%）、居住（10.0%）、衣着（10.5%）、医疗保健（7.0%）、家庭设备及服务（6.4%）。从城镇居民消费结构的变化看，发展型和享受型消费依然占居城镇居民消费的主导地位。主要表现在以下几个方面：①用于吃、穿等满足基本生活需要的消费支出占生活消费支出的比重下降。人均5 763元，比上年增长6.2%，增速下降10.0个百分点，占消费支出的比重比上年降低1.3个

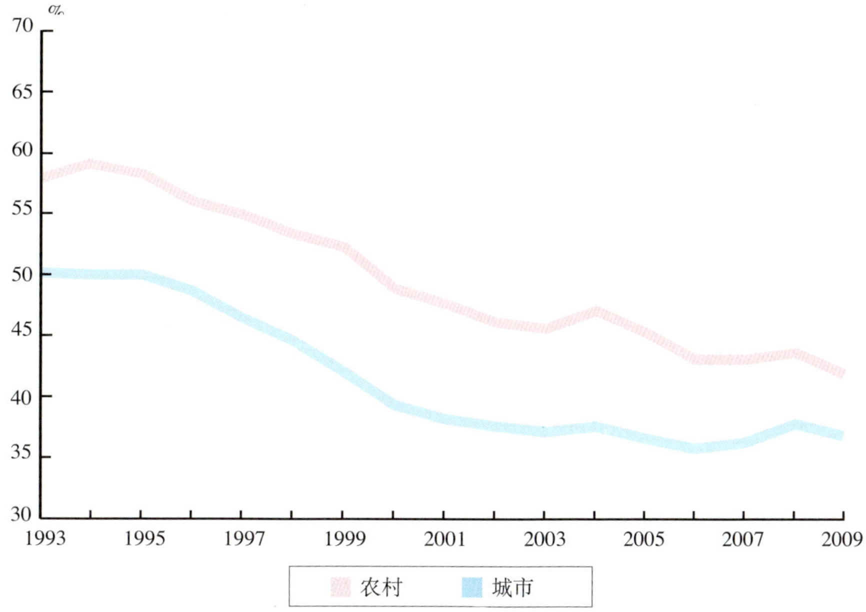

图27　1993—2009年城乡居民恩格尔系数变动情况

百分点。②医疗保健支出增速继续回落。人均856元，比上年增长8.9%，增速下降3.6个百分点，占消费支出的比重与上年持平。③交通通讯消费和教育文化娱乐消费增速迅速回升。人均交通通讯支出1 683元，比上年增长18.7%，增速提高14.3个百分点；用于教育、娱乐方面的支出1 473元，比上年增长8.4%，增速提高6.2个百分点。从占消费支出的比重看，交通通讯支出比上年提高1.1个百分点，教育娱乐支出比上年降低0.1个百分点。④居住支出增速降低。城镇居民人均居住支出1 229元，比上年增长7.3%，增速下降9.3个百分点，在消费支出中所占比重比上年降低0.2个百分点。

随着农民收入的持续较快增长，以及一系列促进农村消费政策的实施，农村居民消费继续保持较强的增长势头，各类消费支出增速均有所回升。2009年农村居民人均各类消费占生活消费总支出的比例依次是：食品（41.0%）、居住（20.2%）、文化教育娱乐及服务（8.5%）、交通和通讯（10.1%）、医疗保健（7.2%）、家庭设备用品及服务（5.1%）。与上年相比，农村居民的消费结构变动的基本特征是：①基本生活消费继续增长，占生活消费支出的比重比上年下降了2.7个百分点。②居住条件进一步改善，居住支出继续较快增长。人均住房面积33.6平方米，比上年增加3.6%。人均居住支出805元，比上年增长18.6%。③交通及通讯消费平稳增长。农村居民人均交通、通讯费用支出403元，比上年增长11.6%。④文化教育娱乐支出增长加速，医疗保健消费支出持续快速增长。农村居民用于文化教育娱乐支出人均341元，比上年增长8.3%，增速比上年提高5.4个百分点，占生活消费支出的比重比上年下降0.1个百分点；人均医疗保健支出288元，比上年增长16.9%，增速略有回落，占生活消费支出的比重比上年提高0.5个百分点。

2009年，城乡居民消费结构变化趋势依然呈现出较强的趋同性。但城镇居民消费层次仍然明显高于农村居民。

（四）城乡居民食品消费的差异 2009年，城乡居民食品消费水平继续保持较大差异。城镇居民在食品均衡营养、健康安全、方便快捷等方面不断升级，农村居民食品消费仍处于由温饱型向营养型转变的阶段。从主要食品的消费量来看，城乡居民人均粮食直接消费量基本稳定：蔬菜消费量分别为120.5千克和98.4千克，比上年分别减少2.7千克和1.3千克；猪牛羊肉消费量分别为24.2千克和15.3千克，比上年分别增加1.5千克和1.4千克；禽蛋消费量分别为10.6千克和5.3千克，均比上年减少0.1千克；食用植物油消费量分别为9.7千克和6.3千克，比上年分别减少0.6千克和增加0.1千克（图28、图29）。

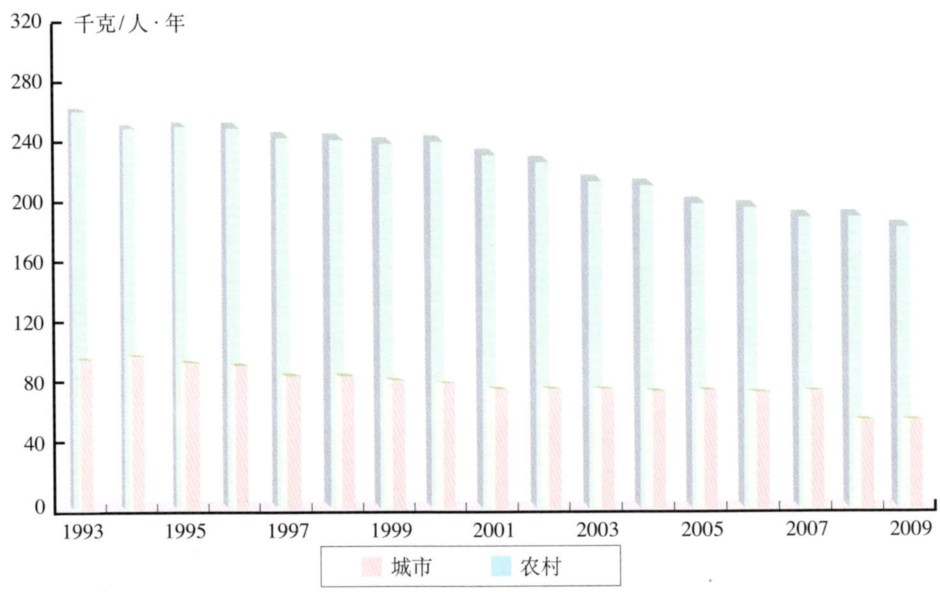

图28　1993—2009年城乡居民人均粮食消费变动情况

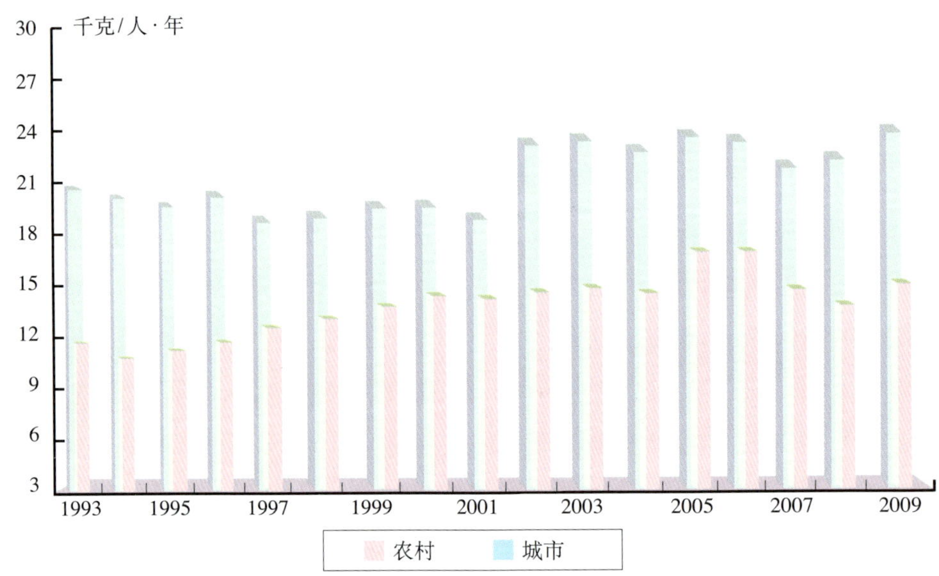

图29　1993—2009年城乡居民人均猪牛羊肉消费变动情况

（五）城乡居民家庭耐用消费品消费的差异 2009年，城乡居民家庭耐用消费品数量继续增加。城镇居民家庭中普通和中档家电消费增长放缓，高档耐用消费品的消费增长较快，更新换代加速。2009年底，平均每百户城镇居民家庭拥有彩色电视机135.7台，比上年增长2.1%；洗衣机96.0台，增长1.4%；电冰箱95.4台，增长1.9%；空调106.8台，增长6.5%；微波炉57.2台，增长4.8%；移动电话181.0部，增长5.2%；家用计算机65.7台，增长10.8%；家用汽车10.9辆，增长23.7%，摄像机7.8台，增长9.9%。农村居民家庭耐用消费品升级较快，中高档耐用消费品拥有量加快增长。2009年底，平均每百户农村居民家庭拥有彩色电视机108.9台，比上年增长9.8%；电冰箱37.1台，增长22.8%，洗衣机53.1台，增长8.1%；移动电话115.2部，增长19.9%；摩托车56.6辆，增长7.8%。城乡居民拥有耐用消费品的数量仍存在较大差距，农村居民的消费层次和消费结构明显落后于城镇居民。

区域经济发展差异

以地区生产总值衡量，2009年中西部地区增长加快，区域经济发展趋于协调。从区域经济结构来看，东中西部地区农业增加值占地区生产总值比重都有所下降，但农业发展差距有所扩大；东部地区农村非农产业总量仍然最大，但中西部地区增速加快，区域发展差距明显缩小。从农民收入与消费指标来看，东部地区与中、西部地区农民收入与生活水平差距继续缩小。

（一）东、中、西部地区经济结构与农村经济发展水平的差异 在2009年全国实现的国内生产总值中，东、中、西部地区分别占60.0%、26.3%和13.7%，与上年相比，东部地区下降了0.6个百分点，中部地区上升了0.1个百分点，西部地区上升了0.5个百分点。东部、中部、西部实现的地区生产总值之比为4.40：1.93：1，与上年的4.58：1.98：1相比，东、中、西部发展差距缩小。

从全国农业增加值的构成来看，2009年东、中、西部实现的农业增加值分别占全国的44.6%、36.0%和19.4%，与上年相比，东部的比重下降了0.4个百分点，西部地区上升0.4个百分点。东、中、西部地区农业增加值占地区生产总值的比重分别为7.2%、13.3%和13.8%，东部地区比上年下降0.3个百分点，中部地区比上年下降0.9个百分点，西部地区比上年下降了1.7个百分点。东、中、西部地区农业增加值之比为2.30：1.86：1，与上年的2.22：1.81：1相比，东部地区与中、西部地区差距有所扩大。

2009年，东、中、西部三大地区乡镇企业增加值分别占全国乡镇企业增加值的76.4%、17.7%和5.8%，与上年相比，东部地区所占比重上升了5.2个百分点，中部地区下降了2.4个百分点，西部地区下降了2.9个百分点。2009年东、中、西部乡镇企业增加值之比为13.1：3：1，与上年的14.2：5：1相比，东、中部地区与西部地区之间差距明显缩小（图30）。

（二）东、中、西部地区农村居民收入和消费水平的差异 2009年东，中、西部地区的农民人均纯收入分别为6 743元、4 865元和

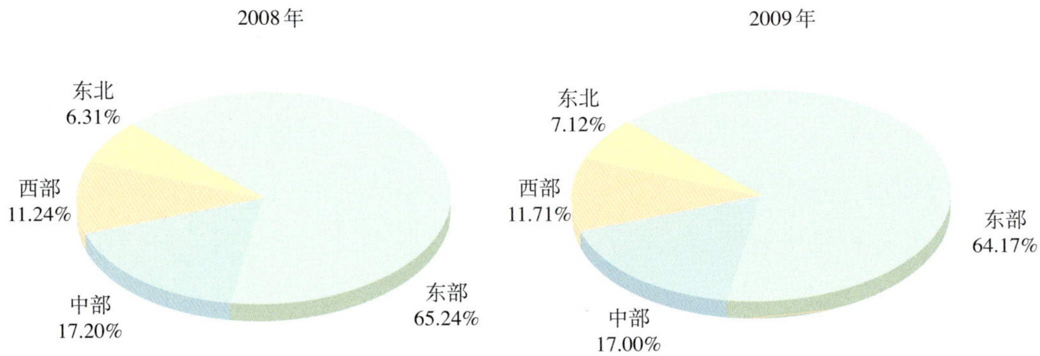

图30　2008、2009年乡镇企业增加值按区域分布情况

3 685元，东、中、西部地区的农民人均纯收入之比为1.83∶1.32∶1，东部地区与中、西部地区之间的差距有所缩小（图31）。

从东、中、西部地区农村居民消费差异看，2009年东、中、西部地区农村居民人均生活消费支出分别为4 889元、3 715元和3 170元，分别比上年增长7.5%、8.1%和14.1%。以西部地区农村居民的消费支出为1，东、中、西部地区农村居民生活消费的比率为1.54∶1.17∶1，与上年的1.64∶1.24∶1相比，东、中、西部地区的农村居民的生活消费差距有所缩小。

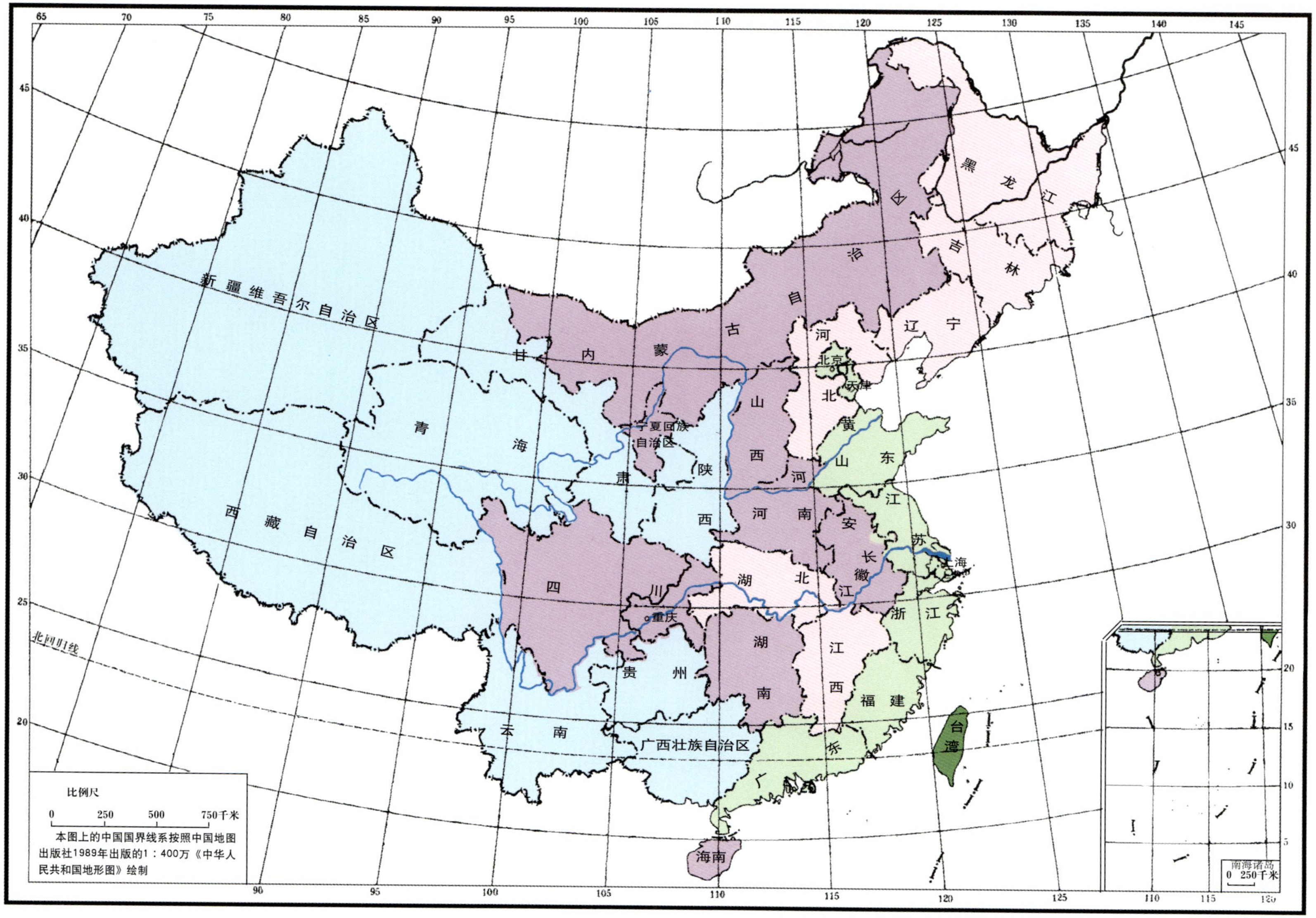

纯收入＞6 000元
纯收入4 000～5 000元
纯收入5 001～6 000元
纯收入＜4 000元

图31　2009年全国农村居民人均纯收入按省、自治区、直辖市分布情况

2010年

农业发展趋势

2010年农业发展趋势

发展目标和任务

2010年是实施“十一五”规划的最后一年，也是夺取应对国际金融危机冲击新胜利、保持经济平稳较快发展的关键一年。

2009年底召开的中央农村工作会议指出，当前，我国农业的开放度不断提高，城乡经济的关联度显著增强，气候变化对农业生产的影响日益加大，农业农村发展的有利条件和积极因素在积累增多，各种传统和非传统的挑战也在叠加凸显。面对复杂多变的发展环境，促进农业生产上新台阶的制约越来越多，保持农民收入较快增长的难度越来越大，转变农业发展方式的要求越来越高，破除城乡二元结构的任务越来越重。会议要求，必须不断深化把解决好“三农”问题作为全党工作重中之重的基本认识，切实防止忽视和放松“三农”工作的倾向，努力确保粮食生产不滑坡、农民收入不徘徊、农村发展好势头不逆转。会议强调，要全面贯彻党的十七大和十七届三中、四中全会精神，深入贯彻落实科学发展观，把统筹城乡发展作为全面建设小康社会的根本要求，把改善农村民生作为调整国民收入分配格局的重要内容，把扩大农村需求作为拉动内需的关键举措，把发展现代农业作为转变经济发展方式的重大任务，把建设社会主义新农村和推进城镇化作为保持经济平稳较快发展的持久动力，按照稳粮保供给、增收惠民生、改革促统筹、强基增后劲的基本思路，毫不松懈地抓好农业农村工作，继续为改革发展稳定大局作出新的贡献。

按照中央的总体部署，农业部提出，2010年要稳定粮食等主要农产品生产，优化农业农村经济结构，着力构建现代农业支撑体系，加快农业科技进步，促进农村改革和体制机制创新，推进社会主义新农村建设，做到“两个千方百计”和“两个努力确保”。即千方百计保持粮食产量稳定在1万亿斤以上，千方百计保持农民收入增长在6%以上，努力确保不发生区域性重大动物疫情，努力确保不发生重大农产品质量安全事件，巩固和发展当前农业农村经济好形势，为经济社会发展全局提供有力支撑。要重点做好以下十个方面的工作：①切实保障粮棉油糖稳定发展。②统筹推进“菜篮子”产品协调发展。③大力强化农产品质量安全工作。④切实加强重大动植物疫病防控和农业防灾减灾工作。⑤大力推进农业科技进步。⑥加强农业基础设施和装备能力建设。⑦加大农业资源和生态环境保护力度。⑧加强农产品产销衔接和贸易促进。⑨努力拓宽农民增收渠道。⑩深入推进农村改革和体制机制创新。

农业发展面临的条件

2010年农业农村经济发展，有利条件和积极因素在积累增多，各种传统和非传统的挑战也在叠加凸显。从国际看，世界经济出现恢复性增长，但复苏的基础仍然脆弱。国际金融市场渐趋稳定，但风险没有完全消除。贸易保护主义明显抬头，加上气候变化、粮食安全等问题错综复杂，不确定因素依然很多，对我国国民经济和农业发展的负面影响仍然不容忽视。从国内看，我国国民经济回升向好的基础进一步巩固，国家继续采取积极的财政政策和实施适度宽松的货币政策，继续加大对农业农村的投入，毫不松懈地抓好“三农”工作，农业农村发展面临的政策环境进一步改善。

（一）有利条件

1. 国家将进一步健全强农惠农政策体系，推动资源要素向农村配置。一是继续加大国家对农业农村的投入力度。中央明确要求，要按照总量持续增加、比例稳步提高的要求，不断增加“三农”投入。确保财政支出优先支持农业农村发展，预算内固定资产投资优先投向农业基础设施和农村民生工程，土地出让收益优先用于农业土地开发和农村基础设施建设。各级财政对农业的投入增长幅度都要高于财政经常性收入增长幅度。耕地占用税税率提高后，新增收入全部用于农业。新增建设用地土地有偿使用费全部用于耕地开发和土地整理。继续增加现代农业生产发展资金和农业综合开发资金规模。二是完善农业补贴制度和市场调控机制。增加良种补贴，扩大马铃薯补贴范围，启动青稞良种补贴，实施花生良种补贴试点。进一步增加农机具购置补贴，扩大补贴种类，把牧业、林业和抗旱、节水机械设备纳入补贴范围。落实和完善农资综合补贴动态调整机制。逐步完善适合牧区、林区、垦区特点的农业补贴政策。继续提高粮食最低收购价。扩大销区粮食储备规模。适时采取玉米、大豆、油菜籽等临时收储政策，健全国家收储农产品的拍卖机制，做好棉花、食糖、猪肉调控预案，保持农产品市场稳定和价格合理水平。三是引导信贷资金和社会资源投向“三农”。落实和完善涉农贷款税收优惠、定向费用补贴、增量奖励等政策。进一步完善县域内银行业金融机构新吸收存款主要用于当地发放贷款政策。拓展农业发展银行支农领域。积极推广农村小额信用贷款。加快培育村镇银行、贷款公司、农村资金互助社。扩大农业保险保费补贴的品种和覆盖范围，加大中央财政对中西部地区保费补贴力度。鼓励对特色农业、农房等保险进行保费补贴。健全农业再保险体系。鼓励社会力量参与农村产业发展和公共设施建设。企业通过公益性社会团体、县级以上人民政府及其部门或者设立专项的农村公益基金会，用于建设农村公益事业项目的捐赠支出，不超过年度利润总额12%的部分准予在计算企业所得税前扣除。抓紧健全科技、教育、文化、卫生等下乡支农制度。四是开拓农村市场。加大家电、汽车、摩托车等下乡实施力度，大幅度提高家电下乡产品最高限价。增加补贴品种，补贴对象扩大到国有农林场（区）职工。大力发展物流配送、连锁超市、电子商务等现代流通方式，支持商贸、邮政等企业向农村延伸服务，鼓励农村信贷消费。

2. 加快农业基础设施建设，提高农业发展的科技支撑能力。一是大力实施农业生产扶持项目。全面实施全国新增千亿斤粮食生产能力规划。加快建立健全粮食主产区利益补偿制度，继续减少直至取消主产区粮食风险基金地方资金配套。加快优质油菜、花生生产基地县建设，积极发展油茶、核桃等木本油料。扩大粮棉油糖高产创建实施规模，年内覆盖全国所有农业县（农场）。实施新一轮菜篮子工程建设，加快园艺作物生产设施化、畜禽水产养殖规模化。支持畜禽良种繁育体系建设。加强重大动物疫病防控，完善扑杀补贴政策，推进基层防疫体系建设。增加渔政、渔港、渔船安全设施等建设投入。加快农产品质量安全监管体系和检验检测体系建设。二是抓好农业基础设施建设。加快大中型水利枢纽工程建设，搞好蓄滞洪区建设和山洪灾害防治。大力推进大中型灌区续建配套和节水改造，加快末级渠系建设。启动大中型病险水闸除险加固。加快大型灌排泵站更新改造。大幅度增加中央和省级财政专项补助资金，新增一批小型农田水利建设重点县。支持山丘区建设雨水集蓄等小微型水利设施。加大财政对农民用水合作组织的扶持力度，加强基层抗旱排涝和农村水利技术服务体系建设。支持农田排灌、土地整治、土壤改良、机耕道路和农田林网建设，把800个产粮大县的基本农田加快建成高标准农田。继续增加农业综合开发、农村土地整治投入，推进中低产田改造。扩大测土配方施肥、土壤有机质提升补贴规模和范围。推广保护性耕作技术，实施旱作农业示范工程。三是提高农业科技创新和推广能力。继续实施转基因生物新品种培育科技重大专项。推动国内种业加快企业并购和产业整合。实施农村科技创业行动、科技富民强县专项行动计划、科普惠农兴村计划，推进现代农业产业技术体系建设。抓紧建设乡镇或区域性农技推广等公共服务机构，扩大基层农技推广体系改革与建设示范县范围。积极发展多元化、社会化农技推广服务组织。推进农用工业技术改造。大力推广机械深松整地，支持秸秆还田、水稻育插秧等农机作业。四是健全农产品市场体系。支持重点农产品批发市场建设和升级改造，加快建设粮棉油糖等大宗农产品仓储设施，加快发展农产品期货市场，全面推进双百市场工程和农超对接完善全国鲜活农产品绿色通道政策。五是构筑生态安全屏障。巩固退耕还林成果，延长天然林保护工程实施期限，继续推进重点林业生态工程建设。提高中央财政对属集体林的国家级公益林森林生态效益补偿标准。开展造林苗木、森林抚育试点补贴。启动森林经营工程。加强草原生态保护建设，加大退牧还草工程实施力度，延长实施年限，提高补贴标准。加大草原鼠虫害防治力度。实施国家水土保持重点建设工程。加强农业面源污染治理，发展循环农业和生态农业。

3. 加快改善农村民生，缩小城乡公共事业发展差距。一是促进农民就业创业。建立覆盖城乡的公共就业服务体系，加强技能培训。完善促进创业带动就业的政策措施，将农民工返乡创业和就地就近创业纳入政策扶持范围。健全农民工社会保障制度，深入开展工伤保险全覆盖行动，加强职业病防治和农民工健康服务，将与企业建立稳定劳动关系的农民工纳入城镇职工基本医疗保险，抓紧落实包括农民工在内的城镇企业职工基本养老保险关系转移接续办法。落实以公办学校为主、以输入地为主解决好农民工子女入学问题的政策。二是继续发展农村社会事业。巩固完善农村义务教育经费保障机制，继续实施中小学校舍安全工程，推进农村中等职业教育免费进程，逐步实施农村新成长劳动力免费劳动预备制培训。完善农村三级医疗卫生服务网络，逐步实施免费为农村定向培养全科医生和招聘执业医师计划。推进新农村新家庭计划和少生快富工程。建立农村文化投入保障机制，推进重点文化惠民工程建设和综合利用。逐步提高新型农村合作医疗筹资水平、政府补助标准和保障水平。继续抓好新型农村社会养老保险试点。合理确定农村最低生活保障标准和补助水平，实现应保尽保。落实和完善被征地农民社会保障政策。逐步提高农村五保户集中供养水平。加大对农村残疾人生产辅助和生活救助力度，农村各项社会保障政策优先覆盖残疾人。三是加强农村水电路气房建设。加大农村饮水安全工程投入，鼓励有条件的地方推行城乡区域供水。抓紧实施新一轮农村电网改造升级工程，继续实施小水电代燃料工程。全面完成“十一五”农村公路建设任务，推进城乡客运交通一体化。加快推进农村户用沼气、大中型沼气和集中供气工程建设。支持农村开发利用新能源，推进农林废弃物资源化、清洁化利用。加快推进农村危房改造和国有林区（场）、垦区棚户区改造，继续实施游牧民定居工程。推动建材下乡，鼓励有条件的地方支持农民建设自用住房。实行以奖促治政策，推进农村环境综合整治。

4. 推进农村各项改革，增强农业农村发展活力。一是稳定完善农村基本经营制度。加快制定具体办法，确保农村现有土地承包关系保持稳定并长久不变。扩大农村土地承包经营权登记试点范围。加强土地承包经营权流转管理和服务，健全流转市场。继续推进草原基本经营制度改革，稳定渔民水域滩涂养殖使用权。开展农村集体产权制度改革试点。二是有序推进农村土地管理制度改革。建立耕地保护补偿机制，加快划定基本农田，实行永久保护。落实政府耕地保护目标责任制。加快农村集体土地所有权、宅基地使用权、集体建设用地使用权等确权登记办证工作。有序开展农村土地整治，农村宅基地和村庄整理后节约的土地仍属农民集体所有。按照严格审批、局部试点、封闭运行、风险可控的原则，规范农村土地管理制度改革试点。三是提高农业生产经营组织化程度。大力发展农民专业合作社，深入推进示范社建设行动。支持有条件的合作社兴办农村资金互助社，扶持农民专业合作社自办农产品加工企业。积极发展农业农村各种社会化服务组织。支持龙头企业提高辐射带动能力，推进“一村一品”强村富民工程和专业示范村镇建设。四是积极推进林业改革。健全林业支持保护体系，建立现代林业管理制度。深化集体林权制度改革，加快推进配套改革。规范集体林权流转，深化集体林采伐管理改革。完善林权抵押贷款办法。逐步扩大政策性森林保险试点范围，扶持林业产业发展。启动国有林场改革。五是深化农村综合改革。深入推进乡镇机构改革。继续推进省直管县财政管理体制改革，提高现象基本财力保障水平，落实村级组织运转经费保障政策。中央和省级财政继续支持农村义务教育历史债务的清理化解，推进其他公益性乡村债务清理化解试点。加大村级公益事业一事一议财政奖补力度，扩大试点范围。继续开展农民负担重点治理。深化农垦体制改革。加强对农村改革试验区工作的指导。六是推进城镇化发展的制度创新。深化户籍制度改革，加快落实放宽中小城市、小城镇特别是县城和中小城镇落户条件政策。改善农民工居住条件，鼓励有条件的城市将有稳定职业并在城市居住一定年限的农民工纳入城镇住房保障体系。大力发展县域经济，促进特色产业、优势项目向县城和重点镇集聚。完善加快小城镇发展的财税、投融资等配套政策，安排年度土地利用计划要支持中小城市和小城镇发展。继续推进扩权强县改革试点。

（二）不利条件 2010年，我国农业农村发展面临的形势依然十分严峻，长期制约因素尚未根本消除，新的矛盾问题不断显现，农业稳定发展和农民持续增收的基础尚不稳固：①农业农村经济发展的基础依然脆弱。耕地、水资源下降的趋势不可逆转，资源与环境约束进一步趋紧，依靠扩大面积实现增产的余地越来越小。农业基础设施薄弱的局面没有根本改变，抵御自然风险的能力仍然较低，自然灾害多发频发重发，严重威胁农业发展。农业科技进步滞后，对农业持续发展的支撑能力不强，长期制约我国农业农村发展的因素和深层次问题短期内很难得到根本改变。②农业已连续六年增产，基数越来越高，继续保持稳定发展的难度加大。③农民收入保持较快增长的难度加大。随着结构调整和产业升级进程加快，农民转移就业增收空间正逐步收窄。而农资价格上行压力加大、劳动力成本上升，使得农业特别是粮食生产的比较效益趋于下降。④农村公共事业保持快速发展的难度加大。农村基础设施建设和社会事业发展依然严重滞后，公共服务水平仍然明显偏低，再上一个台阶需要进一步提高标准，扩充内容，所需投入的资金越来越大，在国家财力偏紧的情况下，农村公共事业继续保持快速发展将面临很大的资金瓶颈。⑤农产品价格保持基本稳定的难度加大。国际市场影响农产品价格的因素日益复杂，除供求基本面的变化外，石油价格变动、投机资本炒作等的影响更加突出。国内农产品价格在成本推动和通胀预期影响下存在上行推力，但连年丰收之后也将使农产品价格上涨的空间受到抑制，总体看农产品价格走势的不确定性增加。此外，宏观经济形势的复杂性和不确定性也将影响农业农村经济的稳定发展。世界经济复苏过程缓慢而复杂，不确定性较大，国内经济回升也存在内在动力不足的问题，存在的风险尚难以预料。这些都会通过多种形式、多种途径对农业和农村经济发展产生不利影响。

农业发展趋势判断

（一）农业生产继续保持良好发展态势 粮食播种面积继续有所增加。根据农业部农作物种植意向调查，预计2010年全国粮食播种面积为109 533千公顷，比上年增加约533千公顷。其中，夏粮27 600千公顷，增加约180千公顷；早稻5 733千公顷，增加20多千公顷；秋粮76 200千公顷，增加267千公顷。

棉花面积继续调减。金融危机对纺织品出口的影响仍将持续，国内市场棉花需求和农民植棉积极性要完全恢复尚需时日，预计全国棉花种植面积比上年仍将继续有所减少。

油料面积略有增加。其中油菜籽、花生面积有所增加，芝麻面积略有下降。

其他经济作物基本稳定。由于食糖价格全面回升，农民生产积极性提高，预计糖料面积将恢复性增加；蔬菜面积继续有所增长。

养殖业继续增长。由于生猪产能较大，猪肉价格持续走低，养猪效益下降，生猪生产可能会出现小幅波动，但禽肉禽蛋和牛羊肉生产将稳定增加，奶业生产随着生鲜乳收购价格的提高而呈恢复势头；水产品产量继续稳步增长。

（二）农产品价格上涨空间有限 从国际看，金融危机后世界经济复苏步伐较为缓慢，资本市场表现较为疲弱，农产品消费需求增长滞后，国际农产品市场价格很难出现明显的上涨态势，低位震荡的可能性较大。从国内看，由于生产成本持续上升，国家粮食最低收购价政策具有较强的带动作用，农产品价格存在一定的上涨要求，但国内粮食等农产品连年增产，市场供应充足，加上国际农产品市场的传导作用，2010年国内农产品价格上涨的空间将受到一定抑制。分品种看，国家大幅度提高粮食最低收购价，并实行临时收储计划，将对粮食市场起到明显的托市作用，预计粮食价格将稳中有升。其中，稻谷、小麦价格总体平稳，玉米因需求恢复增长较快价格将有所上涨，大豆继续受进口冲击价格相对低迷。棉花价格将随着纺织品消费需求的增加而有所上涨；猪肉价格可能出现下降，但其他畜禽产品以及水产品价格将基本保持平稳运行态势。

（三）农产品贸易逆差将进一步扩大 受全球金融危机影响，国际农产品市场需求将较为缓慢，同时，贸易保护主义抬头，国内外农产品比价关系发生变化，加上人民币升值预期增强等因素影响，将进一步加大我国优势农产品的出口难度。进口方面，国内农产品消费需求旺盛，而国际农产品价格持续低迷，价格优势明显，将使食用植物油、食用油籽、棉花等进口量继续增加，农产品贸易逆差可能会继续扩大。

（四）农民收入有望实现较快增长 2010年，农民增收的有利因素可能会增多。国家对农业的补贴力度将进一步加大，农产品市场尽管面临一些不确定性因素，但上涨的可能性仍然较大，这将使得农民来自转移性的收入和来自家庭经营的收入保持较快增长。从外出务工收入来看，金融危机后，国内经济回升向好，企业用工需求恢复较快，部分地区出现阶段性“民工荒”，有些企业加薪招工，将有利于农民工数量的增加和工资水平的增长，预计全年农民工资性收入增长速度较快。但由于我国城乡二元体制尚未彻底打破，制约城乡要素流动的一些体制性、政策性障碍仍未完全消除，城乡统一的国民收入分配制度尚不健全和完善，公共财政对农业农村的投入比例还偏低。因此，我国城乡经济社会发展不平衡的问题仍将十分突出，城乡居民收入差距还可能继续扩大。

附 表

附 表 说 明

本附表简要地列入了1992—2009年有关农业部门的主要统计指标数字，内容涉及农业在国民经济中的地位、农村劳动力、农业投入、土地资源、农业生产、农村居民收入及支出、农产品价格、农产品进出口等方面。

表中数据凡未加注释的均来自国家统计局，对于来自其他部门的数据各表下方附有注释。

表中四大经济地区指：东部地区为北京、天津、河北、上海、江苏、浙江、福建、山东、广东和海南共10省市；中部地区为山西、安徽、江西、湖南、湖北、河南共6个省；西部地区为内蒙古、广西、重庆、四川、云南、贵州、西藏、陕西、甘肃、宁夏、青海、新疆共12个省区市；东北地区为辽宁、吉林和黑龙江。

与往年一样，本报告（包括附表）所有统计资料和数据均未包括香港、澳门特别行政区和台湾省。

表中符号说明：

“…”表示数字不足本表最小单位数；

“/”表示无该项指标数据；

“空格”表示数据不详或截止本报告印刷之前尚未公布。

各表字段尾如带有附加括号的数字(1)、(2)、(3)等表示表下方有注释。

表1　农村经济在国民经济中的地位

年　份	农业增加值占国内生产总值的比重(%)	第一产业就业人数占就业总人数的比重(%)	乡村就业人数占就业总人数的比重(%)	农村消费品零售额占全社会消费品零售额的比重（%）	农业各税占税收总额的比重(%)	用于农业支出占财政支出的比重(1)(%)	农业贷款占金融机构人民币各项贷款的比重(%)	农产品进口额占进口总额的比重(%)	农产品出口额占出口总额的比重(%)
1992	21.8	58.6	73.0	45.5	3.6	10.1	6.7	12.0	14.5
1993	19.7	56.0	72.7	44.6	3.0	9.5	6.5	8.1	13.7
1994	19.8	53.3	72.3	43.9	4.5	9.2	4.9	10.8	12.9
1995	**19.9**	**52.2**	**72.0**	**43.2**	**4.6**	**8.4**	**3.1**	**9.3**	**9.4**
1996	19.7	50.5	71.1	43.2	5.3	8.8	3.1	7.1	8.4
1997	18.3	49.9	70.2	43.4	4.8	8.3	4.4	7.0	8.2
1998	17.6	49.8	69.4	38.9	4.3	10.7	5.1	7.0	7.5
1999	16.5	50.1	68.6	38.7	4.0	8.2	5.1	5.0	6.9
2000	**15.1**	**50.0**	**67.9**	**38.2**	**3.7**	**7.8**	**4.9**	**5.0**	**6.3**
2001	14.4	50.0	67.2	37.4	3.1	7.7	5.1	4.9	6.0
2002	13.7	50.0	66.4	36.7	4.1	7.2	5.2	4.2	5.6
2003	12.8	49.1	65.6	35.0	4.4	7.1	5.3	4.6	4.9
2004	13.4	46.9	64.8	34.1	3.7	10.0	5.5	5.0	3.9
2005	**12.1**	**44.7**	**64.0**	**32.8**	**3.3**	**7.2**	**5.9**	**4.3**	**3.6**
2006	11.1	42.6	62.9	32.5	3.1	7.9	5.9	4.0	3.2
2007	10.8	40.8	61.9	32.3	3.2	6.8	5.9	4.3	3.0
2008	10.7	39.6	64.8	32.0	3.1	7.2	5.8	5.1	2.8
2009	10.6	38.1	60.1	32.8	4.1	8.7	5.4	5.2	3.3

注：(1) 2007年及以后用于农业支出是指农林水事务支出。

(2) 2009年农业税包括三部分：耕地占用税、契税和烟叶税。

表2　农林牧渔业产值及构成（按当年价格计算）

单位：亿元

年　份	农林牧渔业总产值	农林牧渔业增加值						农林牧渔业增加值构成（%）				
			农业增加值	林业增加值	牧业增加值	渔业增加值	服务业	农业增加值	林业增加值	牧业增加值	渔业增加值	服务业
1992	9 084.7	5 743.9										
1993	10 995.5	6 882.3	4 384.3	377.8	1 537.2	583.0		63.7	5.5	22.3	8.5	
1994	15 750.7	9 457.2	5 928.0	452.8	2 275.9	800.5		62.7	4.8	24.0	8.5	
1995	**20 340.9**	**11 993.4**	**7 630.9**	**518.9**	**2 820.7**	**1 023.0**		**63.6**	**4.3**	**23.5**	**8.5**	
1997	23 764.0	14 465.1	8 786.6	588.2	3 728.2	1 362.1		60.7	4.1	25.8	9.4	
1998	24 541.9	14 555.7	9 069.2	611.9	3 413.3	1 461.3		62.3	4.2	23.5	10.0	
1999	24 519.1	14 457.2	8 916.6	629.9	3 391.1	1 519.6		61.7	4.4	23.5	10.5	
2000	**24 915.8**	**14 628.2**	**8 703.6**	**662.3**	**3 638.5**	**1 623.8**		**59.5**	**4.5**	**24.9**	**11.1**	
2001	26 179.6	15 411.9	9 130.7	660.4	3 950.5	1 670.3		59.2	4.3	25.6	10.8	
2002	27 390.8	16 117.3	9 482.4	710.8	4 166.7	1 757.4		58.8	4.4	25.9	10.9	
2003	29 691.8	17 341.7	9 649.1	833.0	4 653.0	1 793.0	413.6	55.6	4.8	26.8	10.3	2.4
2004	36 239.0	21 224.9	11 827.7	905.6	5 953.7	2 081.1	456.9	55.7	4.3	28.1	9.8	2.2
2005	**39 450.9**	**23 070.5**	**12 758.5**	**975.5**	**6 506.9**	**2 327.2**	**502.5**	**55.3**	**4.2**	**28.2**	**10.1**	**2.2**
2006	40 810.8	24 040.1	13 937.0	1 099.2	5 811.8	2 415.5	776.5	58.0	4.6	24.2	10.0	3.2
2007	48 893.0	28 626.9	15 988.9	1 272.9	7 796.7	2 723.8	844.7	55.9	4.4	27.2	9.5	3.0
2008	58 002.0	33 702.2	18 151.0	1 459.0	9 985.0	3 172.0	935.2	53.9	4.3	29.6	9.4	2.8
2009	60 361.0	35 225.9	19 738.7	1 579.0	9 412.3	3 424.1	1 071.8	56.0	4.5	26.7	9.7	3.0

注：1993年起分项统计改用新指标。农林牧渔业总产值1996年（含）以后为调整后的数据。2003年起执行新国民经济行业分类标准，农林牧渔业包括农林牧渔服务业。

表3　农业物质生产条件

年　份	农业机械总动力 (万千瓦)	大中型拖拉机 (万千瓦)	小型拖拉机 (万千瓦)	农村用电量 (亿千瓦时)	灌溉面积 (千公顷)	化肥施用量(纯 量) (万吨)	复合肥 (万吨)	农用塑料薄膜使用量 (万吨)	农用柴油使用量 (万吨)	农药使用量 (万吨)
1992	30 308.4	2 630.2	6 604.0	1 106.9	48 590.1	2 930.2	462.4	78.1		79.9
1993	31 816.6	2 532.5	7 042.8	1 244.8	48 727.9	3 151.9	529.4	70.7	938.3	84.5
1994	33 802.5	2 463.4	7 399.7	1 473.7	48 759.1	3 317.9	600.6	88.7	966.6	97.9
1995	**36 118.1**	**2 404.1**	**7 848.1**	**1 655.5**	**49 281.2**	**3 593.7**	**670.8**	**91.5**	**1 088.2**	**108.7**
1996	38 546.9	2 415.1	8 385.2	1 812.7	50 381.4	3 827.9	734.7	105.6	1 076.1	114.1
1997	42 015.6	2 486.6	9 337.2	1 980.1	51 238.5	3 980.7	798.1	116.2	1 229.5	119.5
1998	45 207.7	2 587.9	10 031.5	2 042.1	52 295.6	4 083.7	822.2	120.7	1 314.7	123.2
1999	48 996.1	2 772.8	11 008.9	2 173.4	53 158.4	4 124.3	880.0	125.9	1 354.3	132.2
2000	**52 573.6**	**3 161.1**	**11 663.9**	**2 421.3**	**53 820.3**	**4 146.4**	**917.9**	**133.5**	**1 405.0**	**128.0**
2001	55 172.1	2 901.7	12 257.9	2 610.1	54 249.4	4 253.8	983.7	144.9	1 485.3	127.5
2002	57 929.9	3 073.4	12 695.0	2 993.4	54 354.9	4 339.4	1 040.4	153.9	1 507.5	131.2
2003	60 386.5	3 229.8	13 060.2	3 432.9	54 014.2	4 411.6	1 109.8	159.2	1 574.6	132.5
2004	64 027.9	3 713.1	13 855.4	3 933.0	54 478.4	4 636.6	1 204.0	168.0	1 819.5	138.6
2005	**68 397.8**	**4 293.5**	**14 660.9**	**4 375.7**	**55 029.3**	**4 766.2**	**1 303.2**	**176.2**	**1 902.7**	**146.0**
2006	72 522.1	5 245.3	15 229.1	4 895.8	55 750.5	4 927.7	1 385.9	184.5	1 922.8	153.7
2007	76 589.6	6 101.1	15 729.2	5 509.9	56 518.3	5 107.8	1 503.0	193.7	2 020.8	162.3
2008	82 190.4	8 186.5	16 647.7	5 713.2	58 471.7	5 239.0	1 608.6	200.7	1 887.9	167.2
2009	87 496.1	9 772.6	16 922.7	6 104.4	59 261.4	5 404.4	1 698.7	208.0	1 959.9	170.9

表4 农业投资情况

单位：亿元

指 标	2000年	2001年	2002年	2003年	2004年	2005年	2006年	2007年	2008年	2009年
1.全社会固定资产投资额										
总投资	**32 917.7**	**37 213.5**	**43 499.9**	**55 566.6**	**70 477.4**	**88 773.6**	**109 998.2**	**137 323.9**	**172 828.4**	**224 845.6**
其中：农村投资	6 695.9	7 212.3	8 011.1	9 754.9	11 449.2	13 678.5	16 629.5	19 859.5	24 090.095	30 707.0
农村投资占总投资（%）	20.34	19.38	18.42	17.56	16.25	15.41	15.12	14.46	13.94	13.66
2.城镇固定资产投资额										
总投资	**26 221.8**	**30 001.2**	**35 488.8**	**45 811.7**	**59 028.2**	**75 095.1**	**93 368.7**	**117 464.5**	**148 738.3**	**194 138.6**
其中：农林牧渔业投资	420.3	491.4	665.4	535.0	645.1	842.8	1 102	1 460	2 250.3666	3 373.3
农林牧渔业投资占总投资（%）	1.60	1.64	1.87	1.17	1.09	1.12	1.18	1.24	1.51	1.74
3.各项贷款余额（人民币信贷）	**99 371.1**	**112 314.7**	**131 293.9**	**158 996.2**	**178 197.8**	**194 690.4**	**225 347.2**	**261 690.9**	**303 467.8**	**399 685**
其中：短期贷款	65 748.1	67 327.2	74 247.9	83 661.2	86 840.6	87 449.2	98 534.4	114 477.9	125 215.8	146 611
其中：农业贷款	4 889.0	5 711.5	6 884.6	8 411.4	9 843.1	11 529.9	13 208.2	15 429.0	17 629.0	21 623
乡镇企业贷款	6 060.8	6 413.0	6 812.3	7 661.6	8 069.2	7 901.8	6 222.0	7 112.6	7 454.0	9 029

表5　耕地面积

单位：千公顷

年　份	年末实有	年内新增	年内减少					年内净减
	耕地面积	耕地面积	耕地面积	建设占用	灾毁耕地	生态退耕	农业结构调整	耕地面积
1992	95 425.8	510.9	738.7					227.8
1993	95 101.4	408.0	732.4					324.4
1994	94 906.7	513.9	708.6					194.7
1995	**94 973.9**	**686.7**	**621.0**					**–65.7**
1996	130 039.2							
1997	129 903.1							136.1
1998	129 642.1	309.4	570.4	176.2	159.5	164.6	70.1	261.0
1999	129 205.5	405.1	841.7	205.3	134.7	394.6	107.1	436.6
2000	**128 243.1**	**603.7**	**1 566.0**	**163.3**	**61.7**	**762.8**	**578.2**	**962.4**
2001	127 615.8	265.9	893.3	163.7	30.6	590.7	108.3	627.3
2002	125 929.6	341.2	2 027.4	196.5	56.4	1 425.5	349.0	1 686.2
2003	123 392.2	343.5	2 880.9	229.1	50.4	2 237.3	364.1	2 537.4
2004	122 444.3	345.6	1 146.0	145.1	63.3	732.9	204.7	800.3
2005	**122 066.7**	**306.7**	**594.9**	**138.7**	**53.5**	**390.4**	**12.3**	**377.6**
2006	121 775.9	367.2	582.8	167.3	35.9	339.4	40.2	290.8
2007	121 735.2	195.8	236.5	188.3	17.9	25.4	4.9	40.7
2008	121 716.0	229.6	248.9	191.6	24.8	7.6	24.9	19.2
2009		269.0		319.0				

注：1986—1995年耕地资源数据为国家统计局年报数据；1996年(含)以后耕地资源数据根据国土资源部各年国土资源公报整理，由于在每年的土地市场治理整顿中，均出现往年已经建设但未变更上报的建设占用耕地情况，因此会对上年耕地面积进行校正，导致表中年内净减耕地面积的个别计算关系出现误差。

表6 农作物播种面积

单位：千公顷

年份地区	农作物总播种面积	粮食作物播种面积	稻谷	小麦	玉米	大豆	油料	棉花	糖料	蔬菜	果园面积
1992	149 007	110 560	32 090	30 496	21 044	7 221	11 489	6 835	1 906	7 031	5 818
1993	147 741	110 509	30 355	30 235	20 694	9 454	11 142	4 985	1 687	8 084	6 432
1994	148 241	109 544	30 171	28 981	21 152	9 222	12 081	5 528	1 755	8 921	7 262
1995	**149 879**	**110 060**	**30 744**	**28 860**	**22 776**	**8 127**	**13 102**	**5 422**	**1 820**	**9 515**	**8 098**
1996	152 381	112 548	31 406	29 611	24 498	7 471	12 555	4 722	1 846	10 491	8 553
1997	153 969	112 912	31 765	30 057	23 775	8 346	12 381	4 491	1 923	11 288	8 648
1998	155 706	113 787	31 214	29 774	25 239	8 500	12 919	4 459	1 984	12 293	8 535
1999	156 373	113 161	31 283	28 855	25 904	7 762	13 906	3 726	1 644	13 347	8 667
2000	**156 300**	**108 463**	**29 962**	**26 653**	**23 056**	**9 307**	**15 400**	**4 041**	**1 514**	**15 237**	**8 932**
2001	155 708	106 080	28 812	24 664	24 282	9 482	14 631	4 810	1 654	16 402	9 043
2002	154 636	103 891	28 202	23 908	24 634	8 720	14 766	4 184	1 872	17 353	9 098
2003	152 415	99 410	26 508	21 997	24 068	9 313	14 990	5 111	1 657	17 954	9 437
2004	153 553	101 606	28 379	21 626	25 446	9 589	14 431	5 693	1 568	17 560	9 768
2005	**155 488**	**104 278**	**28 847**	**22 793**	**26 358**	**9 591**	**14 318**	**5 062**	**1 564**	**17 721**	**10 035**
2006	152 149	104 958	28 938	23 613	28 463	9 280	11 738	5 816	1 567	16 639	10 123
2007	153 464	105 638	28 919	23 721	29 478	8 754	11 316	5 926	1 802	17 329	10 471
2008	156 266	106 793	29 241	23 617	29 864	9 127	12 825	5 754	1 990	17 876	10 734
2009	158 639	108 986	29 627	24 291	31 183	9 190	13 652	4 952	1 884	18 414	11 140
东部地区	38 259	24 735	6 659	8 311	6 839	763	2 594	1 751	265	6 895	4 052
中部地区	47 859	31 852	12 234	9 378	5 883	1 926	5 979	1 651	54	5 335	2 088
西部地区	51 396	33 456	6 957	6 296	9 530	1 891	4 356	1 548	1 497	5 362	4 557
东北地区	21 126	18 943	3 778	306	8 931	4 609	723	2	68	822	443

表7　农业自然灾害及除涝治碱情况

单位：千公顷

年　份	受灾面积			成灾面积			成灾面积占受灾面积(%)	除涝面积	水土流失治理面积	治碱面积
		水灾面积	旱灾面积		水灾面积	旱灾面积				
1992	51 330	9 420	32 980	25 900	4 460	17 050	50.5	19 771	58 635	5 210
1993	48 830	16 390	21 100	23 130	8 610	8 660	47.4	19 883	61 253	5 305
1994	55 040	17 330	30 420	31 380	10 740	17 050	57.0	19 980	64 080	5 351
1995	**45 874**	**13 064**	**23 455**	**22 267**	**7 630**	**10 401**	**48.5**	**20 065**	**66 855**	**5 434**
1996	46 989	18 146	20 151	21 233	10 855	6 247	45.2	20 279	69 321	5 513
1997	53 429	11 414	33 514	30 309	5 840	20 250	56.7	20 526	72 242	5 612
1998	50 145	22 292	14 236	25 181	13 785	5 060	50.2	20 681	75 022	5 653
1999	49 981	9 020	30 156	26 731	5 071	16 614	53.5	20 838	77 828	5 737
2000	**54 688**	**7 323**	**40 541**	**34 374**	**4 321**	**26 784**	**62.9**	**20 990**	**80 961**	**5 841**
2001	52 215	6 042	38 472	31 793	3 614	23 698	60.9	21 021	81 539	5 751
2002	47 120	12 380	22 210	27 320	7 470	13 250	58.0	21 097	85 410	5 283
2003	54 386	19 208	24 852	32 516	12 289	14 470	59.8	21 097	85 410	5 283
2004	37 106	7 314	17 253	16 297	3 747	8 482	43.9	21 198	92 000	5 962
2005	**38 818**	**10 932**	**16 028**	**19 966**	**6 047**	**8 479**	**51.4**	**21 340**	**94 654**	**6 032**
2006	41 091	8 003	20 738	24 632	4 569	13 411	59.9	21 376	97 491	
2007	48 992	10 463	29 386	25 064	5 105	16 170	51.2	21 419	99 871	
2008	39 990	6 477	12 137	22 284	3 656	6 798	55.7	21 425	101 587	
2009	47 214	7 613	29 259	21 234	3 162	13 197	45.0	21 584	104 545	

注：自2006年起治碱面积改为若干年统计一次。

表8 农村居民家庭平均每户生产用固定资产原值

单位：元/户

年 份	生产性固定资产原值	一、农业	二、工业	三、建筑业	四、交通运输邮电业	五、批发零售贸易及餐饮业	六、社会服务业	七、文教卫生业	八、其他
1992	1 644	1 170	110		276				89
1993	1 950	1 430	115		317				57
1994	2 308	1 710	168		352				79
1995	**2 774**	**2 088**	**183**		**445**				**59**
1996	3 605	2 638	248		608				110
1997	3 897	2 770	263		637				227
1998	3 971	2 869	276		569				257
1999	4 046	2 915	274		638				218
2000	**4 677**	**3 322**	**335**	**29**	**621**	**149**	**60**	**13**	**144**
2001	4 884	3 544	350	28	630	135	50	16	129
2002	5 221	3 741	418	34	662	154	57	20	135
2003	5 586	4 153	346	41	640	202	59	24	122
2004	5 956	4 457	386	53	684	195	60	22	99
2005	**7 156**	**5 179**	**538**	**62**	**863**	**311**	**107**	**43**	**52**
2006	7 647	5 452	578	72	929	378	138	41	58
2007	8 390	6 006	613	97	1 033	368	155	47	71
2008	9 055	6 538	635	93	1 092	398	179	51	70
2009	9 971	6 992	698	156	1 214	491	288	55	77

表9　农村住户基本情况

年　份	调查户数 (户)	平均每户常住人口 (人)	平均每户整、半劳动力 (人)	平均每个劳动力负担人口 (人)	年末住房面积 (平方米/人)	年末生产用固定资产原值 (元/户)	平均每人经营耕地面积 (1) (1×10^2公顷)	每百个劳动力中文盲、半文盲 (人)	每百个劳动力中小学程度 (人)	每百个劳动力中初中程度 (人)
1992	67 490	4.7	2.8	1.6	18.9	1 644.0	13.7	16.2	39.1	36.2
1993	67 570	4.6	2.9	1.6	20.7	1 950.3	14.5	15.3	38.2	37.4
1994	67 420	4.5	2.9	1.6	20.2	2 308.2	15.3	14.2	37.2	38.9
1995	**67 340**	**4.5**	**2.9**	**1.6**	**21.0**	**2 774.3**	**14.5**	**13.5**	**36.6**	**40.1**
1996	67 610	4.4	2.8	1.6	21.7	3 605.1	15.4	11.2	35.5	42.8
1997	67 680	4.4	2.8	1.6	22.5	3 896.6	14.1	10.1	35.1	44.3
1998	68 300	4.3	2.8	1.5	23.3	3 970.8	12.7	9.6	34.5	45.0
1999	67 430	4.3	2.8	1.5	24.2	4 045.5	13.8	9.0	33.7	46.1
2000	**68 116**	**4.2**	**2.8**	**1.5**	**24.8**	**4 677.0**	**12.7**	**8.1**	**32.2**	**48.1**
2001	68 190	4.2	2.7	1.5	25.7	4 883.8	13.3	7.9	31.1	48.9
2002	68 190	4.1	2.8	1.5	26.5	5 221.3	12.9	7.6	30.6	49.3
2003	68 190	4.1	2.8	1.5	27.2	5 586.0	13.1	7.4	30.0	50.2
2004	68 190	4.1	2.8	1.4	27.9	5 956.0	13.3	7.5	29.2	50.4
2005	**68 190**	**4.1**	**2.8**	**1.4**	**29.7**	**7 155.6**	**13.9**	**6.9**	**27.2**	**52.2**
2006	68 190	4.1	2.8	1.4	30.7	7 647.1	14.1	6.6	26.4	52.8
2007	68 190	4.0	2.8	1.4	31.6	8 389.8	14.5	6.3	25.8	52.9
2008	68 190	4.0	2.8	1.4	32.4	9 054.9	14.1	6.1	25.3	52.8
2009	68 190	4.0	2.9	1.4	33.6	9 970.6	15.1	5.9	24.7	52.7

注：（1）指调查住户常住人口人均经营耕地面积。

表10 主要农产品产量

单位：万吨

年份地区	粮食作物						油料	棉花	甘蔗	甜菜	水果
	总产量	谷物				大豆	总产量	总产量	总产量	总产量	总产量
			稻谷	小麦	玉米						
1992	44 266	40 170	18 622	10 159	9 538	1 030	1 641	451	7 301	1 507	2 440
1993	45 649	40 517	17 770	10 639	10 270	1 531	1 804	374	6 419	1 205	3 011
1994	44 510	39 389	17 593	9 930	9 928	1 600	1 990	434	6 093	1 253	3 500
1995	**46 662**	**41 612**	**18 523**	**10 221**	**11 199**	**1 350**	**2 250**	**477**	**6 542**	**1 398**	**4 215**
1996	50 454	45 127	19 510	11 057	12 747	1 322	2 210	420	6 688	1 673	4 653
1997	49 417	44 349	20 073	12 329	10 431	1 473	2 157	460	7 890	1 497	5 089
1998	51 230	45 625	19 871	10 973	13 295	1 515	2 314	450	8 344	1 447	5 453
1999	50 839	45 304	19 849	11 388	12 809	1 425	2 601	383	7 470	864	6 238
2000	**46 218**	**40 522**	**18 791**	**9 964**	**10 600**	**1 541**	**2 955**	**442**	**6 828**	**807**	**6 225**
2001	45 264	39 648	17 758	9 387	11 409	1 541	2 865	532	7 566	1 089	6 658
2002	45 706	39 799	17 454	9 029	12 131	1 651	2 897	492	9 011	1 282	14 375
2003	43 070	37 429	16 066	8 649	11 583	1 539	2 811	486	9 024	618	14 517
2004	46 947	41 157	17 909	9 195	13 029	1 740	3 066	632	8 985	586	15 341
2005	**48 402**	**42 776**	**18 059**	**9 745**	**13 937**	**1 635**	**3 077**	**571**	**8 664**	**788**	**16 120**
2006	49 804	45 099	18 172	10 847	15 160	1 597	2 640	753	9 709	751	17 102
2007	50 160	45 632	18 603	10 930	15 230	1 273	2 569	762	11 295	893	18 136
2008	52 871	47 847	19 190	11 246	16 591	1 554	2 953	749	12 415	1 004	19 220
2009	53 082	48 156	19 510	11 512	16 397	1 498	3 154	638	11 559	718	20 396
东部地区	13 817	12 925	4 460	4 413	3 893	175	809	188	1 893	31	8 183
中部地区	16 615	15 798	7 934	4 784	3 004	291	1 386	177	225	15	5 362
西部地区	14 245	11 927	4 531	2 192	4 807	328	826	273	9 441	549	5 674
东北地区	8 404	7 507	2 586	122	4 693	704	134	0	–	123	1 177

注：2002年（含）以后水果总产量含果用瓜。

表11 养殖业情况

年份地区	大牲畜年末存栏（万头）	猪年末存栏（万头）	羊年末存栏（万头）	肉类产量（万吨）	猪肉（万吨）	牛肉（万吨）	羊肉（万吨）	禽肉（万吨）	禽蛋产量（万吨）	奶类产量（万吨）	水产品总产量（万吨）
1992	13 485	38 421	20 733	3 431	2 635	180	125	454	1 020	564	1 557
1993	13 988	39 300	21 731	3 842	2 854	234	137	274	1 180	564	1 823
1994	14 919	41 462	24 053	4 499	3 205	327	101	755	1 479	609	2 143
1995	**15 862**	**44 169**	**27 865**	**5 260**	**3 648**	**415**	**202**	**935**	**1 677**	**673**	**2 517**
1996	13 360	36 284	23 728	4 584	3 158	356	181	833	1 965	736	3 288
1997	14 542	40 035	25 576	5 269	3 596	441	213	979	1 897	681	3 119
1998	14 803	42 256	26 904	5 724	3 884	480	235	1 056	2 021	745	3 383
1999	15 025	43 144	27 926	5 949	4 006	505	251	1 116	2 135	807	3 570
2000	**14 638**	**41 634**	**27 948**	**6 014**	**3 966**	**513**	**264**	**1 208**	**2 182**	**919**	**3 706**
2001	13 981	41 951	27 625	6 106	4 052	509	272	1 210	2 210	1 123	3 796
2002	13 672	41 776	28 241	6 234	4 123	522	284	1 250	2 266	1 400	3 955
2003	13 467	41 382	29 307	6 443	4 239	543	309	1 312	2 333	1 849	4 077
2004	13 191	42 123	30 426	6 609	4 341	560	333	1 351	2 371	2 368	4 247
2005	**12 895**	**43 319**	**29 793**	**6 939**	**4 555**	**568**	**350**	**1 464**	**2 438**	**2 865**	**4 420**
2006	12 287	41 850	28 370	7 089	4 651	577	364	1 507	2 424	3 303	4 584
2007	12 309	43 990	28 565	6 866	4 288	613	383	1 448	2 529	3 633	4 748
2008	12 251	46 291	28 085	7 279	4 621	613	380	1 534	2 702	3 781	4 896
2009	12 153	46 983	28 452	7 650	4 891	636	389	1 595	2 741	3 735	5 120
东部地区	1 532	12 357	4 543	2 407	1 439	145	77	699	1 066	984	3 223
中部地区	2 353	14 658	4 321	2 167	1 556	150	65	372	836	443	963
西部地区	6 639	15 998	17 551	2 273	1 455	221	224	314	376	1 613	453
东北地区	1 628	3 971	2 038	803	440	119	23	210	464	695	455

注：水产品总产量含远洋捕捞产量，导致地区产量之和不完全等于全国总产量。

表12 乡镇企业主要财务及经济效益指标

单位：亿元

项 目	总 计		东部地区		中部地区		西部地区		东北地区	
	2008年	2009年	2008年	2009年	2008年	2009年	2008年	2009年	2008年	2009年
企业个数(万个)	590	590	255	282	182	178	122	103	30	27
从业人员年末数(万人)	9 552	9 634	5 396	5 433	2 154	2 179	1 559	1 554	441	467
劳动者报酬	10 891	11 935	6 916	7 652	2 096	2 173	1 407	1 590	472	520
增加值	62 258	69 214	40 619	44 418	10 710	11 767	6 998	8 104	3 930	4 925
其中：农林牧渔业	635	837	245	356	243	305	132	159	15	17
工业企业	50 132	55 213	34 211	36 905	8 083	8 904	5 128	5 999	2 709	3 406
总产值	277 124	312 054	194 906	216 852	39 284	43 909	26 832	30 745	16 102	20 548
营业收入	273 949	307 077	193 403	214 316	38 508	42 960	26 610	30 292	15 428	19 510
利润总额	15 018	16 588	9 798	11 010	2 774	2 858	1 536	1 623	910	1 097
税金总额	7 214	8 016	5 064	5 652	1 019	1 064	776	885	356	414
出口交货值	35 888	32 032	31 938	28 445	1 455	1 313	643	1 185	1 056	1 089

注：资料来源于农业部，各项指标不含个体工商户。

表13　农产品供需及价格情况：水稻

年份	面积 (千公顷)	单产 (千克/公顷)	生产量 (万吨)	大米进口量 (1) (万吨)	大米出口量 (1) (万吨)	粳米市场价 (中等) (2) (元/吨)	早籼米市场价 (中等) (2) (元/吨)	中晚籼米市场价 (中等) (2) (元/吨)	国际市场价 (3) (美元/吨)
1992	32 090	5 803	18 622	1.0	95.0				278.9
1993	30 355	5 854	17 770	9.7	144.2				248.2
1994	30 171	5 831	17 593	51.4	154.1				288.2
1995	**30 744**	**6 025**	**18 523**	**164.5**	**5.7**	**3 193.3**	**2 540.0**	**2 678.3**	**336.0**
1996	31 406	6 212	19 510	77.4	27.7	3 193.3	2 540.0	2 678.3	352.1
1997	31 765	6 319	20 073	35.9	95.2	2 520.8	2 013.3	2 146.7	316.9
1998	31 214	6 366	19 871	26.0	375.6	2 400.0	1 966.7	2 125.8	316.0
1999	31 283	6 345	19 849	19.1	271.7	2 273.3	1 905.0	2 022.5	251.7
2000	**29 962**	**6 272**	**18 791**	**24.9**	**296.2**	**1 919.2**	**1 552.5**	**1 675.8**	**206.7**
2001	28 812	6 163	17 758	29.3	187.0	2 045.0	1 597.5	1 730.0	177.4
2002	28 202	6 189	17 454	23.8	199.0	1 985.8	1 650.8	1 745.8	196.9
2003	26 508	6 061	16 066	25.9	261.7	2 004.2	1 706.7	1 825.8	200.9
2004	28 379	6 311	17 909	76.6	90.9	2 815.0	2 444.2	2 604.2	244.5
2005	**28 847**	**6 260**	**18 059**	**52.2**	**68.6**	**2 933.3**	**2 496.7**	**2 639.2**	**290.5**
2006	28 938	6 280	18 172	73.0	125.3	3 027.5	2 470.0	2 615.0	311.2
2007	28 919	6 433	18 603	48.7	134.3	3 217.5	2 680.0	2 875.8	334.5
2008	29 241	6 563	19 190	33.0	97.2	3 401.7	2 998.3	3 210.8	697.5
2009	29 627	6 585	19 510	35.7	78.6	3 546.7	3 075.8	3 274.2	583.5

注：(1) 数据来自海关总署，1993年（含）以后数据包括稻谷。

(2) 为农业部160个物价信息网点县平均价。

(3) 为泰国曼谷FOB价格（100%B级）。

表14 农产品供需及价格情况：小麦

年份	面积 (千公顷)	单产 (千克/公顷)	生产量 (万吨)	进口量(1) (万吨)	出口量(1) (万吨)	小麦市场价(中等)(2) (元/吨)	面粉市场价(标准粉)(2) (元/吨)	面粉市场价(精粉)(2) (元/吨)	国际市场价(3) (美元/吨)
1992	30 496	3 331	10 159	1 058.0		770.0			
1993	30 235	3 519	10 639	645.0	29.1	804.2			
1994	28 981	3 426	9 930	732.8	26.8	1 135.8			
1995	**28 860**	**3 542**	**10 221**	**1 162.7**	**22.5**	**1 685.0**	**2 425.0**	**2 801.7**	
1996	29 611	3 734	11 057	829.9	56.5	1 735.0	2 425.0	2 801.7	
1997	30 057	4 102	12 329	192.2	45.8	1 455.8	2 292.5	2 684.2	
1998	29 774	3 685	10 973	154.8	27.5	1 328.3	2 126.7	2 542.5	128.5
1999	28 855	3 947	11 388	50.5	16.4	1 225.0	2 051.7	2 424.2	114.4
2000	**26 653**	**3 738**	**9 964**	**91.9**	**18.8**	**998.3**	**1 799.2**	**2 171.7**	**118.6**
2001	24 664	3 806	9 387	73.9	71.3	1 040.0	1 690.8	2 039.2	129.7
2002	23 908	3 777	9 029	63.2	97.7	1 047.5	1 716.7	2 046.7	150.8
2003	21 997	3 932	8 649	44.7	251.4	1 087.5	1 722.5	2 055.0	149.6
2004	21 626	4 252	9 195	725.8	108.9	1 450.8	2 205.8	2 520.8	161.3
2005	**22 793**	**4 275**	**9 745**	**353.8**	**60.5**	**1 461.7**	**2 245.8**	**2 578.3**	**157.8**
2006	23 613	4 593	10 847	61.3	151.0	1 419.2	2 249.2	2 613.3	199.7
2007	23 721	4 608	10 930	10.1	307.3	1 525.0	2 430.8	2 798.3	263.8
2008	23 617	4 762	11 246	4.3	31.0	1 674.5	2 648.3	2 998.3	344.6
2009	24 291	4 739	11 512	90.4	24.5	1 813.3	2 790.0	3 147.5	235.7

注：(1) 数据来自海关总署，1993年（含）以后数据包括面粉。
(2) 为农业部160个物价信息网点县平均价。
(3) 为美国海湾离岸价（2号硬红冬麦）。

表15 农产品供需及价格情况：玉米

年 份	面 积 (千公顷)	单 产 (千克/公顷)	生产量 (万吨)	进口量 (1) (万吨)	出口量 (1) (万吨)	黄玉米市场价 (中等) (2) (元/吨)	国际市场价 (2号黄玉米) (3) (美元/吨)
1992	21 044	4 533	9 538	…	1 034.0	625.0	
1993	20 694	4 963	10 270	0.1	1 110.0	726.7	
1994	21 152	4 693	9 928	0.2	874.9	1 004.2	107.4
1995	**22 776**	**4 917**	**11 199**	**526.4**	**11.5**	**1 576.7**	**124.0**
1996	24 498	5 203	12 747	44.7	23.8	1 481.7	165.1
1997	23 775	4 387	10 430	0.3	667.1	1 150.8	117.2
1998	25 239	5 268	13 295	25.2	469.2	1 269.2	102.0
1999	25 904	4 945	12 808	7.9	433.3	1 092.5	91.7
2000	**23 056**	**4 598**	**10 600**	**0.3**	**1 047.9**	**887.5**	**88.4**
2001	24 282	4 699	11 409	3.9	600.0	1 060.0	89.6
2002	24 634	4 925	12 131	0.8	1 167.5	1 033.3	99.2
2003	24 068	4 813	11 583	0.1	1 639.1	1 087.5	105.2
2004	25 446	5 120	13 029	0.2	232.4	1 288.3	111.7
2005	**26 358**	**5 287**	**13 937**	**0.4**	**864.2**	**1 229.2**	**98.5**
2006	28 463	5 326	15 160	6.5	309.9	1 276.7	122.1
2007	29 478	5 167	15 230	3.5	491.8	1 484.2	162.7
2008	29 864	5 556	16 591	5.0	27.3	1 680.0	223.1
2009	31 183	5 258	16 397	8.4	13.0	1 648.3	165.6

注：(1) 数据来自海关总署，1993年（含）以后数据包括玉米粉。
(2) 为农业部160个物价信息网点县平均价。
(3) 为美国海湾离岸价。

表16　农产品供需及价格情况：大豆

年　份	面　积 (千公顷)	单　产 (千克/公顷)	生产量 (万吨)	进口量 (1) (万吨)	出口量 (1) (万吨)	黄大豆市场价 (中等) (2) (元/吨)	国际市场价 (1号黄大豆) (3) (美元/吨)
1992	7 221	1 426	1 030	12.1	66.0	1 800.8	
1993	9 454	1 619	1 530	9.9	37.3	2 200.8	
1994	9 222	1 735	1 560	5.2	83.3	2 446.7	238.8
1995	**8 127**	**1 661**	**1 350**	**29.8**	**37.6**	**2 660.0**	**239.3**
1996	7 471	1 770	1 322	111.4	19.3	3 208.3	288.5
1997	8 346	1 765	1 473	288.6	18.8	3 414.2	291.7
1998	8 500	1 783	1 515	320.1	17.2	3 074.2	235.0
1999	7 962	1 789	1 425	432.0	20.7	2 597.5	184.9
2000	**9 307**	**1 656**	**1 541**	**1 041.9**	**21.5**	**2 485.0**	**193.0**
2001	9 482	1 625	1 541	1 394.0	26.2	2 405.8	180.7
2002	8 720	1 893	1 651	1 131.5	30.5	2 418.3	201.3
2003	9 313	1 653	1 539	2 074.1	29.5	2 857.5	241.3
2004	9 589	1 815	1 740	2 023.0	34.9	3 682.5	288.5
2005	**9 591**	**1 705**	**1 635**	**2 659.1**	**41.3**	**3 359.2**	**238.6**
2006	9 280	1 721	1 597	2 827.0	39.5	3 285.8	234.8
2007	8 754	1 454	1 273	3 082.1	47.5	3 821.7	326.9
2008	9 127	1 703	1 554	3 743.6	48.4	5 814.5	474.7
2009	9 190	1 630	1 498	4255.2	35.6	4 431.7	403.5

注：(1) 数据来自海关总署，1993年（含）以后数据包括大豆粉。
(2) 为农业部160个物价信息网点县平均价。
(3) 为美国海湾离岸价。

表17 农产品生产及进出口情况：粮食、食用植物油

年份	粮食(2)				食用植物油			
	生产量 (万吨)	进口量 (1) (万吨)	出口量 (1) (万吨)	全国人均占有量 (千克/人)	生产量 (3) (万吨)	进口量 (1) (万吨)	出口量 (1) (万吨)	全国人均占有量 (千克/人)
1992	44 266	1 175	1 364	380	661	42.0	6.8	5.7
1993	45 649	743	1 365	387	965	103.4	28.4	8.2
1994	44 510	925	1 188	373	724	312.5	64.6	6.1
1995	**46 662**	**2 070**	**103**	**387**	**1 144**	**362.7**	**51.7**	**9.5**
1996	50 454	1 196	144	414	947	267.4	48.2	7.8
1997	49 417	706	854	402	894	279.9	82.4	7.3
1998	51 230	709	907	412	603	206.7	30.9	4.9
1999	50 839	772	759	406	734	214.0	10	5.9
2000	**46 218**	**1 357**	**1 401**	**366**	**835**	**187.1**	**11.2**	**6.6**
2001	45 264	1 738	903	356	1 383	167.5	13.4	10.9
2002	45 706	1 417	1 514	357	1 531	321.2	9.8	12.0
2003	43 070	2 283	2 230	334	1 584	541.8	6.0	12.3
2004	46 947	2 998	514	362	1 683	676.4	6.6	13.0
2005	**48 402**	**3 286**	**1 059**	**371**	**2 071**	**621.3**	**22.8**	**15.9**
2006	49 804	3 189	650	380	2 335	671.5	40.0	17.8
2007	50 160	3 238	1 039	381	2 638	839.7	16.8	20.0
2008	52 871	3 898	235	399	2 419	817.1	24.9	18.3
2009	53 082	4 570	173	399	3 280	950.2	11.6	24.6

注：(1) 数据来自海关总署。
(2) 包含大豆。
(3) 食用植物油生产量为快报数。

表18 农产品生产及进出口情况：棉花、食糖

年 份	棉花				食糖			
	生产量 (万吨)	进口量 (1) (万吨)	出口量 (1) (万吨)	全国人均占有量 (千克/人)	生产量 (万吨)	进口量 (1) (万吨)	出口量 (1) (万吨)	全国人均占有量 (千克/人)
1992	451	28.0	14.5	3.9	831	110.0	167.0	7.1
1993	374	4.2	20.4	3.2	771	45.1	185.3	6.5
1994	434	55.3	12.6	3.6	592	155.2	94.7	5.0
1995	**477**	**100.3**	**3.0**	**4.0**	**559**	**295.4**	**48.0**	**4.6**
1996	420	75.1	1.2	3.4	640	125.5	66.5	5.3
1997	460	84.9	0.7	3.7	703	78.3	37.9	5.7
1998	450	31.0	5.2	3.6	826	50.8	43.6	6.6
1999	383	16.4	24.4	3.1	861	41.7	36.7	6.9
2000	**442**	**25.1**	**29.9**	**3.5**	**700**	**67.5**	**41.5**	**5.5**
2001	532	19.7	6.0	4.2	653	119.9	19.6	5.1
2002	492	24.5	15.9	3.8	926	118.4	32.6	7.2
2003	486	107.5	11.7	3.8	1 084	77.6	10.3	8.4
2004	632	211.4	1.2	4.9	1 034	121.5	8.5	8.0
2005	**571**	**274.5**	**0.8**	**4.4**	**912**	**139.1**	**35.8**	**7.0**
2006	753	398.0	1.6	5.7	949	137.4	15.4	7.2
2007	762	274.1	2.5	5.8	1 271	119.4	11.0	9.6
2008	749	226.4	2.4	5.7	1 433	78.0	6.2	10.9
2009	638	175.9	1.0	4.8	1 321	106.0	6.4	9.9

注：(1) 数据来自海关总署。

表19　农产品生产、消费及进出口情况：猪肉

年　份	肉猪年末存栏头数（万头）	肉猪出栏头数（万头）	猪肉生产量（万吨）	出口活猪（万头）	进口猪肉（万吨）	出口猪肉（万吨）	全国人均占有量（千克/人）
1992	38 421	35 170	2 635	290.0			22.6
1993	39 300	37 824	2 854	272.3	0.03	14.09	24.2
1994	41 462	42 103	3 205	269.5	0.05	18.62	26.9
1995	**44 169**	**48 051**	**3 648**	**253.3**	**0.44**	**23.33**	**30.3**
1996	36 284	41 225	3 158	240.2	0.36	18.55	25.9
1997	40 035	46 484	3 596	227.0	0.51	15.68	29.2
1998	42 256	50 215	3 884	219.5	2.55	15.82	31.3
1999	43 144	51 977	4 006	195.8	13.25	11.11	32.0
2000	**41 634**	**51 862**	**3 966**	**203.1**	**23.79**	**11.20**	**31.4**
2001	41 951	53 281	4 052	196.5	20.40	17.20	31.9
2002	41 776	54 144	4 123	188.0	21.95	23.63	32.2
2003	41 382	55 702	4 239	187.8	31.20	30.50	32.9
2004	42 123	57 279	4 314	196.6	29.11	41.48	33.3
2005	**43 319**	**60 367**	**4 555**	**176.2**	**19.98**	**38.65**	**34.9**
2006	41 850	61 207	4 651	172.0	21.88	41.93	35.5
2007	43 990	56 508	4 288	160.9	47.31	26.91	32.5
2008	46 291	61 017	4 621	164.5	91.39	17.17	34.9
2009	46 983	64 527	4 891	169.0	52.79	17.86	36.7

注：进出口数据来自国家海关总署，其他指标数据均来自国家统计局。其中，猪肉进出口数据统计范围包括肉、杂碎和加工猪肉等项。

表20 化肥及农药生产、进口及价格情况

单位：万吨

年 份	化 肥					农 药				
	生产量 (纯量)	施用量 (纯量)	进口量 (1) (自然吨)	出口量 (1) (自然吨)	化肥价格指数 (上年为100)	生产量 (3)	施用量	进口量 (1)	出口量 (1)	农药价格指数 (2) (上年为100)
1992	2 048	2 930	1 859.0		103.7	28.1	79.5	3.9		98.7
1993	1 956	3 151.9	1 021.0	36.1	111.1	25.7	84.9	2.3	4.2	99.2
1994	2 273	3 317.9	1 266.0	59.4	124.9	29.0	87.1	3.1	6.1	105.8
1995	**2 548**	**3 593.7**	**1 990.9**	**97.5**	**135.4**	**41.7**	**108.7**	**3.4**	**7.1**	**118.6**
1996	2 809	3 827.9	1 856.8	149.9	110.8	44.8	114.1	3.2	7.4	109.9
1997	2 821	3 980.7	1 648.9	156.7	92.2	52.7	119.5	4.8	8.8	98.3
1998	3 010	4 083.7	1 387.1	120.0	91.4	55.9	123.2	4.4	10.7	96.4
1999	3 251	4 124.3	1 335.2	171.4	94.9	62.5	131.2	4.7	14.7	95.1
2000	**3 186**	**4 146.4**	**1 189.3**	**252.3**	**92.9**	**60.7**	**128.0**	**4.1**	**16.2**	**95.1**
2001	3 383	4 253.8	1 091.5	288.8	97.9	78.7	127.5	3.4	19.7	97.1
2002	3 791	4 339.4	1 681.8	251.7	102.4	92.9	131.2	2.7	22.2	98.0
2003	3 881	4 411.6	1 212.9	541.9	101.6	76.7	132.5	2.8	27.2	99.9
2004	4 805	4 636.6	1 239.7	726.2	112.8	82.1	138.6	2.8	39.1	103.0
2005	**5 178**	**4 766.2**	**1 396.5**	**455.9**	**112.8**	**114.7**	**146.0**	**3.7**	**42.8**	**104.1**
2006	5 345	4 927.7	1 128.5	539.2	100.1	138.5	153.7	4.3	39.8	101.6
2007	5 825	5 107.8	1 176.2	1 395.4	103.4	176.5	162.3	4.1	47.7	101.4
2008	6 013	5 239.0	625.5	1 021.5	103.7	190.2	167.2	4.4	48.5	108.0
2009	6 600	5 404.4	411.1	939.6	93.7	226.2	170.9	4.4	50.7	100.0

注：(1) 数据来自海关总署。
(2) 2003年以后农药价格指数为农药及农药械价格指数。
(3) 农药生产量为统计快报数。

表21 城乡居民家庭人均收入对比

单位：元/人

年份地区	农村居民家庭人均总收入	人均纯收入	家庭经营纯收入	第一产业	农业收入	牧业收入	第二产业	第三产业	城镇居民人均可支配收入	城镇居民人均可支配收入比农村人均纯收入
1992	1 155	784	561.6	486.9	354.5	113.9	24.2	50.6	2 026.6	2.6
1993	1 334	922	678.5	567.0	448.4	96.5	26.3	85.2	2 577.4	2.8
1994	1 789	1 221	881.9	746.7	610.5	112.3	36.0	99.2	3 496.2	2.9
1995	**2 338**	**1 578**	**1 125.8**	**956.5**	**799.4**	**127.8**	**48.2**	**121.2**	**4 283.0**	**2.7**
1996	2 807	1 926	1 362.5	1 147.3	955.1	158.6	64.6	150.6	4 838.9	2.5
1997	2 977	2 090	1 472.7	1 220.0	976.2	203.5	78.0	174.8	5 160.3	2.5
1998	2 996	2 162	1 466.0	1 192.1	962.8	188.5	80.1	193.5	5 425.1	2.5
1999	2 987	2 210	1 448.4	1 139.0	918.3	174.3	91.1	218.3	5 854.0	2.7
2000	**3 146**	**2 253**	**1 427.3**	**1 090.7**	**833.9**	**207.4**	**99.4**	**237.2**	**6 280.0**	**2.8**
2001	3 307	2 366	1 459.6	1 126.6	863.6	212.0	100.0	233.1	6 859.6	2.9
2002	3 432	2 476	1 486.5	1 135.0	866.7	210.6	108.6	243.0	7 702.8	3.1
2003	3 582	2 622	1 541.3	1 195.6	885.7	245.7	108.6	237.1	8 472.0	3.2
2004	4 040	2 936	1 745.8	1 398.0	1 056.5	271.0	108.2	239.5	9 421.6	3.2
2005	**4 631**	**3 255**	**1 844.5**	**1 469.6**	**1 097.7**	**283.6**	**108.3**	**266.7**	**10 493.0**	**3.2**
2006	5 025	3 587	1 931.0	1 521.3	1 159.6	265.6	121.7	288.0	11 759.5	3.3
2007	5 791	4 140	2 193.7	1 745.1	1 303.8	335.1	137.6	311.0	13 785.8	3.3
2008	6 701	4 761	2 435.6	1 945.9	1 427.0	397.5	149.0	340.7	15 780.8	3.3
2009	7 116	5 153	2 526.8	1 988.2	1 497.9	360.4	164.5	374.1	17 174.7	3.3
东部地区	9 233	7 156	2 817.2	1 874.1	1 361.2	305.6	329.1	614.0	20 953.2	2.9
中部地区	6 351	4 793	2 519.2	2 022.8	1 619.2	283.9	154.9	341.8	14 367.1	3.0
西部地区	5 604	3 816	2 121.3	1 851.9	1 311.8	451.1	48.7	220.5	14 213.5	3.7
东北地区	9 336	5 487	3 262.3	2 986.9	2 494.4	455.2	57.9	217.5	14 324.3	2.6

注：城镇居民人均可支配收入四个经济地带数据为简单算术平均数。

表22 城乡居民人均支出对比

单位：元/人

年份地区	农村居民人均总支出	家庭经营费用支出	生活消费支出	食品	转移性和财产性支出	现金支出	家庭经营费用支出	税费支出	生活消费支出	城镇居民人均生活消费支出	城乡居民人均生活消费支出比
1992	1 056	292	659	379	27	769	207	41	431	1 672	2.5
1993	1 211	330	770	447	24	870	241	42	490	2 111	2.7
1994	1 636	459	1 017	599	46	1 156	328	59	648	2 851	2.8
1995	**2 138**	**622**	**1 310**	**768**	**55**	**1 546**	**455**	**77**	**859**	**3 538**	**2.7**
1996	2 528	709	1 572	886	75	1 888	524	95	1 076	3 920	2.5
1997	2 537	706	1 617	890	45	1 960	540	98	1 126	4 186	2.6
1998	2 457	653	1 590	850	53	1 931	512	98	1 128	4 332	2.7
1999	2 390	600	1 577	829	56	1 917	471	93	1 145	4 616	2.9
2000	**2 652**	**654**	**1 670**	**821**	**169**	**2 140**	**545**	**90**	**1 285**	**4 998**	**3.0**
2001	2 780	696	1 741	831	174	2 285	585	86	1 364	5 309	3.0
2002	2 924	731	1 834	848	194	2 438	617	76	1 468	6 030	3.3
2003	3 025	755	1 943	886	157	2 537	638	66	1 577	6 511	3.4
2004	3 430	924	2 185	1 032	176	2 863	789	37	1 755	7 182	3.3
2005	**4 127**	**1 190**	**2 555**	**1 162**	**238**	**3 567**	**1 053**	**13**	**2 135**	**7 943**	**3.1**
2006	4 485	1 242	2 829	1 217	264	3 932	1 104	11	2 415	8 697	3.1
2007	5 138	1 433	3 224	1 389	322	4 533	1 287	12	2 767	9 998	3.1
2008	5 916	1 705	3 661	1 599	377	5 258	1 551	12	3 159	11 243	3.1
2009	6 334	1 700	3 993	1 636	429	5 695	1 555	10	3 505	12 265	3.1
东部地区	7 550	1 767	5 149	2 048	475	7 119	1 721	15	4 772	14 620	2.8
中部地区	5 429	1 334	3 622	1 539	315	4 814	1 247	11	3 098	10 031	2.8
西部地区	5 380	1 568	3 239	1 396	335	4 517	1 299	6	2 647	10 642	3.3
东北地区	9 251	3 467	4 148	1 415	1 129	8 706	3 266	8	3 814	11 129	2.7

注：城镇居民人均生活消费支出四个经济地带数据为简单算术平均数。

表23 城乡居民家庭人均食品消费量比较

单位：千克/人

年份	粮食		蔬菜		食油		猪牛羊肉		家禽		水产品	
	农村	城市	农村	城市	农村	城市（植物油）	农村	城市	农村	城市	农村	城市
1992	250.5	111.5	129.1	124.9	5.9	6.7	11.8	21.4	1.5	5.1	2.3	8.2
1993	251.8	97.8	107.4	120.6	5.7	7.1	11.7	20.8	1.6	3.7	2.5	8.0
1994	257.6	102.0	109.0	121.0	5.7	7.7	11.0	20.2	1.6	4.1	3.0	8.5
1995	**260.1**	**97.0**	**104.6**	**118.6**	**5.8**	**7.6**	**11.3**	**19.7**	**1.8**	**4.0**	**3.4**	**9.2**
1996	256.2	94.7	106.3	118.5	6.1	7.7	11.9	20.4	1.9	5.4	3.7	9.3
1997	250.7	88.6	107.2	115.2	6.2	7.7	12.7	19.0	2.4	6.5	3.4	9.3
1998	250.2	86.7	109.0	113.8	6.2	7.6	13.2	19.2	2.2	6.3	3.6	9.8
1999	247.5	84.9	108.9	114.9	6.2	7.8	13.9	20.0	2.5	4.9	3.8	10.3
2000	**249.5**	**82.3**	**112.0**	**114.7**	**7.1**	**8.2**	**14.6**	**20.1**	**2.9**	**7.4**	**3.9**	**11.7**
2001	238.6	79.7	109.3	115.9	7.0	8.1	14.5	19.2	2.9	7.3	4.1	12.3
2002	236.5	78.5	110.2	116.5	7.5	8.5	14.9	23.3	2.9	9.2	4.4	13.2
2003	222.4	79.5	107.4	118.3	6.3	9.2	15.0	23.7	3.2	9.2	4.7	13.4
2004	219.3	78.2	106.6	122.3	5.3	9.3	14.8	22.9	3.1	8.4	4.5	12.5
2005	**208.8**	**77.0**	**102.3**	**118.6**	**6.0**	**9.3**	**17.1**	**23.9**	**3.7**	**9.0**	**4.9**	**12.6**
2006	205.6	75.9	100.5	117.6	5.8	9.4	17.0	23.8	3.5	8.3	5.0	13.0
2007	199.5	77.6	99.0	117.8	6.0	9.6	14.9	22.1	3.9	9.7	5.4	14.2
2008	199.1	80.8	99.7	123.0	6.2	10.3	13.9	22.7	4.4	8.0	5.2	11.9
2009	189.3	81.3	98.4	123.2	6.3	10.3	15.3	24.2	4.2	10.5	5.3	15.5

注：城镇居民家庭人均食品消费量指全年购买的主要商品数量。

表24 各种物价指数

上年为100

年 份	商品零售价格指数	居民消费价格指数	城市居民消费价格指数	农村居民消费价格指数	农产品生产价格指数	农业生产资料价格指数
1992	105.4	106.4	108.6	104.7	103.4	103.7
1993	113.2	114.7	116.1	113.7	113.4	114.1
1994	121.7	124.1	125.0	123.4	139.9	121.6
1995	**114.8**	**117.1**	**116.8**	**117.5**	**119.9**	**127.4**
1996	106.4	107.9	108.8	107.9	104.2	108.4
1997	100.8	102.8	103.1	102.5	95.5	99.5
1998	97.4	99.2	99.4	99.0	92.0	94.5
1999	97.0	98.6	98.7	98.5	87.8	95.8
2000	**98.5**	**100.4**	**100.8**	**99.9**	**96.4**	**99.1**
2001	99.2	100.7	100.7	100.8	103.1	99.1
2002	98.7	99.2	99	99.6	99.7	100.5
2003	99.9	101.2	100.9	101.6	104.4	101.4
2004	102.8	103.9	103.3	104.8	113.1	110.6
2005	**100.8**	**101.8**	**101.6**	**102.2**	**101.4**	**108.3**
2006	101.0	101.5	101.5	101.5	101.2	101.5
2007	103.8	104.8	104.5	105.4	118.5	107.7
2008	105.9	105.9	105.6	106.5	114.1	120.3
2009	98.8	99.3	99.1	99.7	97.6	97.5

注：2000年（含）以前的农产品生产价格指数为农副产品收购价格指数。

表25 农产品生产价格指数

年份	农产品生产价格指数	谷物				大豆	油料	棉花	蔬菜	水果	糖料	畜牧产品		
			小麦	稻谷	玉米								生猪	蛋类
1992	103.4		110.1	97.4	108.2	119.5	95.8	95.0	111.4	92.8	90.8	106.3	106.3	100.1
1993	113.4		105.4	124.6	119.2	122.7	120.7	111.5	122.9	100.5	100.0	114.2	114.5	113.3
1994	139.9		152.2	154.0	151.3	114.6	157.6	160.4	135.1	119.9	124.6	144.6	154.6	125.4
1995	**119.9**		**133.1**	**120.8**	**140.9**	**113.1**	**103.1**	**131.5**	**122.7**	**113.2**	**142.6**	**115.8**	**116.0**	**113.5**
1996	104.2		109.2	104.2	95.4	128.2	96.6	103.2	102.0	99.5	118.6	103.3	102.2	113.2
1997	95.5		89.0	88.2	94.2	100.1	104.8	99.8	91.6	88.6	97.6	101.8	110.1	86.3
1998	92.0		95.8		101.9	85.2	97.7	88.8	91.7	94.5	89.5	86.9	82.9	94.2
1999	87.8		88.9	87.7	86.3	81.8	84.8	69.8	94.9	88.1	80.4	88.5	85.2	91.7
2000	**96.4**		**81.8**	**90.2**	**89.9**	**105.8**	**93.6**	**121.2**	**99.9**	**98.6**	**88.8**	**99.0**	**100.2**	**90.6**
2001	103.1													
2002	99.7	95.8	98.1	97.2	91.5	98.9	104.8	103.4	95.1	109.9	86.0	100.2	98.0	102.8
2003	104.4	102.3	103.0	99.9	104.6	120.6	119.4	135.3	110.4	102.0	90.5	101.8	102.9	101.1
2004	113.1	128.1	131.2	136.3	116.9	120.2	116.6	79.5	105.2	98.6	104.9	111.1	112.8	112.6
2005	**101.4**	**99.2**	**96.4**	**101.6**	**98.0**	**95.7**	**91.3**	**111.8**	**107.2**	**107.4**	**111.6**	**100.5**	**97.7**	**106.4**
2006	101.2	102.1	100.1	102.0	103.0	99.3	104.8	97.1	109.3	111.4	121.1	94.3	90.6	96.0
2007	118.5	109.0	105.5	105.4	115.0	122.6	133.4	109.6	106.9	101.3	100.0	131.4	145.9	115.9
2008	114.1	107.1	108.7	106.6	107.3	117.9	128.0	90.6	104.7	101.4	98.4	123.9	130.8	112.2
2009	97.6	104.9	107.9	105.2	98.5	93.8	94.2	111.8	111.8	107.0	101.5	90.1	81.6	102.8

注：2000年（含）以前为农副产品收购价格指数，2001年(含)之后为农副产品生产价格指数。

表26 城乡零售价格分类指数

上年为100

年份	食品类		粮食		油脂类(1)		鲜菜		肉禽蛋(2)		水产品	
	城市	农村	城市	农村	城市	农村	城市	农村	城市	农村	城市	农村
1992	110.7	104.7	139.2	112.7	111.0	101.8	109.6		105.4	103.9	105.8	104.8
1993	116.5	112.0	131.1	124.6	115.4	117.0	115.7		115.2	112.1	118.4	112.9
1994	134.2	136.3	150.7	150.7	159.4	163.1	136.2	140.2	140.6	142.7	121.4	119.2
1995	**123.6**	**126.4**	**132.5**	**136.3**	**114.2**	**119.2**	**126.6**	**133.4**	**124.1**	**124.5**	**113.8**	**114.7**
1996	107.9	107.5	109.4	105.8	91.9	92.4	117.3	120.0	106.2	106.6	106.3	104.7
1997	100.1	99.2	93.9	90.4	101.4	101.9	99.6	99.3	101.3	101.5	101.2	101.1
1998	96.9	96.6	96.9	96.9	102.1	98.4	99.3	102.0	93.0	91.9	94.5	93.4
1999	95.8	96.0	96.2	96.6	94.7	94.0	99.8	101.5	90.6	91.8	94.2	92.2
2000	**97.6**	**97.4**	**91.2**	**88.9**	**84.7**	**88.4**	**104.8**	**106.3**	**95.5**	**97.1**	**103.4**	**101.0**
2001	98.9	99.6	101.4	101.7	89.9	90.0	103.4	103.2	103.3	102.3	95.9	97.2
2002	99.7	100.3	98.5	98.9	100.4	99.6	99.5	103.0	100.3	100.7	96.3	95.9
2003	103.2	103.7	102.0	102.6	111.6	113.5	116.4	116.1	102.8	104.2	100.8	99.2
2004	108.8	111.9	125.2	128.3	115.0	119.1	94.4	96.8	116.8	117.6	111.1	115.7
2005	**103.3**	**102.8**	**101.6**	**101.2**	**94.6**	**94.8**	**108.6**	**107.2**	**102.8**	**103.3**	**106.3**	**104.6**
2006	102.6	102.4	102.7	102.4	99.0	98.4	107.9	108.8	97.3	97.2	101.9	100.7
2007	111.7	113.6	106.1	107.0	125.2	128.1	107.5	109.1	130.8	131.5	104.7	106.9
2008	114.5	114.0	107.2	107.1	124.9	125.5	109.0	111.1	122.6	119.9	113.8	115.9
2009	101.1	100.2	105.9	105.4	82.0	81.4	114.6	113.8	91.9	91.2	102.8	101.0

注：(1) 油脂类在1993年以前以食用植物油为指标进行统计。

(2) 2003年肉禽蛋零售价格指数指肉禽及其制品零售价格指数。2006年以后为肉禽及其制品价格指数。

表27 菜篮子产品批发价格

单位：元/千克

类别	品名	2006年	2007年	2008年	2009年	2009年比上年增幅（%）
蔬菜	白萝卜	0.81	0.89	1.05	1.05	−0.3
蔬菜	大蒜	3.75	2.66	1.30	3.25	149.4
蔬菜	豆角	2.98	3.43	3.87	4.08	5.4
蔬菜	胡萝卜	1.39	1.08	1.49	1.60	7.0
蔬菜	黄瓜	1.90	2.08	2.24	2.50	11.6
蔬菜	茄子	1.94	2.36	2.51	2.52	0.6
蔬菜	青椒	2.20	2.72	2.93	3.36	14.5
蔬菜	土豆	1.19	1.30	1.42	1.37	−3.3
蔬菜	西红柿	1.92	2.02	2.14	2.51	17.5
蔬菜	大白菜	0.70	0.82	0.81	0.91	12.6
蔬菜	大葱	1.25	1.23	2.20	2.15	−2.6
蔬菜	芹菜	1.24	1.36	1.50	1.97	30.8
蔬菜	洋白菜	0.78	0.99	0.97	1.16	19.1
蔬菜	油菜	1.21	1.41	1.57	1.95	24.4
水果	蜜橘	3.40	3.30	3.23	2.77	−14.2
水果	甜橙	6.80	6.24	4.53	3.79	−16.3
水果	西瓜	2.24	2.55	2.78	2.60	−6.5
水果	鸭梨	2.22	1.94	2.39	2.51	5.0
水果	富士苹果	4.04	3.59	4.61	4.93	7.0
水果	香蕉	3.25	2.97	3.53	3.66	3.8
水果	菠萝	3.08	3.22	3.40	3.12	−8.2
畜产品	鸡蛋	5.10	6.43	6.60	6.61	0.2
畜产品	活鸡	8.62	12.21	13.03	12.46	−4.4
畜产品	白条鸡	8.35	10.86	12.37	11.53	−6.8
畜产品	猪肉	10.86	16.77	20.51	15.87	−22.7
畜产品	牛肉	16.46	19.77	28.06	29.09	3.7
畜产品	羊肉	17.65	22.30	29.34	29.95	2.1
水产品	草鱼	9.02	9.33	12.13	12.16	0.3
水产品	带鱼	10.95	10.89	12.55	12.25	−2.4
水产品	鲫鱼	8.99	9.33	11.50	11.06	−3.9
水产品	鲤鱼	7.18	8.33	10.75	9.35	−13.07
水产品	鲢鱼	5.59	5.67	7.08	6.34	−10.4

注：资料来源于农业部。

表28 国家财政收入及支出情况

单位：亿元

指 标	1995年	2000年	2007年	2008年	2009年
财政收入	**6 242.2**	**13 395.2**	**51 321.8**	**61 316.9**	**68 476.9**
中央	3 256.6	6 989.2	27 749.2	32 672.0	35 896.1
地方	2 985.6	6 406.1	23 572.6	28 644.9	32 580.7
财政收入指数(上年=100)	119.6	117.0	132.4	119.5	111.7
财政收入按项目分					
#各项税收	6 038.0	12 581.5	45 622.0	54 219.6	59 514.7
#增值税	2 602.3	4 553.2	15 470.2	17 996.9	18 481.2
营业税	865.6	1 868.8	6 582.2	7 626.3	9 013.6
消费税	541.5	858.3	2 206.8	2 567.8	4 759.1
个人所得税	131.3	659.6	3 185.6	3 722.2	3 949.3
关税	291.8	750.5	1 432.6	1 770.0	1 483.6
企业所得税	878.4	999.6	8 779.3	11 173.1	11 534.5
财政支出	**6 823.7**	**15 886.5**	**49 781.4**	**62 427.0**	**75 873.6**
中央	1 995.4	5 519.9	11 442.1	13 374.3	15 279.8
地方	4 828.3	10 366.7	38 339.3	49 052.7	60 593.8
财政支出指数(上年=100)	117.8	120.5	123.2	125.4	121.2
财政支出按项目分					
#农林水事务			3 404.7	4 502.8	6 631.6
一般公共服务			8 514.2	9 831.3	9 158.2
教育			7 122.3	8 937.9	10 370.4
科学技术			1 783.0	2 108.1	2 709.8
社会保障和就业			5 447.2	6 770.0	7 561.0
医疗卫生			1 990.0	2 722.4	3 902.4
环境保护			995.8	1 427.4	1 864.8
城乡事务			3 244.7	4 200.8	4 992.6
交通运输			1 915.4	3 273.0	4 583.4

注：2007年起实施《政府收支分类科目》，财政支出项目按照支出功能分类科目重新设置。

表29 农村经济收益分配情况

单位：亿元

项 目	2004年	2005年	2006年	2007年	2008年	2009年
一、总收入	**151 173**	**175 289**	**200 239**	**231 466**	**259 403**	**281 187**
1. 农业收入	16 523	17 791	19 188	21 350	23 915	26 908
其中：种植业收入	15 059	16 315	17 650	19 648	22 009	24 733
其他农业收入	1 464	1 476	1 538	1 701	1 906	2 174
2. 林业收入	993	1 124	1 251	1 468	1 673	1 889
3. 牧业收入	7 852	8 451	8 964	10 352	11 461	12 507
4. 渔业收入	2 154	2 319	2 493	2 941	2 991	3 385
5. 工业收入	86 592	103 180	119 728	140 942	158 380	169 356
6. 建筑业收入	8 538	9 706	11 434	13 263	14 589	16 583
7. 运输业收入	6 288	6 828	7 538	8 264	9 096	9 808
8. 商饮业收入	13 838	15 951	18 411	19 944	21 878	23 425
9. 服务业收入	3 879	4 724	5 583	6 429	8 258	9 016
10. 其他收入	4 515	5 215	5 650	6 513	7 160	8 311
二、总费用	**121 250**	**142 196**	**163 090**	**187 535**	**210 249**	**227 858**
1. 生产费用	100 067	114 548	132 914	155 715	171 296	180 537
2. 管理费	9 223	11 040	12 773	14 679	17 803	21 159
三、可分配净收入	**34 646**	**38 815**	**44 055**	**52 594**	**59 328**	**65 484**
其中：1. 国家税金	3 185	3 633	4 242	5 402	6 131	6 389
2. 上缴有关部门	391	378	452	536	640	708
3. 企业各项留利	2 660	3 200	3 977	4 952	5 346	6 836
4. 乡村集体所得	688	683	817	981	1 060	1 094
5. 农民经营所得	25 583	28 323	31 441	36 992	41 893	45 640

注：资料来源于农业部。

表30 2009年农户家庭人口及劳动力情况（每个农村居民户）

指标名称	单位	全国	东部	中部	西部	东北
被调查户数	户	21 327	6 715	5 883	5 529	3 200
家庭常住人口	人	3.92	3.98	3.88	4.16	3.42
农村人口	人	3.72	3.70	3.70	3.97	3.34
家庭劳动力	人	2.40	2.40	2.34	2.54	2.26
其中：农村劳动力	人	2.28	2.23	2.23	2.44	2.21
在农村劳动力中：						
1.文盲、半文盲	人	0.15	0.14	0.15	0.21	0.09
2.小学文化程度	人	0.58	0.50	0.55	0.67	0.66
3.初中文化程度	人	1.26	1.22	1.25	1.26	1.32
4.高中文化程度	人	0.24	0.30	0.23	0.25	0.12
5.大专及以上文化程度	人	0.05	0.08	0.04	0.05	0.02
在农村劳动力中：						
1.有专业技术职称人数	人	0.12	0.13	0.10	0.14	0.10
2.受过职业教育和培训人数	人	0.31	0.28	0.25	0.46	0.21
在家庭劳动力中(按身份划分)：						
1.从事农业家庭经营劳动力	人	1.17	0.88	1.00	1.49	1.54
2.从事非农业家庭经营劳动力	人	0.23	0.29	0.26	0.20	0.12
3.受雇劳动者	人	0.72	0.88	0.81	0.62	0.39
4.个体、合伙工商劳动者	人	0.05	0.08	0.06	0.04	0.01
5.私营企业经营者	人	0.03	0.03	0.02	0.03	0.01
6.乡村及国家干部	人	0.03	0.05	0.03	0.03	0.02
7.教科文卫工作者	人	0.02	0.03	0.03	0.02	0.02
8.其他	人	0.14	0.17	0.13	0.11	0.15
在家庭劳动力中(按行业划分)：						
1.从事农林牧渔业人数	人	1.15	0.88	0.97	1.43	1.55
2.从事采矿业人数	人	0.07	0.08	0.11	0.06	0.02
3.从事制造业人数	人	0.29	0.40	0.33	0.20	0.13
4.从事电力、燃气及水的生产和供应业人数	人	0.02	0.02	0.02	0.03	0.01
5.从事建筑业人数	人	0.18	0.15	0.22	0.21	0.11
6.从事交通运输、仓储和邮政业人数	人	0.14	0.16	0.13	0.15	0.09
7.从事批发和零售业人数	人	0.07	0.10	0.07	0.05	0.03
8.从事住宿和餐饮业人数	人	0.09	0.11	0.09	0.08	0.07
9.从事租赁和商务服务业人数	人	0.04	0.05	0.03	0.03	0.01
10.从事居民服务和其他服务业人数	人	0.10	0.14	0.09	0.09	0.05
11.从事其他行业人数	人	0.26	0.32	0.27	0.21	0.18
全家劳动力外出从业时间	天	219	220	270	226	113
全家外出从业劳动力数	人	0.80	0.78	0.99	0.85	0.45
全家外出收入	元	11 284	13 171	12 589	10 474	6 326

注：资料来自农业部农村经济研究中心。

表31 2009年行政村一级企业、劳动力就业、耕地情况(每个行政村)

指标名称	单位	全国	东部	中部	西部	东北
一、被调查村	个	332.0	107.0	84.0	95.0	46.0
二、村年末企业个数	个	8.9	18.4	5.3	3.5	4.4
1.集体企业	个	0.6	1.1	0.2	0.3	0.6
其中：个人承包和合伙承包的企业	个	0.4	1.0	0.1	0.1	0.3
2.股份制和股份合作制企业个数	个	0.4	0.3	0.8	0.1	0.2
3.合伙企业个数	个	0.8	1.5	0.9	0.3	0.2
4.私营企业个数	个	5.5	11.2	3.0	2.8	2.7
5."三资"企业个数	个	0.2	0.4	0.0	0.0	0.3
6.其他企业个数	个	1.0	3.0	0.2	0.0	0.2
三、劳动力情况						
(一) 年末劳动力	个	1 190.4	1 473.5	1 105.9	1 090.7	892.1
1. 以种植业为主的劳动力	个	468.3	482.5	403.4	514.3	459.2
其中：以粮食生产为主的劳动力	个	287.4	245.1	260.0	321.1	366.0
2. 以林业为主的劳动力	个	13.0	18.8	10.2	11.7	7.1
3. 以畜牧业为主的劳动力	个	64.4	63.3	45.4	80.5	68.3
4. 以渔业为主的劳动力	个	35.3	87.6	13.5	3.5	19.0
5. 以工业为主的劳动力	个	188.7	340.9	159.5	98.6	73.9
6. 以建筑业为主的劳动力	个	135.8	111.5	172.1	159.6	76.7
7. 以运输业为主的劳动力	个	53.9	56.4	67.6	49.3	32.4
8. 以商业、饮食业、服务业为主的劳动力	个	129.0	197.0	123.2	87.6	67.1
9. 其他	个	102.0	115.4	111.0	85.5	88.3
(二) 外出劳动力数	个	338.1	360.2	377.2	328.6	235.0
1.出乡(县内)就业数	个	123.4	153.5	112.9	122.4	74.9
2.出县(省内)就业数	个	97.0	119.0	84.6	88.3	86.3
3.出省(国内)就业数	个	111.7	75.9	178.6	117.6	60.4
4.境外就业数	个	6.0	11.8	1.1	0.3	13.3
(三) 闲置劳动力（按300日1人）	个	58.2	85.0	57.2	33.9	47.9
四、耕地情况						
(一) 耕地	公顷	202.4	141.1	139.1	151.8	565.2
1. 村集体经营（包括机动地）	公顷	10.8	9.8	4.0	17.2	11.9
2. 农户经营	公顷	184.5	123.6	133.4	130.6	531.1
3. 合伙承包经营	公顷	2.4	0.8	0.0	1.3	12.4
4. 其他经营	公顷	4.8	6.9	1.7	2.7	9.7
(二) 年内增加耕地	公顷	2.3	0.6	1.2	0.2	12.5
其中：新开荒耕地	公顷	1.4	0.4	0.0	0.1	8.6
(三) 年内减少耕地	公顷	1.8	1.6	2.1	2.4	0.3
1. 国家建设占用	公顷	0.9	0.7	0.8	1.4	0.3
2. 村集体建设占用	公顷	0.1	0.2	0.1	0.0	0.0
3. 农民新建房屋占用	公顷	0.1	0.1	0.0	0.1	0.0
4. 改林果、牧、渔业占用	公顷	0.7	0.5	1.1	0.9	0.1
其中：退耕还林草的耕地	公顷	0.3	0.1	0.4	0.4	0.1

注：资料来自农业部农村经济研究中心。

后　　记

《2010年中国农业发展报告》是由农业部组织有关司局、科研单位、农业部软科学委员会专家工作组部分成员以及国家统计局农村经济社会统计司的专家、学者和实际工作者共同编写的。

参加本报告撰写的主要人员有：宋洪远、赵长保、曹力群、习银生、董彦彬、陈洁、阎辉、焦红坡、张恒春、张富、李帅、张成、张博、胡玉玲、侯锐、刘涵、马光霞、李跃新、孙腾蛟、何声卫、刘志国、王光才、李斯华、辛国昌、李大鹏、王健、罗健、黄涛、鲁泉、康志华、李春艳、朱恩林、李桂群、赵英杰、张振华、窦鹏辉、张宪法、徐利群、陈有方、左臣明、靳红、徐志宇、魏旭、吴昊、仲鹭勍、常雪艳、吴凯峰、翁崇鹏、汪竹韵、郝先荣、强少杰、吴昌学、徐芬丽、王胜、袁志军、郭娜英、付长亮、李冠佑、陈朱勇、冯汉坤、范芝、张璐、窦茂海、黄修柱、方晓华、杨扬、王为民、牟少飞。

图书在版编目（CIP）数据

2010中国农业发展报告 / 中华人民共和国农业部编
. —北京：中国农业出版社，2010.10
ISBN 978-7-109-15007-2

Ⅰ.①2… Ⅱ.①中… Ⅲ.①农业经济－经济发展－研究报告－中国－2010 Ⅳ.①F323

中国版本图书馆CIP数据核字（2010）第184246号

中国农业出版社出版
（北京市朝阳区农展馆北路2号）
（邮政编码 100125）
责任编辑 姚 红

中国农业出版社印刷厂印刷 新华书店北京发行所发行
2010年10月第1版 2010年10月北京第1次印刷

开本：889mm×1194mm 1/16 印张：12
字数：210千字 印数：1～2 000册
定价：110.00元